Amboise dans la tourmente

de la guerre et de l'Occupation

TÉMOIGNAGES ET RÉCITS

AMBOISE DANS LA TOURMENTE

DE LA GUERRE ET DE L'OCCUPATION

Thierry Vivier

ALAN SUTTON

Editions Alan Sutton
8, rue du Docteur Ramon
37540 Saint-Cyr-sur-Loire

Première édition avril 2006

ISBN 2-84910-393-4
ISSN 1622-7077

Dépôt légal : avril 2006
Imprimé en Grande-Bretagne par Oaklands Book Services Limited, Gloucestershire

Sommaire

Remerciements 8

Préface 9

Prologue 11

Introduction 15

Septembre 1939 - juin 1940 : Amboise dans la spirale de la défaite

L'exode 23

Présence de plusieurs ministères dans la région d'Amboise en mai-juin 1940 23

Marée humaine et chaos 24

Rumeurs et cohue 27

La bataille d'Amboise (18-19 juin 1940) 33

Les préliminaires : ligne défensive sur la Loire 33

La percée offensive des Allemands à l'ouest de Chargé puis à Amboise 36

L'heure des négociations 42

Bilan matériel et humain 45

Les Allemands arrivent : destructions et déchirure morale 45

Premiers contacts : une image négative de l'envahisseur 62

Profond désarroi, exode écourté 63

1940-1944 : Les heures sombres
Amboise sous administration allemande et vichyste

Amboise dans l'écheveau administratif du IIIe Reich 71

L'administration allemande : ses principaux rouages 71

Politique culturelle et propagande 78

L'esquisse d'une collaboration culturelle et politique 82

L'administration vichyste sous tutelle 87

L'administration vichyste, prolongement institutionnel de la IIIe République 87

Les préfets : une situation inconfortable entre occupant et occupés 90

Une figure charismatique de l'administration municipale : Emile Gounin 98

Vivre à Amboise sous l'Occupation :
Vie quotidienne et relations avec l'occupant

Le surgissement de la guerre et son impact sur les mentalités 105

Guerre, violence et peur de la soldatesque allemande 105

Les Amboisiens face à la « brutalisation » guerrière : une palette d'attitudes ambivalentes et contradictoires 112

Paralysie des transports et vicissitudes de la vie quotidienne 117

Survivre 117

La destruction du pont et ses conséquences 118

Pont coupé, réseaux de transport détériorés, paralysie de la vie économique 121

Une légère reprise de l'économie à partir de 1941 ? 126

La visite de Pétain (25 octobre 1940) : Essor et reflux de la mystique maréchaliste 129

Philippe Pétain à Amboise : rencontre avec les prisonniers, bain de foule 129

Le souffle maréchaliste : culte du sauveur et du père protecteur 134

L'enracinement du culte du Maréchal 137

Un certain reflux du culte maréchaliste 140

La vie scolaire : Multiples difficultés et nécessité d'adaptation 143

Une rentrée scolaire difficile 143

Une existence matérielle très austère pour les élèves amboisiens 148

Le fonctionnement des établissements scolaires compromis mais poursuivi tant bien que mal 150

Solidarité amboisienne : professeurs, élèves, familles se serrent les coudes 152

L'impact de la guerre sur le moral de la communauté scolaire 158

Survivre face à la pénurie : Nourritures terrestres et spirituelles 161

Transports déficients, pénurie et inflation 161

Quelles solutions envisager ? 164

Une compensation morale : « nourritures spirituelles » et dévotion 167

Le régime de Vichy entre religiosité pénitentielle et propagande 173

Angoisse, tradition et dévotion pragmatique : le culte de saint Fiacre 175

Etre jeune à Amboise sous l'Occupation 179

Vie frugale et sociabilité juvénile 179

Importance du sport : ressourcement physique et moral 183

Le sport instrumentalisé par Vichy comme vecteur de la régénération de la « race » française 186

Priorité aux formations techniques, anti-intellectualisme et abnégation au service des valeurs « nationales » ... 188
Les « gardes-voies » : mobilisation des jeunes pour la protection de voies ferrées ... 190
Morale pénitentielle, national-catholicisme, sport et militarisme ... 192
Ce que doit être l'éducation des jeunes selon Pétain et le régime de Vichy ... 194
Le STO et la jeunesse réfractaire ... 198

La captivité à Amboise : Camps de prisonniers et évasions

L'installation du camp de la Patte d'Oie ... 203
Premiers aménagements et construction du camp de la Patte d'Oie ... 204
Le maire Emile Gounin s'efforce d'améliorer le sort des prisonniers ... 207
Le double jeu d'Emile Gounin, interlocuteur obligé des Allemands et résistant ... 209

Vivre au camp : S'alimenter, travailler... ... 211
Une entrée en captivité douloureuse, placée sous le signe de l'improvisation ... 212
Vivre au camp : faim, promiscuité et hygiène déficiente ... 214
Un moyen de se ressaisir : travailler à l'extérieur du camp ... 215

Solidarité amboisienne et évasions ... 217
L'univers carcéral à Amboise ... 217
L'émergence d'une chaîne de solidarités ... 218
Evasions et complicités amboisiennes ... 222
1941 : transfert du camp et départ des prisonniers ... 223

Collaboration et collaborateurs dans la région d'Amboise

Attentistes, résistants et collaborateurs ... 229
Résister : le choix d'une minorité ... 229
Complexité de la situation et des trajectoires individuelles ... 230

Le microcosme de la Collaboration à Amboise ... 233
Les collaborateurs, une minorité agissante à Amboise ... 233
Une égérie de la Collaboration ... 235
Les Amis de la LVF d'Amboise ... 236
La fondation de l'Institut allemand (9 août 1942), vitrine du microcosme de la Collaboration amboisienne ... 238
Le Secours national, subtil relais de l'influence de Vichy dans l'opinion ... 239
Collaborationnistes et « indics » de la Gestapo ... 243

Conclusion ... 245

Bibliographie ... 247

Remerciements

A monsieur Jean Chauvin, monsieur Jean-Claude Guillon et à mon père Jack Vivier.

Thierry Vivier

Préface

Thierry Vivier dont le grand-père et le père ont participé avec tant d'éclat aux combats de la Résistance ne pouvait manquer d'être attiré par l'histoire de la seconde guerre mondiale. Amboise lui a servi de poste d'observation. Une histoire au ras du sol sans doute, loin des grandes perspectives qui pourtant ne lui échappent pas, tant s'en faut, qui repose sur l'analyse du comportement et des réactions de Français semblables à tant d'autres dans une petite ville pendant l'occupation allemande. Il le fait avec méthode, en rassemblant et en critiquant toutes les informations disponibles, en donnant aussi une place aux témoignages soigneusement reproduits et commentés.

L'œuvre est solide et claire.

Comment donc les Amboisiens ont-ils vécu cette période ? Ils ont connu d'abord au milieu de juin 1940 les dernières vagues du grand exode, emportés eux aussi par l'angoisse créée par le flot continu des réfugiés, la déroute militaire, les rumeurs alarmantes et la panique collective. Mais ce qu'ils fuyaient, c'était aussi le tumulte et les périls des dernières batailles. Une bataille de retardement fut menée par une poignée d'hommes retranchés sur la rive sud de la Loire qui sauvaient l'honneur d'une armée victime de lourdes fautes stratégiques, mais non point dépourvue de vaillance. Thierry Vivier tire de l'oubli cette bataille d'Amboise-Chargé, brève mais violente, à laquelle il rend toute sa noblesse.

Et voici qu'Amboise doit vivre « à l'heure allemande », comme l'on disait à l'époque, en situation frontalière, presque à la limite de la zone non occupée d'où lui viennent les mots d'ordre quelque peu assourdis d'une pseudo-révolution qui prétendait régénérer les valeurs nationales corrompues. La réalité prégnante, c'est la présence de l'occupant, installé dans la Kommandantur, avec son arrogance et ses exigences, mais aussi sa volonté de séduire dont témoigne l'Institut culturel fondé à cette fin. Ceux qui s'y laissent prendre sont rares ; ceux qui la repoussent ostensiblement aussi. Est-ce à dire que les Amboisiens auraient été « attentistes » ? Thierry Vivier évite de le dire, à bon droit. Ce qu'il montre avec force, c'est leur capacité à dominer l'épreuve créée par la rupture du pont et des difficultés quasi insurmontables de circulation, le froid, la faim, l'absence des hommes prisonniers de guerre, le désarroi causé par l'effondrement du régime républicain et de l'armée. Il fait voir que ce dont on a surtout besoin, c'est de raisons d'espérer. Ce qui le montre bien, c'est l'étonnant accueil, presque chaleureux, réservé au maréchal Pétain revenant en octobre 1940 de l'entrevue de Montoire et reçu comme un grand-père bienveillant ou la ferveur déployée plus tard au passage de la statue de Notre-Dame-de-Boulogne que l'on promène d'un bout de la France à l'autre. En attendant que l'évolution de la guerre vienne en fournir de bien plus solides, il s'agit de tenir bon, de faire marcher en dépit de tout les écoles et les collèges bien mal en point, de cultiver le moindre coin de terre, de s'entraider, de permettre à quelque 1 700 prisonniers de guerre de s'enfuir du camp de la Patte d'Oie qui fut ouvert jusqu'au printemps 1941 ou même d'agir comme cet entrepreneur par ailleurs tenté par la Collaboration qui aide ses ouvriers à échapper au STO, singulier paradoxe d'un temps qui en a été prodigue. Le plus bel exemple de ce comportement dépourvu de panache peut-être, mais non de prudente vertu ni de courage tranquille, c'est celui que fournit le maire Emile Gounin. Certes, Thierry Vivier ne cache pas pour autant qu'Amboise a connu aussi ses vilenies, les dénonciations calomnieuses faites à l'occupant, le marché noir et la spéculation sur les denrées devenues introuvables, le pillage dans les ruines de juin 1940, la maraude, mais toutes ces ombres ne peuvent ternir l'attitude généralement digne et courageuse de la population pendant ces quatre sombres années. L'intérêt du tableau qu'il nous présente de la vie quotidienne d'Amboise sous l'Occupation dépasse le cadre purement local. Il pourrait être étendu à bien des villes françaises, grandes ou petites. Alors Amboise, un cas exemplaire ? Après tout pourquoi pas ? C'est le grand mérite du livre de Thierry Vivier que de nous amener à le penser.

Bernard Chevalier
Professeur honoraire à l'université François Rabelais de Tours

Prologue

Dans la mentalité collective, Amboise évoque instantanément les châteaux de la Renaissance, la flamboyance de la vie de cour du roi mécène François Ier et le passage au Clos-Lucé de l'illustre Léonard de Vinci venu séjourner à l'automne de sa vie au bord de la paisible Loire. Pour les fervents admirateurs du château d'Amboise, la petite cité ligérienne, sise non loin de châteaux tout autant renommés que Blois, Chaumont ou Chenonceau, suggère des épisodes brillants mais aussi tumultueux, telle la conjuration d'Amboise ouvrant en 1560 l'ère sanglante des guerres de Religion entre catholiques et huguenots. A l'image du fleuve royal dont l'onde n'a jamais cessé de s'écouler malgré l'irrégularité du débit, l'Histoire à Amboise ne s'est pas arrêtée en ce XVIe siècle glorieux et tragique et a été jalonnée par ce que l'on pourrait qualifier de périodes de hautes et basses eaux. Sans jamais se tarir, elle a jailli au-devant de la scène en des moments cruciaux sans retrouver, il est vrai, l'empyrée du « beau XVIe siècle ». Le renom d'Amboise ne se borne pas à l'itinéraire de ces hôtes célèbres dont la présence lui a conféré ce prestige de cité royale. Plusieurs aspects de son histoire sont méconnus, tel son passé de petite ville industrielle dynamique.

Le sort réservé aux Amboisiens pendant les heures funestes des années quarante est tout aussi digne d'intérêt et ne doit pas être banalisé compte tenu de la fonction stratégique remplie par leur ville au début du conflit : elle est positionnée en juin 1940, comme en 1870, sur une seconde ligne défensive créée sur la Loire en toute hâte par le haut commandement pour arrêter autant que faire se peut l'avancée éclair des Allemands. A la mi-juin 1940, Amboise représente en effet un verrou de première importance dans le dispositif de défense mis en place par l'état-major d'Ancenis dans la région nantaise jusqu'à Amboise en passant par Angers et Tours. C'est d'ailleurs en investissant Amboise le 19 juin 1940 que la Wehrmacht opère une percée décisive et accélère la reddition de Tours : le rôle de maillon essentiel du dernier rideau défensif français, avant la signature de l'armistice du 22 juin 1940, peut être reconnu à la petite cité ligérienne. Durant la majeure partie de la guerre, les cantons d'Amboise et de Bléré se présentent en interface des zones occupée et libre, en point de passage obligé de flux migratoires nord-sud, de cette mobilité exceptionnelle de réfugiés venus traverser clandestinement la ligne de

Photographie du château d'Amboise en 1940 (collection Jean Chauvin).

démarcation. A la limite méridionale de la région amboisienne, celle-ci suit le cours du Cher pour s'incurver ensuite vers le sud à partir du coude de Bléré, principal accès à la zone libre.

Cette position de glacis intermédiaire occupée par la région amboisienne entre les zones Nord et Sud induit un flot croissant de fugitifs et la formation de réseaux de Résistance et de filières d'évasion. Après le démantèlement progressif de la ligne de démarcation, qui intervient à partir de novembre 1942, la région d'Amboise tient de moins en moins cette position de relais géographique vers la liberté, puisque désormais toute la France est occupée par les troupes allemandes. A partir de juin 1944, elle devient un couloir de déplacement ouest-est majeur pour les Américains d'une part, pour les Allemands d'autre part situés respectivement au nord et au sud du « fleuve royal ». A la veille de la Libération, la Loire exerce le double rôle d'axe de pénétration pour les armées alliées et d'évacuation pour la Wehrmacht. Au sein de ce nouvel écheveau de flux de mobilité ouest-est, les infrastructures de transport épousant la même orientation, en particulier les gares et les voies ferrées de chemin de fer, essuient les bombardements intensifs de l'aviation anglo-américaine.

Ainsi, dans ce nouveau théâtre d'opérations qui s'esquisse à la suite du débarquement du 6 juin 1944 en Normandie, Amboise et les communes avoisinantes, s'étirant sur le talweg entre Loire et Cher, ont constitué une sorte de ligne de fracture, le long de laquelle ont été tendues de nombreuses embuscades des groupes de résistants de Libé-Nord ou des FTP contre les unités allemandes en fuite vers l'est. Ce n'est qu'à partir de la fin août 1944 et au début de septembre 1944 que l'armée de Patton a atteint la Loire et que les villes de Tours et d'Amboise ont été libérées. Ainsi Amboise et la Loire se sont-elles retrouvées au confluent de deux vagues migratoires successives, nord-sud de 1940 à 1943 et ouest-est à partir de juin 1944 dès lors que la Wehrmacht a été obligée de lâcher prise. Ces migrations successives ont transformé la région amboisienne en une zone de fréquents passages et d'intenses relations conflictuelles et solidaires.

Au sein de ce Val de Loire en proie aux convulsions de la guerre, la société amboisienne offre le « spectacle » de vives tensions et de vifs élans d'altruisme et représente pour l'historien une étude de cas particulièrement intéressante, susceptible d'éclairer le contexte global de cette époque troublée, autrement dit une sorte de miroir grossissant des passions humaines, réfléchissant les trajectoires individuelles et collectives de cette France des années noires. Attentistes, résistants et collaborateurs cohabitent, tentent de survivre par l'adversité ou la compromission, la probité ou l'opportunisme, s'épaulent fraternellement ou s'affrontent impitoyablement à l'échelle locale comme à l'échelle hexagonale. Contradictions et convergences sociales, clivages politiques et personnels traversent le microcosme amboisien comme l'ensemble de la société française de l'époque. De l'exemple d'Amboise surgit la « Grande Histoire ». Par ailleurs, les Amboisiens redécouvrent aujourd'hui, à travers l'évocation de méfaits de la Gestapo ou d'« épopées » de la Résistance locale, l'itinéraire d'ennemis ou d'amis, parents ou grands-parents, de héros ou d'antihéros. L'intérêt de la « microhistoire », surtout si elle n'est pas lointaine dans le temps, réside dans le fait que l'on repère la « Grande Histoire » par l'appréhension du vécu de ses proches et aussi que l'on génère chez les lecteurs un ressourcement affectif avec l'histoire de leur terroir et une meilleure compréhension de leur propre destinée. En procurant aux Amboisiens de « fraîche date » des repères temporels et géographiques concernant leur environnement immédiat, l'histoire locale crée du sens et un profond lien affectif avec leur nouvelle région d'adoption. S'interroger sur l'histoire de son environnement social proche revient à questionner le monde dans sa globalité et à se comprendre mieux soi-même.

L'enracinement tourangeau de ma famille depuis trois générations m'a conduit tout comme mon grand-père, Robert Vivier, historien et ancien préfet de la Libération, et mon père Jack Vivier, évadé de France et médecin retraité - tous les deux auteurs d'études historiques sur la Touraine -, à m'imprégner de cette histoire locale, fortement vécue par mes proches, et à ajouter une pierre à l'édifice historiographique. Si le cas de Loches et du Lochois a été examiné avec minutie par Bernard Briais, celui d'Amboise pour la même période a quelque peu été délaissé par les historiens. Robert Uhart, dans ses deux ouvrages successifs sur Amboise et sa région, a fait œuvre utile d'archiviste par l'accumulation d'une documentation foisonnante sur la vie des Amboisiens et la captivité au camp de la Patte d'Oie pendant l'Occupation. Ce gigantesque travail de compilation entrepris par Robert Uhart a servi de support initial à ma réflexion et s'est avéré incontournable. Cependant, il m'est apparu indispensable de procéder à une synthèse assez complète et surtout cohérente de l'histoire d'Amboise et des Amboisiens pendant la seconde guerre mondiale à partir de cette masse d'informations éparses fournies par les livres de Robert Uhart mais aussi par plusieurs études sur la Touraine : ainsi, le livre de Robert Vivier, *Touraine 39-45*, les précieux ouvrages de Jack Vivier sur l'attitude de plusieurs catégories socioprofessionnelles dans la Résistance, ou bien les contributions solides et récentes de Jean-Pierre Froger, Jacques Watiez et Claude Morin.

Deux facteurs conjoncturels expliquent, par ailleurs, la naissance de cet ouvrage. Premièrement, le lancement en 1999 de la fabrication d'un cédérom sur la Résistance par la fondation de la Résistance, travail auquel j'ai participé avec mon père, d'anciens résistants et d'autres collègues comme Jacques Pirondeau dans le cadre de l'association ERIL (Etude de la Résistance en Indre-et-Loire) et avec la coopération du CDDP (Centre de documentation pédagogique) d'Indre-et-Loire : ce projet s'est concrétisé par la parution du cédérom en mai 2005. En second lieu, la demande de la tenue d'une conférence par l'association culturelle *Ambacia* sur le thème « Amboise pendant la seconde guerre mondiale » m'a incité à rédiger un ouvrage sur cette question. Cette alchimie de motivations personnelles et de circonstances propices m'a permis de mener à bien la rédaction de cette étude historique qui ne prétend pas à l'exhaustivité et propose la réalisation d'une première grande synthèse de l'histoire d'Amboise et de sa population pendant l'occupation allemande, période qui reste gravée dans la mémoire collective des Tourangeaux. Ce livre s'apparente à un ouvrage de vulgarisation et laisse la porte ouverte à une étude ultérieure plus poussée et plus approfondie sur ce sujet.

Introduction

A la veille de la seconde guerre mondiale, la Touraine, réputée paisible, vit suspendue, comme toutes les autres régions françaises et le reste de l'Europe, au rythme saccadé des turbulences internationales des années trente. Les coups de force successifs de Hitler, la guerre d'Espagne et la conférence de Munich de septembre 1938 nourrissent une psychose de guerre qui ne cesse de croître, angoisse collective nourrie en grande partie par la peur du danger aérien. Dès 1931 a été institué à Tours un « Comité de défense aérochimique », dirigé par le général Witkowski, chargé d'organiser la *« défense passive contre les attaques aériennes »* et de *« sensibiliser la population au péril aérien »*[1].

Comme en 1870, la Touraine se retrouve en 1940 au cœur du conflit franco-allemand naissant. Dès 1938, il a été prévu qu'elle serve de lieu de repli au gouvernement français[2]. En pleine débâcle, les représentants des instances gouvernementales et parlementaires sont hébergés en Indre-et-Loire. Au château de Cangé (Saint-Avertin), s'installe Albert Lebrun, président de la République. Au même moment, le président du Conseil, Paul Reynaud, et ses ministres ainsi que leurs administrations respectives se répartissent dans les châteaux et édifices publics du Val de Loire[3]. Dans le sillage du gouvernement se profilent les parlementaires et les personnels des ambassades[4]. En ces circonstances tragiques, Tours renoue avec son rôle éphémère de capitale pour deux ou trois jours.

En septembre 1870, la cité tourangelle accueillait avec liesse le sémillant ministre Léon Gambetta qui, arrivé de Paris assiégé par la voie des airs, semblait investi d'une mission salvatrice : ranimer la flamme de la Défense nationale au nom du gouvernement provisoire par la mise sur pied de l'armée de la Loire.

---

1. Claude Morin, *1940-1944 : La Touraine sous les bombes*, Chambray-lès-Tours, CLD, 2000, p. 9.
2. Claude Morin, *op. cit.*, p. 32 : « *En 1938, le préfet est également chargé de prévoir en cas de nécessité l'arrivée du gouvernement et des Assemblées en Indre-et-Loire.* »
3. Robert Vivier, *Touraine 39-45*, Chambray-lès-Tours, 1990, p. 24.
4. *Idem*, p. 26.

Dessin : Arrivée de la Délégation gouvernementale et des employés des ministères à Tours le 13 septembre 1870 (source : V.-R. Aubin, La Touraine pendant la guerre 1870-1871, *Paris, J. Lefort, 1902, p. 85).*

L'espoir d'un sursaut patriotique subsistait. Tel n'est pas le cas en 1940 : la situation politique et militaire devient à ce point tragique que le pessimisme et la résignation prévalent dans les milieux dirigeants réunis à Tours (voir tableau p. 18). Aux deux Conseils des ministres des 12 et 13 mars, qui se tiennent au château de Cangé sous la présidence d'Albert Lebrun, c'est le commandant en chef en personne, le général Weygand, qui insiste sans ambages sur le caractère inéluctable de la défaite et sur la nécessité de signer un armistice. A Cangé, au cours de la seconde réunion ministérielle, le maréchal Pétain, vice-président du Conseil, de concert avec Weygand et le courant pacifiste du gouvernement, tire des événements douloureux du champ de bataille une conclusion hâtive et définitive : « *L'armistice est, à mes yeux, la condition nécessaire de la pérennité de la France éternelle* »[5]. Les dés sont désormais jetés : la « venue éclair » du Premier ministre britannique Winston Churchill et des principaux membres de son cabinet et leur participation à un

5. Cité par Pierre Leveel, *Petite Histoire de la Touraine*, Chambray-lès-Tours, CLD, 2001, p. 136.

Les membres du gouvernement de Défense nationale à Tours (source : V.-R. Aubin, La Touraine pendant la guerre 1870-1871, *Paris, J. Lefort, 1902, p. 87.)*

conseil supérieur interallié à la préfecture de Tours en l'après-midi du 13 juin 1940 n'interrompent pas la course infernale vers l'abîme, en dépit de la volonté affichée de Paul Reynaud et de Charles de Gaulle à poursuivre la lutte en Afrique du Nord.

Contrairement à 1870, l'idée d'ouvrir sur la Loire un second front, qui permettrait de porter un coup d'arrêt à l'avancée très rapide des Allemands et de contre-attaquer, n'est même pas envisageable. En 1870-1871, cette espérance de résistance est vite retombée. En mai-juin 1940, elle n'existe quasiment plus. La situation est trop désespérée à la mi-juin 1940 pour que le souffle d'un nouvel espoir se manifeste : communications désorganisées et disloquées, débâcle générale… Un second miracle des « taxis de la Marne », tel qu'en septembre 1914, n'est pas concevable sur l'axe ligérien. Tout au plus le « fleuve royal » peut-il constituer une ligne défensive provisoire, destinée à freiner coûte que coûte l'offensive foudroyante de la Wehrmacht et à permettre au gouvernement Reynaud, en pleine indécision, et de se retirer en bon ordre sur Bordeaux et de gagner du temps. Dès lors, au milieu du mois de juin 1940, la Loire ne représente plus qu'un enjeu stratégique momentané, un dernier obstacle sur lequel l'armée française doit livrer un dernier baroud d'honneur.

C'est en ces circonstances dramatiques que la cité amboisienne entre véritablement en guerre. Les heures funestes de l'occupation allemande et des déchirements commencent pour la population amboisienne. Comme d'autres villes françaises, Amboise a subi de plein fouet l'invasion allemande de mai-juin 1940 : elle a été la cible d'une violente attaque de la Wehrmacht à la mi-juin 1940. Dès lors, les Amboisiens sont soumis à la loi du plus fort : l'Occupation, période ô combien douloureuse jusqu'en septembre 1944, moment de la délivrance tant espérée ! Après cette sombre période de l'Occupation, Amboise renaît, s'ouvre alors à la cité amboisienne une nouvelle ère de paix et d'espoir…

Fonction	Personnalité	Lieu de résidence
Président de la République	Albert Lebrun	Château de Cangé (Saint-Avertin)
Président du Conseil	Paul Reynaud	Château de Chissay
Vice-présidents du Conseil	Philippe Pétain et Camille Chautemps	Château de Nitray (Athée-sur-Cher)
Ministre de l'Intérieur	Georges Mandel	Tours (préfecture)
Services du ministère de l'Intérieur		Château de la Bourdaisière, Montlouis, Larçay et Véretz
Ministre des Finances	Yves Bouthillier	Chinon
Ministre de l'Information	Jean Prouvost	
Ministre de la Justice	Albert Sérol	
Ministre de l'Education nationale	Yvon Delbos	Azay-le-Rideau
Ministre de la Santé et de la Famille	Georges Pernod	L'Ile-Bouchard
Ministre des Anciens Combattants	Albert Rivière	
Ministre de l'Agriculture	Paul Tellier	Loches
Ministre du Ravitaillement	Henri Queuille	Sainte-Maure
Ministre du Commerce et de l'Industrie	Albert Chichery	
Ministre des Travaux publics	Ludovic-Oscar Forssard	Neuillé-Pont-Pierre
Ministre du Travail	Charles Pomaret	Preuilly-sur-Claise
Ministre du Blocus	Georges Bonnet	Château-Renault
Ministre de l'Armement	Raoul Dautry	
Ministre de l'Air	Laurent Eynac	Amboise
Ministre de la Marine de guerre	César Campinchi	Château d'Artigny (Montbazon)
Ministre de la Marine marchande	Alphonse Rio	Veigné
Ministre des Colonies	Louis Rollin	Genillé
Sous-secrétaire d'Etat aux Affaires étrangères	Paul Baudouin	Château de Chemilly à Langeais
Sous-secrétaire d'Etat à la Défense nationale	Charles de Gaulle	Château de Beauvais (Azay-sur-Cher)

Le gouvernement de Paul Reynaud en Touraine.

Septembre 1939 - juin 1940 : Amboise dans la spirale de la défaite

L'exode

Présence de plusieurs ministères dans la région d'Amboise en mai-juin 1940

A la veille du conflit, Amboise, comme Tours et d'autres localités d'Indre-et-Loire, s'apprête à accueillir une administration ministérielle d'importance : il s'agit du ministère de l'Air. Dès le 1er septembre 1939, jour de la mobilisation, le régisseur du château, monsieur Charles, assisté d'Auguste Dubois et Clovis Millasseau, s'emploie à déménager le mobilier et les tapisseries, tâche achevée dès le 2 septembre. Dès l'été 1939, les ministères de l'Air ont occupé les locaux du lycée privé Sainte-Clotilde[6] et, dès l'ouverture des hostilités, se répartissent en trois lieux de la ville : le collège Charles Guinot (situé place Richelieu dénommée alors place du Commerce), l'institution Sainte-Clotilde et l'usine Pezon-Michel, implantée à l'emplacement du Leclerc actuel[7]. C'est en pleine débâcle, entre les 4 et 12 juin 1940, alors que Paris est sur le point d'être investi par les Allemands, que le ministre de l'Air Laurent Eynac et ses services se replient sur Amboise. Mais leur séjour est de courte durée car, dès le 14 juin, ils doivent prendre le chemin de Bordeaux avec le reste du gouvernement. C'est aussi toute la région amboisienne qui s'est mobilisée pour recevoir des personnalités gouvernementales de premier plan : à Athée-sur-Cher, les deux vice-présidents du Conseil, Philippe Pétain et Camille Chautemps, séjournent au château de Nitray tandis que, au même moment, le chef du gouvernement en personne, Paul Reynaud, réside au château de Chissay, sis aux confins de la forêt d'Amboise et de Montrichard. Château-Renault n'est pas en reste en hébergeant Georges Monnet, le ministre du Blocus, et ses subordonnés. De surcroît, les services du ministère de l'Intérieur se fixent au château de la Bourdaisière à Montlouis, à Véretz et à Larçay[8]. A la mi-juin 1940, dans le prolongement de l'agglomération tourangelle,

6. Robert Uhart, *Amboise et sa région (1939-1945)*, Nazelles-Négron, Imprimerie des Platanes, 1995, p. 190-191 : « *Les services du ministère de* [l'Air] *étaient répartis entre le collège Charles Guindé, l'Institution Sainte-Clotilde et l'usine Pezon-Michel, le Leclerc actuel.* »
7. *Idem.*
8. Robert Vivier, *op. cit.*, p. 28.

Amboise et sa région constituent la principale structure d'accueil pour des autorités gouvernementales désemparées à l'image de toute une nation aux abois.

Marée humaine et chaos

Le flot des réfugiés sillonnant la Touraine témoigne du grand désarroi collectif d'un pays complètement abasourdi par la célérité de la défaite. « *L'engorgement de Tours* » et les risques encourus à proximité de sa base aérienne « *détournent une partie de l'exode vers l'amont (Amboise) ou vers l'aval (ponts de Langeais et de Port-Boulet) avec des itinéraires de dégagement vers le sud par Saint-Aignan, Montrichard, Loches, Azay-le-Rideau* »[9]. L'étude de l'historien Jean Vidalenc sur *L'Exode de mai-juin 1940*[10] met en évidence le rôle essentiel de carrefour et de point névralgique des grandes migrations humaines qui sont parties de la Belgique et du nord de la France à la suite de l'offensive éclair déclenchée par la Wehrmacht le 10 mai 1940 dans les Ardennes.

« *En 1940, sur le front de l'Ouest, la Wehrmacht dispose d'environ 110 divisions dont 10 blindées. Deux divisions blindées plus une division motorisée SS au moins forment un corps d'armée mécanisé. Il en existe donc 5 qui portent les numéros XIV, XV, XVI, XXXIX, XXXXI. Non seulement chacun de ces corps est l'unité élémentaire d'intervention, mais dans la plupart des cas agissent par groupes de deux, sous les ordres d'un Guderian ou d'un von Kleist. Chacun de ces groupements bénéficie d'une autonomie complète et de l'appui d'une aviation d'appui direct à base de Stukas, bombardiers légers à train fixe, armés de deux mitrailleuses et de 500 kg de bombes, attaquant en piqué dans un vacarme épouvantable* » (source : colonel de Mollans, « L'invasion de la Touraine en juin 1940 », *in Bulletin trimestriel de la Société archéologique de Touraine*, tome XXXVII, année 1974 : carte p. 457 et texte p. 447).

Jean Vidalenc a recueilli de nombreuses informations sur cette marée humaine désordonnée auprès de messieurs Lebert, instituteur à Cangey, Taraire, inspecteur primaire à Tours, et du maire d'Amboise Emile Gounin. Le flot des réfugiés vers Amboise, au fil des jours, ne cesse de grossir. Ceux-ci ont délibérément évité Tours et emprunté les bords de Loire, devinant à juste titre que le pont Wilson était très encombré, puisque la capitale tourangelle absorbait tout le trafic routier provenant de cinq routes nationales venant du nord. Ils traversent la Loire à Amboise pour rejoindre Loches afin de se diriger toujours plus loin vers le sud. Jean Vidalenc rend compte de l'afflux des

9. *Idem*, p. 31.
10. Jean Vidalenc, *L'Exode de mai-juin 1940*, 1957.

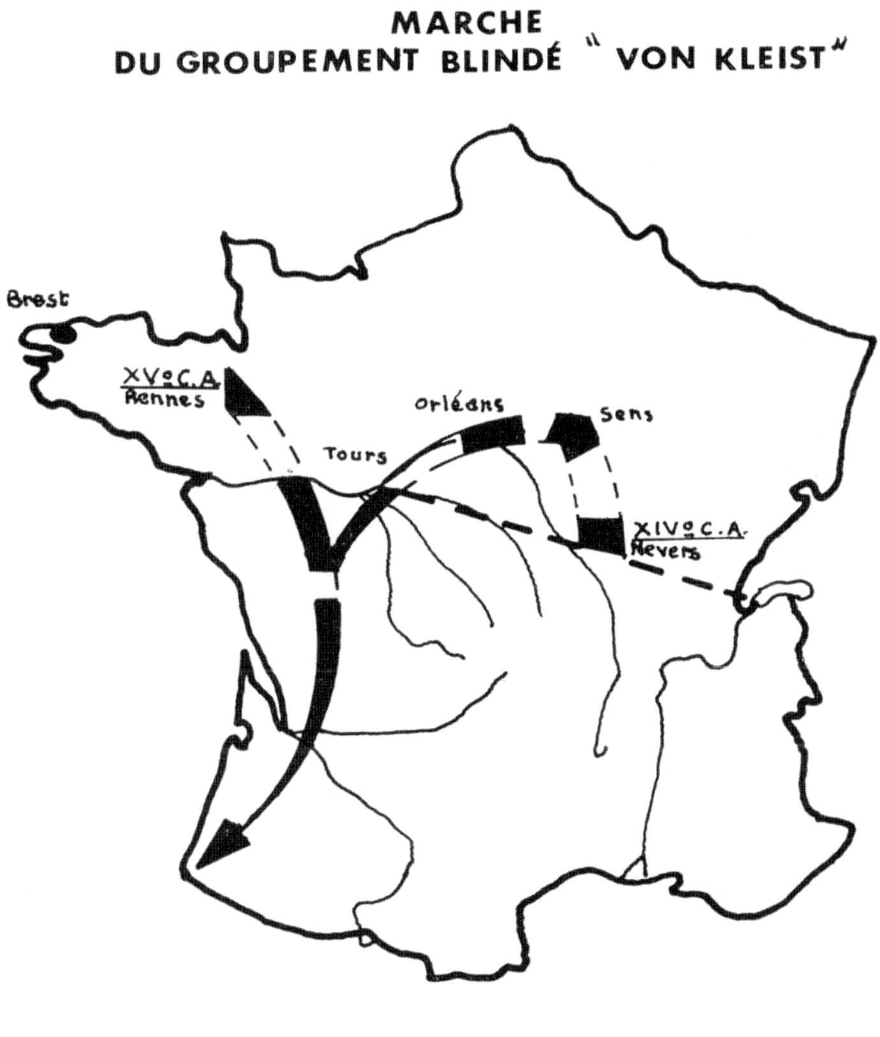

Carte : marche du groupement blindé « von Kleist », fer de lance de la Wehrmacht.

réfugiés et de l'amoncellement des véhicules automobiles qui sont d'une ampleur telle que « *les garagistes avaient peine à satisfaire aux demandes d'une clientèle qui s'allongeait sur plusieurs kilomètres le long des digues* »[11].

Parallèlement, l'axe routier Château-Renault - Amboise « *supporte un trafic de plus en plus dense de réfugiés, en direction du sud,* [beaucoup quittant] *la RN 10 à Château-Renault, une des principales routes de l'exode, pour éviter la base*

11. *Idem.*

aérienne, fréquemment bombardée, et les difficultés de la traversée de Tours »[12]. C'est le chaos le plus total qui règne dans cette marée de fugitifs, venant des Pays-Bas, de Belgique et du Nord, puis de Paris, qui se déplacent avec tous les moyens disponibles : automobiles, charrettes et engins hippomobiles, vélos et, faute de véhicules, beaucoup de civils en sont réduits à se mouvoir à pied sur les routes[13]. On perçoit dans cette fuite effrénée d'une marée humaine à travers les petites villes tourangelles le « *même flot hétéroclite de réfugiés : automobilistes, cyclistes, piétons, le même mélange de civils et de soldats débandés, le même dévouement dans les centres d'accueil qui servent chaque jour des milliers de repas...* »[14]. A Amboise, des personnes pleines d'abnégation, telles que mesdames Folz et Pecard, animant la Croix-Rouge locale, accueillent le flot des réfugiés et s'emploient à organiser 50 000 repas. A cette œuvre de solidarité s'associent les scouts et des Amboisiens comme André Vergne qui « *font la tournée des hôtels pour récupérer le marc de café pour les réfugiés entassés dans les trains de l'exode* [et] *distribuent de l'eau aux blessés* »[15]. Ancien guide du château, Jean Millasseau (fils de Clovis Millasseau) relate l'esprit d'entraide qui règne au sein de la jeunesse amboisienne dès avant la débâcle, au moment de la drôle de guerre : « *Pendant la drôle de guerre 39-40, nous avons formé à Amboise une troupe interfédérale (catholiques, protestants, juifs...) ; nous avons aidé la Croix-Rouge à l'accueil des réfugiés de l'Est, à la gare d'Amboise et nous avons aussi récupéré de la ferraille (pour forger l'acier victorieux soit 1 700 kg), que nous avons chargée dans un wagon de marchandises. Après l'armistice de 1940, j'ai été à la gare et j'ai vu que notre wagon était toujours là... on avait travaillé pour le roi de Prusse.* »[16] Au patriotisme et à l'altruisme des débuts du conflit succède très vite la désillusion avec le sentiment profond d'avoir été trompé.

Le chaos de mai-juin 1940 prend, à Amboise, une tournure insolite et symbolique générée par un clin d'œil historique, marqué du sceau de l'étrangeté : l'exode de la *Joconde*. Si les hommes fuient le nord de la France envahi par l'ennemi, les œuvres d'art, évacuées des musées pour être préservées des affres du conflit, les suivent pour les contrées d'une France méridionale apparemment plus paisible. C'est le destin réservé à la *Joconde*. Peu de temps avant Munich, Mona Lisa a déjà été transportée au château de Chambord pour un « bref séjour ». « *La guerre la ramène sur la Loire, d'où elle rejoint le château de Louvigny. Nouvelle étape de courte durée, car le dépôt doit être évacué entre le 5 et le 15 juin, alors que les populations du Nord et de l'Ile-de-France se jettent sur les routes pour s'abriter derrière le fleuve infranchissable...*

12. Robert Uhart, *op. cit.*, p. 16.
13. *Idem*, p. 16-17. Voir aussi Robert Vivier, *op. cit.* et Jean Vidalenc, *op. cit.*
14. Robert Vivier, *op. cit.*, p. 31.
15. Robert Uhart, *op. cit.*, p. 6.
16. Témoignage oral de Jean Millasseau, août 2004.

C'est dans cette atmosphère d'affolement que le convoi qui transportait le chef-d'œuvre arrive à Tours, près de ce château d'Amboise où un roi de France l'avait acquis de Léonard. »[17] La destination finale de la *Joconde* est Montal, dans le Lot. C'est comme si la *Joconde*, lasse de supporter les brumes septentrionales, revenait à ses anciennes amours en se ressourçant malgré cette ère de profondes turbulences auprès de son maître et créateur en terre tourangelle. Ce chassé-croisé symbolique et contrasté entre un passé lointain et brillant et un présent immédiat, sombre et tragique, semble révéler la profondeur et la gravité du drame qui se joue en ce mois de juin 1940.

Rumeurs et cohue

La cohue, perceptible, au nord, de Château-Renault à Amboise, reflète la panique générale, alimentée à la fois par le souvenir des atrocités censées avoir été commises par les Allemands au cours des deux dernières guerres (en particulier par la mémoire des méfaits commis par les uhlans de l'armée prussienne en 1870-1871) et par les rumeurs obsédantes sur l'inhumanité du comportement des troupes hitlériennes lors de l'invasion de la Pologne, comme s'en fait l'écho *La Dépêche d'Indre-et-Loire* du 11 septembre 1939 : *« Les populations civiles en Pologne sont massacrées, torturées et décimées par les troupes teutonnes. Des soldats allemands ayant pénétré dans une église, pendant un office, ont tué les femmes et les enfants et coupé le nez et les oreilles du prêtre officiant.* »[18] Les fugitifs sont d'autant moins rassurés qu'ils subissent fréquemment les mitraillages de Stukas, notamment à plusieurs reprises les 15, 16 et 17 juin 1940 *« entre Autrèche et la Hargandière, la descente du tertre à Saint-Ouen-les Vignes, entre les murs de Pocé-sur-Cisse avant la Varenne* »[19]. La propagande allemande, qui tend à se déployer par la diffusion d'affiches mettant en scène l'attitude apparemment bienveillante d'un soldat allemand portant « pacifiquement » un enfant tel un authentique protecteur - attitude qualifiée de « Korrekt » -, ne produit pas encore son effet anesthésiant sur les populations. La psychose est bien présente dans cette colonne sans fin de réfugiés, harcelés d'une part par les bombardements en piqué des avions allemands et la stridence de leurs sirènes et, d'autre part, par l'avalanche de mauvaises nouvelles telles que l'arrivée prochaine des Allemands et de la présence d'espions de la *« Cinquième Colonne* »[20]. Il n'y a pas que les voitures lourdement chargées qui encombrent les rues, mais aussi les piétons, soit que les trains sont tombés en panne, soit que les propriétaires des véhicules ont été contraints de les abandonner par manque d'essence ou à la suite d'un accident.

---

17. Témoignage de Rose Valland cité par Robert Uhart, *op. cit.*, p. 13.
18. *Idem*, p. 4.
19. *Ibidem*, p. 17 : témoignage de Bernard Crosnier de Saint-Ouen-les-Vignes.
20. Jean Vidalenc, *op. cit.*

Autre exemple significatif de ce climat d'anarchie et de peur diffuses : des enfants, d'une colonie scolaire parisienne et réfugiés dans la commune de Mosnes, bombardés dans leur lieu de repli, ont dû parcourir les 10 kilomètres séparant Mosnes d'Amboise et se mettre à l'abri dans les caves des écoles amboisiennes[21].

Cette impression de capharnaüm est accentuée par le fait que les Tourangeaux aperçoivent nombre d'officiers et de soldats en fuite, « *sans aucun encadrement, le plus souvent à vélo ou à bord de véhicules, même civils, qui deviendront de plus en plus nombreux au fil des jours.* [...] *Voici les chars français Renault qui passent plein gaz, ceux-ci roulent sur les bas-côtés, dans les fossés, voire au-delà ; c'est vrai qu'il n'y a plus de bitume, les fossés sont en partie comblés, tout est dégradé* »[22]. Devant un spectacle si désolant qui ne peut travestir la triste réalité du désastre militaire, les discours appelant à la défense patriotique deviennent mascarade aux yeux d'un grand nombre de contemporains. Un tel marasme moral prépare un terrain propice au défaitisme : ce n'est pas un hasard si, le 17 juin 1940, le maréchal Pétain, devenu entre-temps président du Conseil à Bordeaux, à la suite de la démission de Paul Reynaud, peut annoncer à ses compatriotes dans un discours radiodiffusé qu'il faut cesser le combat et signer un armistice avec le IIIe Reich. Cependant, ce serait se méprendre de croire que toutes les unités de la Grande Muette ont baissé les bras, comme le prouve l'attitude énergique du génie français qui, le 16 juin dans la nuit, installe des « *détonateurs à l'intérieur des charges explosives déjà en place du pont d'Amboise* »[23], ou le courage dont fait preuve le 3e bataillon du régiment d'infanterie coloniale du Maroc défendant Amboise les 18-19 juin 1940 pour entraver la percée allemande[24]. De plus, l'arrivée des Allemands au nord de la cité amboisienne ne se réduit pas à une simple promenade de santé. Dans son témoignage livré à Robert Uhart, Bernard Crosnier de Saint-Ouen-les-Vignes, souligne que, à Amboise, les Allemands « *se sont fait cartonner* », ce qui les amène à « *établir un hôpital de campagne à la Ramée, au lieu-dit la Chapelotte* » et à inhumer quatre officiers[25].

Les avions ennemis font leur apparition dans le ciel d'Amboise les 16 et 17 juin 1940 en bombardant la ville, détruisant en particulier la gendarmerie. La journée du dimanche 16 juin est restée gravée dans la mémoire des vieux Amboisiens qui se souviennent du bombardement de ce jour-là sur la cité royale. A leur grande surprise, ils aperçoivent des avions italiens : était-ce chose possible, la zone d'intervention de la *Regia Aeronautica* étant fort éloignée de la Touraine. Etait-ce un mirage ?

21. *Idem*.
22. Robert Uhart, *op. cit.*, p. 17.
23. *Idem*, p. 18.
24. *Ibidem*, p. 2-3 et 22-25.
25. *Ibidem*, p. 20.

Les avions étaient bien là avec, semble-t-il, tous les signes d'identification de l'aviation fasciste italienne. Le jeune Jean Mangeant, âgé de 19 ans en cette année 1940, s'est longuement interrogé après la guerre sur ce mystère apparent : devenu guide du château, il s'est trouvé un jour en compagnie d'un illustre visiteur, Alain Decaux, et lui a fait part de cette énigme. Notre conteur-historien national lui a répondu qu'il ne pouvait s'agir que d'un subterfuge des Allemands qui, maquillant leurs avions aux couleurs italiennes, faisaient porter la responsabilité de ces bombardements à leurs alliés italiens entrés en guerre depuis le 10 juin 1940. Moyen de la part de la Luftwaffe de se dédouaner moralement de façon commode ?

En réalité, comme le note le colonel de Mollans dans son article intitulé « L'Invasion de la Touraine en juin 1940 » *(Bulletin de la Société archéologique de Touraine*, tome XXXVII, année 1974, Tours, 1975, p. 449-450), l'intervention de l'aviation italienne relève de la légende, du fantasme des témoins oculaires, car elle s'avérait impossible étant donné la délimitation de l'espace aérien français, à laquelle avaient procédé la Luftwaffe et l'Aeronautica dès avril 1939 : « *Dès avril 1939, en prévision d'une guerre contre la France, l'Allemagne et l'Italie ont partagé l'espace aérien français en trois zones : une zone réservée à la Luftwaffe, au nord du 47e parallèle, laquelle englobe la Touraine ; une zone attribuée à l'Aeronautica au sud du 45e parallèle ; et entre les deux un espace de sécurité large de 175 km, pour éviter toute méprise entre les deux aviations dont les pilotes ne parlent pas la même langue, et n'emploient pas les mêmes procédures.*

L'étude des archives de l'aviation italienne établit sans ambiguïté que, non seulement aucun avion italien n'a pénétré dans la zone de sécurité ainsi définie, mais que les instructions de Mussolini et les conditions météorologiques sur les Alpes, du 10 au 25 juin 1940, ont empêché l'aviation italienne de s'aventurer au-delà de la côte méditerranéenne. Et c'est ainsi que la mission la plus profonde effectuée par l'Aeronautica en France métropolitaine a eu pour objectif les installations de l'étang de Berre ! Nous connaissons, jour par jour, le nombre de sorties effectuées, leurs bases de départ, la nature des missions, le nombre d'appareils italiens perdus ou endommagés.

Le 17 juin 1940, les zones d'intervention aériennes au-dessus du territoire français sont modifiées au profit de la Luftwaffe, lorsque celle-ci doit accompagner les corps blindés de la Wehrmacht de part et d'autre du Massif central, dans les conditions que nous allons voir.

Ainsi les prétendues interventions de l'aviation italienne sur la Loire en juin 1940 ne sont que légende. D'ailleurs tous les "témoins" déclarent invariablement qu'ils ont parfaitement observé les cocardes "vert-blanc-rouge" des avions assaillants. Ce qui suffit à prouver qu'ils n'étaient pas italiens, puisque les avions de Mussolini portaient trois haches de licteur noires sur fond blanc cerclé de noir. »

Ce que l'on sait à tout le moins, c'est que ce bombardement du 16 juin, qui détruit la gendarmerie sise sur la rive nord non loin du quartier de la gare, fait un premier mort au bout du pont (rive nord) : il s'agit d'un ressortissant d'Afrique du Nord, qu'un certain nombre d'Amboisiens surnommaient affectueusement « Mon Sami », première victime d'une longue tragédie et de la période noire qui commence.

Par crainte des combats, par peur des bombardements, les Amboisiens suivent la horde migratrice vers le sud. Aussi, la ville se vide-t-elle de sa population jusqu'au 18 juin au soir. En fin d'après-midi, le 17 juin, le génie fait sauter la partie du pont d'Amboise située entre l'île d'Or et la rive gauche. « *Dans la zone d'action du 10*^{e} CA, *la destruction des ponts sur la Loire sera exécutée entre 17 et 23 heures* » (colonel de Mollans, *op. cit.*, p. 458).

Commence, parallèlement aux autres collisions armées des ponts de la Loire (à Tours, Saumur...), la bataille de Chargé-Amboise qui n'a bloqué que pour deux jours l'offensive allemande[26].

26. *Ibid.*, p. 20-33.

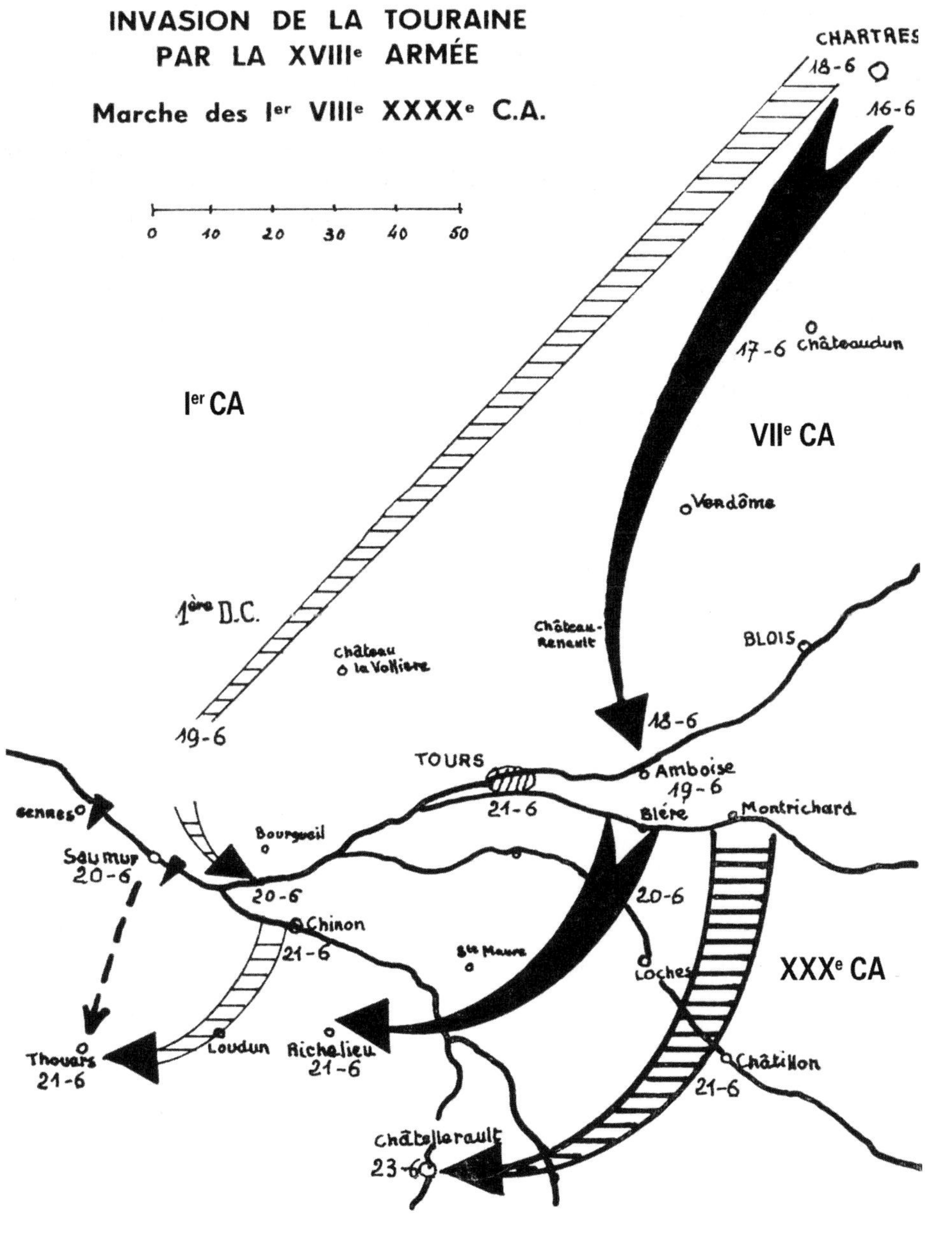

Carte : Invasion de la Touraine par la XVIIIe armée (source : colonel de Mollans, op. cit., p. 459).

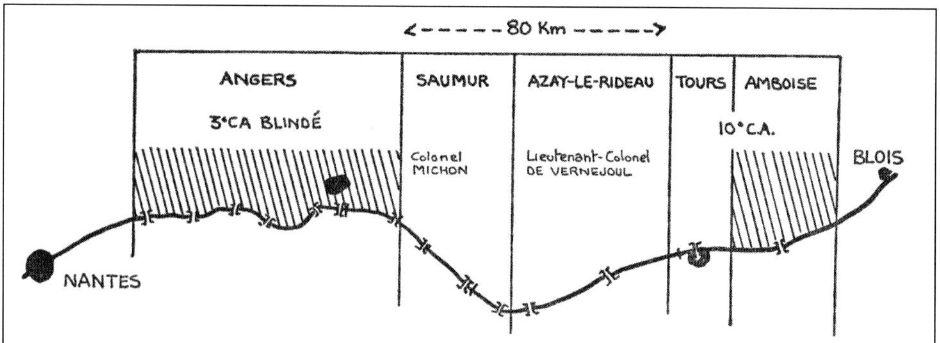

**Les secteurs du général Pichon.
Adjoint : lieutenant-colonel du Vigier
le 16 puis le 18 juin.**

Croquis : ligne défensive de l'armée française déployée sur la Loire sous l'autorité du général Pichon (source : colonel de Mollans, Combats pour la Loire. Juin 1940, *Chambray-lès-Tours, CLD, 1985, p. 67).*

La bataille d'Amboise (18-19 juin 1940)

Les préliminaires : ligne défensive sur la Loire

La bataille d'Amboise-Chargé s'inscrit dans la ligne défensive installée par le haut commandement français sur la Loire, dont la défense est devenue une priorité absolue à la mi-juin après l'évacuation en catastrophe de Paris déclaré « ville ouverte » et après la fuite peu glorieuse du gouvernement Reynaud dans le Val de Loire. Cette mission consistant à entraver l'avancée foudroyante et irrésistible des unités allemandes s'avère périlleuse. Entreprise quasiment impossible tant la suprématie allemande semble être écrasante : maîtrise totale du ciel par la Luftwaffe, suprématie mécanique des *Panzerdivisionnen* et froide efficacité des troupes de la Wehrmacht.

C'est le général Pichon qui est investi de cette mission délicate par le général Héring, commandant de l'armée de Paris : il doit mettre sur pied un rideau défensif le long de l'axe ligérien d'Ancenis à Orléans et procède, pour ce faire, à une division du « fleuve royal » en cinq secteurs : Angers, Saumur, Azay-le-Rideau, Tours et Amboise. Amboise représente un maillon essentiel de ce dispositif stratégique. La bataille d'Amboise se concentre essentiellement sur deux jours : le 18 juin, les Français opposent à l'envahisseur une résistance non négligeable mais insuffisante pour arrêter l'adversaire ; le 19 juin apparaît comme la journée décisive marquée par la percée allemande à Chargé, c'est-à-dire à l'est de la cité amboisienne. Les Allemands ne sont en effet pas parvenus à franchir immédiatement la Loire au pont d'Amboise, que les autorités françaises ont fait sauter dans l'après-midi du 17 juin 1940 à 16 h 30. La bataille d'Amboise-Chargé ne doit pas être perçue comme un isolat. Simultanément, l'offensive allemande s'est portée sur Tours avec des bombardements intensifs qui ont provoqué des dommages irréparables pour la cité tourangelle, en particulier l'incendie de la majestueuse bibliothèque municipale qui a entraîné la disparition d'archives et de livres inestimables, c'est-à-dire de pans entiers de l'histoire tourangelle.

SITUATION LE 18 JUIN 1940 A MINUIT
en Touraine

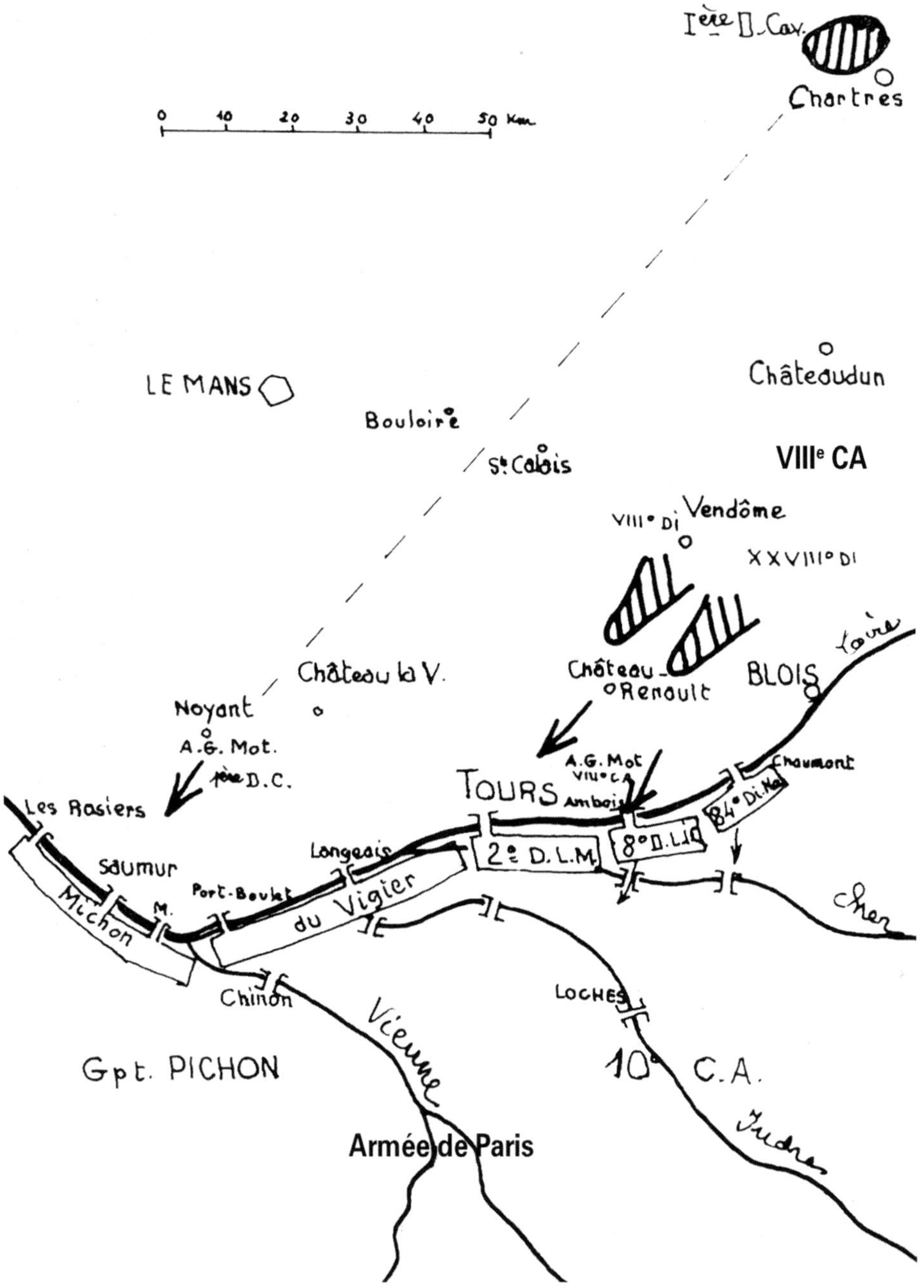

Carte : Situation le 18 juin 1940 à minuit en Touraine (source : colonel de Mollans, « L'invasion de la Touraine… » op. cit., p. 454).

Juste avant la bataille, le commandement des troupes françaises disposées sur la rive nord de la Loire de Tours à Amboise incombe au général Gransart. Dans le secteur d'Amboise est déployé l'escadron de spahis algériens n° 57 auquel se joint un bataillon de chasseurs établi au château d'Amboise. Sur le pont d'Amboise a été installé un canon de 75 utilisé comme canon antichar par des réservistes du dépôt d'artillerie de Poitiers. Le 18 juin 1940, alors que la 2e division mécanique du général Bongrain traverse la Loire au pont Wilson, puis est déployée du viaduc de Saint-Côme jusqu'à Montlouis, Amboise accueille des éléments de la 8e division coloniale, qui est parvenue jusque-là non sans peine. En effet, l'artillerie de la 8e division coloniale, ayant trouvé le pont d'Amboise coupé au sud, a dû revenir sur Tours pour pouvoir franchir le fleuve et gagner ensuite Amboise. Le pont d'Amboise ayant sauté le 17 juin à 16 h 30, il a fallu différer la destruction du pont de Pierre à Tours afin que les unités retardataires soient en mesure de passer sur la rive gauche de la Loire. Long périple pour ces éléments de la 8e division coloniale, harassés de fatigue et qui n'ont peu ou pas dormi les jours précédents. Cet épisode apparemment anodin montre, à petite échelle, combien était fragile la stratégie du commandement français, caractérisée par l'improvisation sous la pression de la fulgurante poussée allemande.

Du côté français, les préparatifs de la défense sur l'axe ligérien se sont effectivement déroulés en toute hâte. Certes, le personnel militaire a pris possession du château dès l'ouverture des hostilités, c'est-à-dire dès septembre 1939, mais en concomitance avec les fonctionnaires du ministère de l'Air. Le passage du temps de paix au temps de guerre ne se fait sentir qu'à partir du printemps 1940, puis les événements s'accélèrent. En mars 1940, des mitrailleuses de DCA sont disposées sur la tour Garçonnet et la tour des Minimes ; le 22 mai, le commandant G. prend la décision symptomatique de suspendre l'autorisation accordée au régisseur monsieur Charles « *de faire visiter aux touristes la chapelle, la terrasse et la partie supérieure de la tour Heurtault* »[27]. C'est cependant seulement à la mi-juin que le dispositif du château se met en place avec le stationnement le 16 juin au soir d'une unité de chasseurs venant du camp du Ruchard, suivie le lendemain à 21 heures de l'arrivée d'officiers chargés de superviser la défense du château. Le 18 juin au matin, c'est au tour d'un bataillon du régiment d'infanterie colonial du Maroc d'entrer dans la ville[28]. En dépit de la faiblesse des moyens dont ils disposent, les défenseurs d'Amboise font preuve d'un grand esprit d'abnégation compte tenu du contexte politique et militaire très défavorable : les déclarations défaitistes tenues par des hauts dignitaires de l'armée (Pétain, Weygand...) ne leur font pas baisser les bras. Six jours avant la confrontation armée

27. *Ibid.*, p. 2.
28. *Ibid.*

d'Amboise, le général Weygand soulignant au Conseil des ministres réuni au château de Cangé que *« dès maintenant la guerre est définitivement perdue »*. A la veille de leur arrivée à Amboise, soit le 17 juin, les fantassins peuvent entendre Pétain proclamer à la radio qu'il *« faut cesser le combat »*. De Montlouis à Amboise, les positions sont défendues par des unités tunisiennes tandis que, au-delà d'Amboise jusqu'à Chargé, le 21e bataillon du RCIM bénéficie de l'adjonction d'une unité de chasseurs du camp du Ruchard et de quelques éléments du 78e groupe de reconnaissance divisionnaire de chasseurs à cheval. Parallèlement, des pièces d'artillerie de 155 sont installées autour de la Pagode de Chanteloup.

La percée offensive des Allemands à l'ouest de Chargé puis à Amboise

Pour le VIIIe corps d'armée allemand stationné à Château-Renault, le franchissement de la Loire est crucial : son chef, le général Heitz, intime l'ordre de *« foncer sur les ponts de la Loire, coupés à Tours et Amboise »*. Le 18 juin 1940, qui correspond en quelque sorte au dernier round d'observation avant l'assaut final, le dispositif offensif allemand s'est considérablement rapproché de la ville d'Amboise : le major Greiss, qui a rejoint au crépuscule l'avant-garde motorisée chargée de franchir le fleuve, fait déployer *« deux rangées de canons de 155 à fût long, une devant et l'autre derrière le(s) village(s) de La Pinière et Limeray, couvertes par des canons de batteries de canons antiaériens déployées le long de la Cisse, de chaque côté du pont de la Ramée, pour couvrir l'avant-garde motorisée en attente sur le CD 31 »*[29]. Le 18 juin, un premier obus tombe sur le château vers 18 heures et commence à embraser l'antique édifice : cet obus n'est pas allemand mais français. En effet, une batterie d'artilleurs français, installée sur les hauteurs des terres de la Pagode de Chanteloup, a tiré trop court : l'obus français destiné aux envahisseurs tombe malencontreusement sur le Pavillon de Penthièvre, qui est complètement réduit en poussière par le feu dévastateur. Il pût en être de même pour l'ensemble du château. Heureusement, comme protégé par la Providence, celui-ci échappe miraculeusement à l'incendie, le vent susceptible de l'attiser soufflant de l'est : selon le régisseur, monsieur Charles, un vent d'ouest aurait entraîné l'embrasement de tout le château.

Du 18 au 19 juin, le bombardement déclenché par l'artillerie allemande depuis Saint-Ouen-les-Vignes se poursuit de façon intermittente. Plus de 200 obus tombent sur le château et le parc de 4 hectares. C'est assez tard dans la nuit qu'une avant-garde motorisée croit apercevoir le pont d'Amboise intact : en réalité, confondant l'île d'Or avec la rive sud, elle n'a pas deviné

29. *Ibid.*, p. 18-19.

que le pont était coupé au sud. D'où une méprise lorsqu'elle s'efforce d'entamer la traversée du fleuve et un flottement momentané au sein du commandement de la Wehrmacht, qui perd du temps, étant obligé de reconsidérer sa tactique après l'échec de la première tentative de franchissement de la Loire : se servant de l'île d'Or comme point d'appui, l'avant-garde allemande essuie le feu vigoureux des défenseurs du château. Peu de temps après, le général Sinnhuber, de l'état-major de Selommes (Loir-et-Cher), vient sur place pour stimuler ses soldats et examiner la situation de près. Si la journée du 18 juin se termine par un échec, on assiste le lendemain à un retournement de situation rapidement favorable aux Allemands.

La journée du 19 juin peut se résumer en deux phases pour la Wehrmacht : revers pendant la matinée, puis coup d'estocade décisif l'après-midi porté plus en amont du cours d'eau depuis Chargé : « *L'occupation précoce de l'île d'Or par les hommes du général Sinnhuber et une très violente préparation d'artillerie durant la matinée* [ont] *permis de masquer au bataillon d'infanterie coloniale, qui défend le château et le pont, le franchissement de la Loire en amont par un bataillon allemand.* »[30]

La première phase commence dès l'aube par une tentative allemande de traversée de la Loire avec des embarcations qui se heurtent à une âpre résistance : la Wehrmacht doit déplorer un second échec dans la seconde tentative de traversée de la Loire à Amboise ; elle se heurte à une rafale de salves d'artillerie provenant des canons français déployés sur la rive sud, infligeant des pertes sanglantes aux troupes allemandes arrivées à Pocé-sur-Cisse. Les artilleurs français, installés au lieu-dit la Briquetterie, provoquent même un véritable carnage dans les rangs des unités allemandes se préparant à embarquer pour franchir le fleuve : « *Cependant, de l'autre côté de Loire, face aux Fougerets, au lieu-dit la Briquetterie, des artilleurs* [français] *en batterie observent la manœuvre des camions, ajustent le tir. Il est alors 10 heures ce 19 juin, le premier obus percute de plein fouet le camion-citerne qui explose, le deuxième obus tombe en plein sur le camion de munitions : deuxième déflagration dans la vallée. Il ne restera pas la moindre trace de ferraille, tout est volatilisé, il n'y aura pas de survivants. Ceux qui se trouvaient près du camion de munitions sont pulvérisés, éjectés : des entrailles, des membres vont se dessécher dans le haut des peupliers plus ou moins déchiquetés. Un mois après, pendant la moisson, les agriculteurs trouveront des membres, des bottes avec les ossements jusqu'à loin de l'explosion. Toutes les toitures du côté nord du village des Fougerets sont soufflées.* »[31]

30. Robert Vivier, *Touraine 39-45*… *op. cit.*, p. 39.
31. Robert Uhart, *op. cit.*, p. 20.

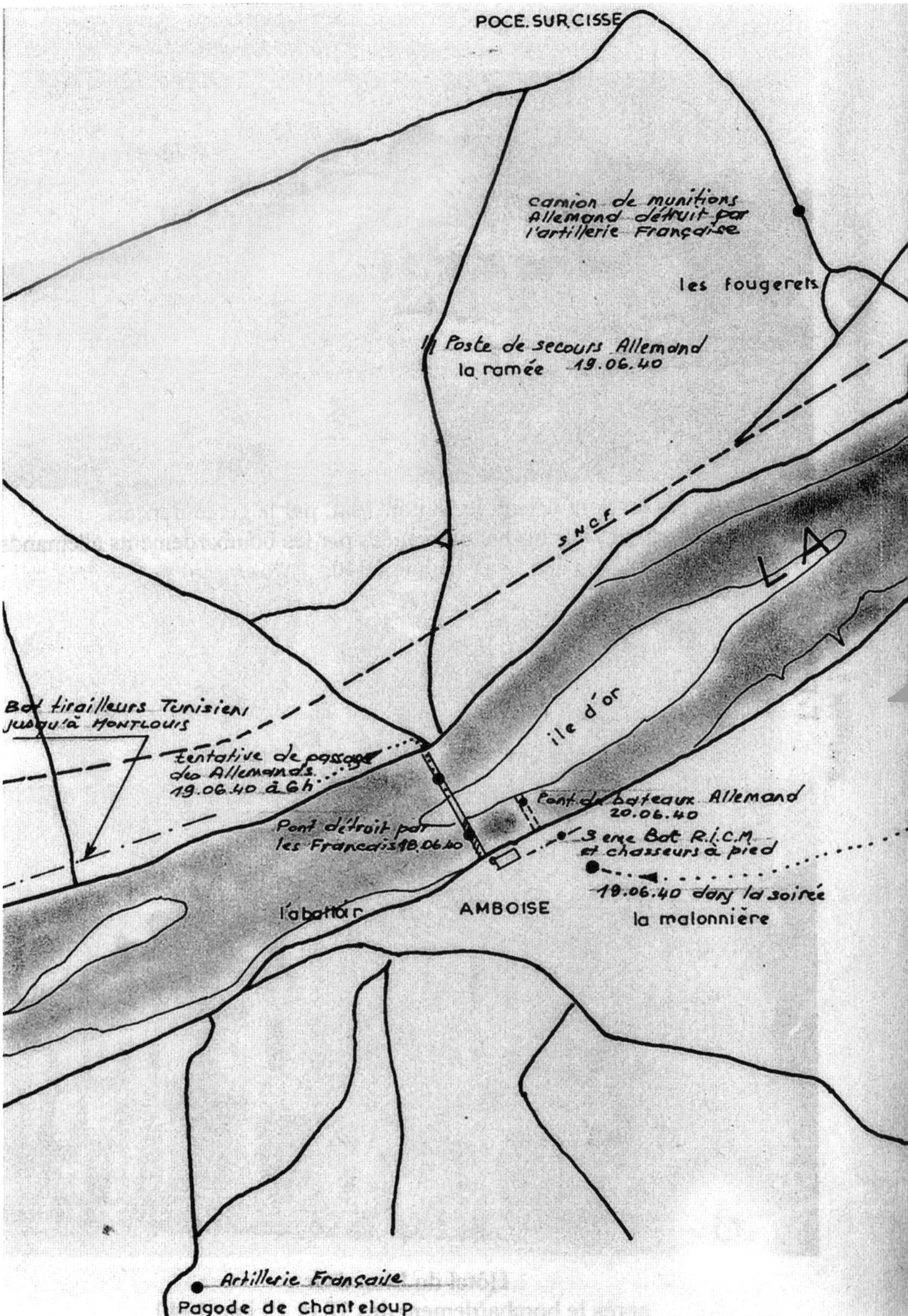
POCE. SUR CISSE
camion de munitions
Allemand détruit par
l'artillerie Française
les fougerets
Poste de secours Allemand
la ramée 19.06.40
S N C F
LA
île d'or
Bat tirailleurs Tunisiens
jusqu'à MONTLOUIS
tentative de passage
des Allemands
19.06.40 à 6h
Pont de bateaux Allemand
20.06.40
Pont détruit par
les Français 18.06.40
3 eme Bat R.I.C.M.
et chasseurs à pied
19.06.40 dans la soirée
la malonnière
l'abattoir
AMBOISE
Artillerie Française
Pagode de Chanteloup

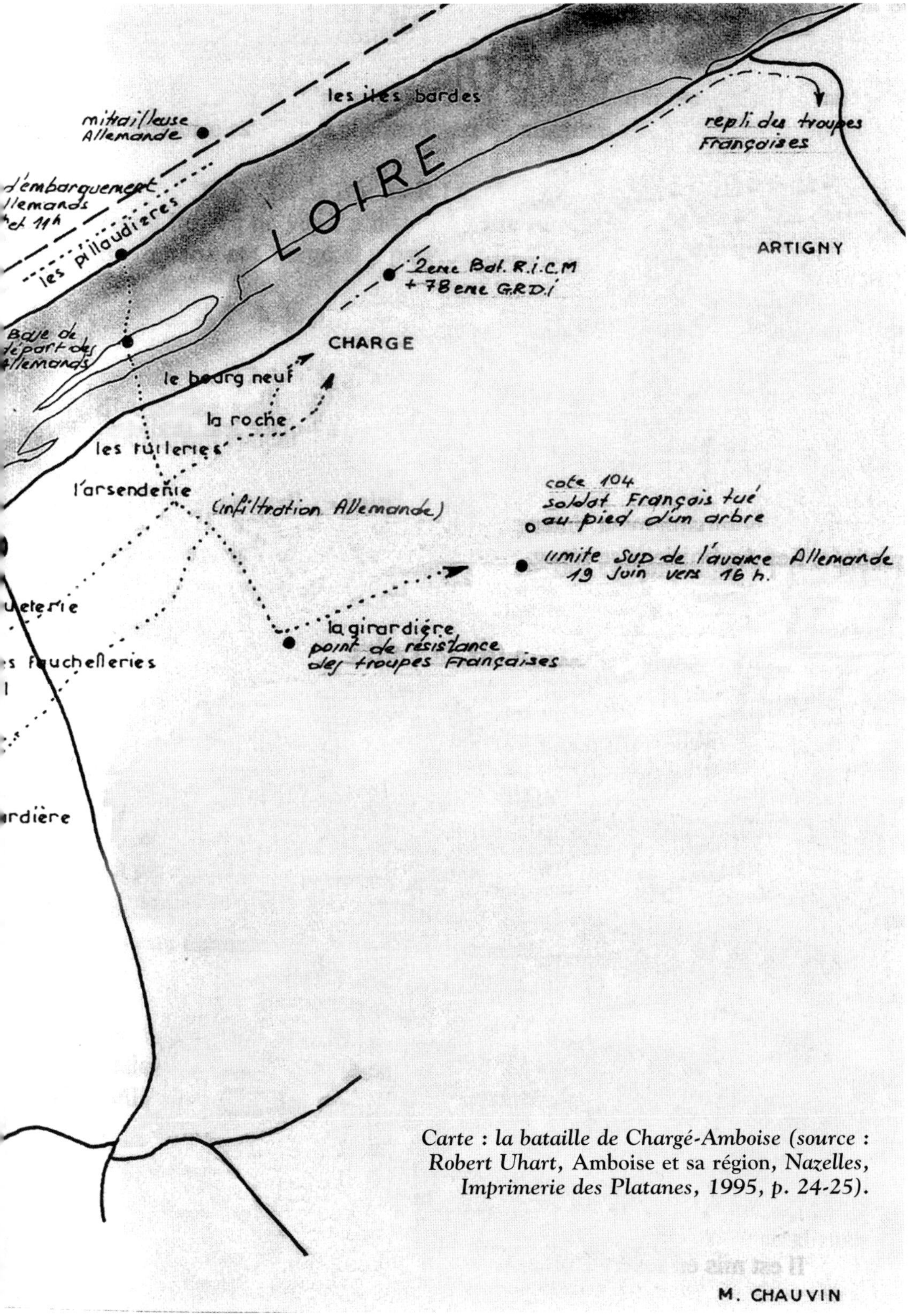

Carte : la bataille de Chargé-Amboise (source : Robert Uhart, Amboise et sa région, *Nazelles, Imprimerie des Platanes, 1995, p. 24-25).*

Le 7ᵉ GRDI s'installe à la ferme de la Girardière (photographie, collection Jean Chauvin).

Combattant français (collection Jean Chauvin).

Tombe d'un soldat allemand (collection Jean Chauvin).

Cependant, l'après-midi du 19 juin 1940 est marqué par un succès décisif pour les Allemands qui parviennent à traverser la Loire à l'ouest de Chargé. Cette première avancée allemande sur la rive sud se heurte à une résistance farouche dans Chargé défendu par le 2e bataillon du RICM. Parallèlement à cet assaut victorieux en amont, les Allemands sont parvenus à franchir la Loire à Amboise avec plusieurs embarcations, à aménager une tête de pont côté sud et un pont militaire plus en amont du pont détruit. C'est par cette passerelle militaire - dont on voit encore aujourd'hui les piliers - joignant la rive sud à l'île d'Or que les communications entre les deux rives ont pu s'établir pendant l'Occupation. Une fois la percée réalisée à l'ouest de Chargé, les Allemands entrent dans la ville par la porte des Lions vers 17 heures : « *Au cours de l'après-midi, la garnison était submergée et la ville tombait relativement intacte entre les mains de l'ennemi avec ses routes qui mènent vers le sud. La prise d'Amboise était un jeu.* »[32] La défaite est, dès lors, cinglante.

Si les Allemands s'emparent, dans l'après-midi, de la ville sans trop de difficultés, on ne peut pas dire que les défenseurs de la cité amboisienne ont démérité et se sont rendus sans coup férir, le rapport de force avec l'adversaire étant trop inégal. Les faibles effectifs du RICM, positionnés sur le château, sont faits prisonniers. Cependant, quelques soldats du bataillon désarmé par les Allemands réussissent à rejoindre la rive sud du Cher, tenue par le 3e bataillon du 26e RTS (régiment de tirailleurs sénégalais) sous l'autorité du commandant Ehrlich.

32. Robert Vivier, *op. cit.*, p. 39.

La prise d'Amboise par les Allemands fait tomber comme un château de cartes les positions défensives de l'armée française sur la Loire et précipite, peu de temps après, la chute de Tours le 20 juin 1940.

Face aux Allemands arrivés sur la Loire, une seconde ligne défensive provisoire se forme au sud d'Amboise sur le Cher. Le colonel Ehrlich, alors chef de bataillon, relate en ces termes les conséquences stratégiques de la percée allemande à Amboise : « *Nous débarquons le 18 juin à Chissay où nous nous employons à réorganiser un semblant d'unités combattantes. Le 19, à l'aube, je suis appelé au PC du colonel Perretier à Saint-Georges-sur-Cher ; le plus tôt et le plus rapidement possible, je dois me rendre à Bléré constituer et prendre le commandement d'un groupement tactique. Mission : s'opposer sans esprit de recul au franchissement du Cher par l'ennemi... Je détermine les emplacements de chacun au fur et à mesure de l'arrivée des petites unités intéressées. Les artificiers du génie travaillent d'arrache-pied ; les canonniers de la batterie de 47 enterrent leurs pièces ; la section de mitrailleuses en fait autant à proximité du barrage, légèrement en amont du pont. Les mortiers de 81 ont trouvé un emplacement idéal dans une cour d'immeuble protégée des vues par un mur épais... A 18 heures, une section de transport franchit le pont et se dirige sur Amboise en vue de rechercher le bataillon qui tient le château d'Amboise et assure la défense du pont. Elle rentre vers 22 heures ayant attendu en vain aux environs de la Pagode de Chanteloup. A 23 heures, c'est au tour de l'escadron des spahis de rentrer dans nos lignes suivi de peu de l'escadron motocycliste du groupe de reconnaissance divisionnaire dont le capitaine m'apprend que le bataillon d'infanterie coloniale est prisonnier. Toute résistance sur la Loire a cessé. Il n'y a plus de combattants, même isolés, sur la route.* »[33]

Après avoir tenté de résister au niveau de Bléré, les unités du commandant Ehrlich se retirent sur Cigogné avec leurs matériels « *au vu de l'ennemi mais sans réaction de sa part* »[34].

L'heure des négociations

« *Parallèlement à Tours, l'arrivée de la délégation d'armistice permet de trouver une fin honorable aux combats.* »[35] L'heure des négociations est imminente, celle du combat et de l'esprit de résistance semble révolue désormais. Le 20 juin, Tours est proclamé au cours de la nuit « ville ouverte » et, le lendemain, les Allemands font leur entrée dans la cité tourangelle. La rupture opérée à Amboise a donc eu comme effet immédiat de précipiter la prise de possession

33. *Idem*, p. 39-40.
34. *Ibidem*, p 40.
35. *Ibid*. p. 41.

de Tours par la Wehrmacht. Amboise aura donc été investie par les envahisseurs un jour avant la capitale de la Touraine, ce qui n'est pas étonnant, étant donné que le général Heitz, commandant en chef du VIIIe corps d'armée, a décidé de faire porter l'effort principal de l'offensive sur Amboise. D'une certaine façon, le sort de la bataille de la Loire s'est surtout joué à Amboise à la mi-juin 1940.

La cité amboisienne voit le passage de la délégation d'armistice. Cette dernière, menée par le général Huntziger, l'ambassadeur de France Léon Noël, qui doit se rendre à Rethondes, dans la forêt de Compiègne, pour signer en présence de Hitler l'armistice - chose qui sera faite le 22 juin - passe par Tours en empruntant l'avenue de Grammont, le boulevard Heurteloup puis la levée de la Loire de Saint-Pierre-des-Corps pour atteindre Amboise et franchit la Loire le 20 juin à minuit sur un pont militaire édifié au-dessus du « fleuve royal » par le génie allemand[36].

Quel est le bilan de la situation à Amboise après les combats sur la Loire des 18 et 19 juin 1940 ?

36. *Ibid*, p. 41. Voir aussi Robert Uhart, *op. cit.*, p. 29-30.

Bilan matériel et humain

Les Allemands arrivent : destructions et déchirure morale

Les Allemands occupent désormais la ville et dès alors le château. Dans son témoignage, Bernard Crosnier livre à l'échelle de la ville d'Amboise, à travers la description du chassé-croisé des soldats allemands et français sur la Loire, les premiers se dirigeant irrésistiblement vers le sud et les seconds s'acheminant vers le nord en vaincus, l'image emblématique et tragique d'une France humiliée et d'une Allemagne conquérante : « *Les 21 et 22 juin, c'est par longues colonnes successives, en rang par quatre, qu'un nombre impressionnant de prisonniers français, en chemise sous un soleil de plomb, passeront le pont militaire d'Amboise en sens inverse des troupes allemandes, en direction de Château-Renault, puis de la Nationale 10, vers l'est.* »[37]

Par rapport à Tours où les destructions matérielles sont considérables, Amboise est relativement épargnée. Claude Morin, dans son étude exhaustive intitulée *1940-1944 : la Touraine sous les bombes*, note, à l'exception de Tours, les effets sporadiques des bombardements de juin 1940 sur les localités tourangelles : « *Hors de l'agglomération tourangelle, peu de destructions, en dehors de celles déjà signalées. Un rapport allemand indiquait que le château de Chenonceau avait subi des dégâts légers au niveau de l'escalier et d'une tour du fait d'un tir d'artillerie. L'état dégradé du parc n'était pas dû au combat, mais à une inondation. A Amboise, en dehors des dégâts au château (murs d'enceinte, galeries et chapelle), on déplorait des destructions ponctuelles sur les ponts, à la pointe aval de l'île d'Or entre l'hospice et les quais.* »[38]

37. Robert Uhart, *op. cit.*, p. 21.
38. Claude Morin, *1940-1944 : La Touraine sous les bombes... op. cit.*, p. 70.

Série de photographies sur les destructions matérielles d'Amboise (collection Jean Chauvin) : Dommages matériels infligés au château

Amboise, en juin 1940.

Avant le combat (château et pont).

Ce qui reste du canon de 75, détruit par les tirs allemands, après la bataille.

La ville d'Amboise vue de l'entrepont. A gauche, la mairie et l'église Saint-Florentin.

Le pont d'Amboise détruit.

La tour des Minimes.

Destructions au château d'Amboise.

Pont d'Amboise détruit, vu de la terrasse du château, avec des traces d'obus sur le parapet et la terrasse.

Impacts de balles sur la façade du château.

Sur la tour des Minimes.

La façade du château.

Dégradations matérielles au château.

Salle des Etats.

Tour endommagée.

La chapelle Saint-Hubert fortement endommagée.

Destructions matérielles dans la ville d'Amboise

Rue de la Concorde, près du château.

Quai Charles Guinot (ou début du quai des Violettes).

L'hôtel du Lion d'Or, au pied du château d'Amboise.

Cliché pris au niveau de l'entrepont : au fond le centre d'Amboise.

Quai des Marais, en contrebas du château.

A Amboise, c'est en effet surtout le château qui est touché, au grand dam de son régisseur monsieur Charles. Les mutilations infligées à la demeure royale sont multiples : le pavillon de Penthièvre est entièrement détruit, le promenoir des gardes au balcon monumental démantelé ; les toitures du château sont éventrées et en très mauvais état ; la tour des Cavaliers est martelée, les terrasses des tours pilonnées ; la chapelle Saint-Hubert offre une ouverture béante et on note un descellement d'un angle de la construction ; ses vitraux sont brisés. Les blessures matérielles infligées au château auraient pu être plus importantes, si le régisseur n'avait pas pris de nombreuses précautions pour préserver l'édifice royal dont il avait la garde. Avec l'aide de Clovis Millasseau et du jardinier, il a installé des sacs de sable dans les combles et la chapelle Saint-Hubert. L'église Saint-Florentin, dont le toit est complètement pilonné, a aussi particulièrement souffert des canonnades allemandes. Les dégâts ne sont pas moindres aux alentours du château : l'hôtel du Lion d'Or est gravement endommagé, de même que le théâtre-cinéma a été particulièrement malmené. La manufacture de chaussures Gounin a été partiellement détruite, la demeure du docteur Mahoudeau a reçu trois obus, la gendarmerie a été atteinte de plein fouet par une bombe larguée par un avion de la Luftwaffe. Au lendemain des combats des 18 et 19 juin sur la Loire, monsieur Charles va prendre toutes les mesures pour conserver le patrimoine de la cité ligérienne.[39]

Le bombardement de la cité de juin 1940, qui n'a duré que quarante-huit heures, a donc occasionné des destructions partielles, mais le traumatisme est là. Avant l'arrivée des Allemands, la ville, participant de ce climat de phobie générale, s'est vidée de la majeure partie de sa population. Une fois l'orage passé, les Amboisiens reviennent.

En pleine débâcle, comme en France septentrionale qui est la première à avoir subi le Blitzkrieg, la panique est communicative dans la région d'Amboise du fait du flot des réfugiés qui colportent les rumeurs les plus folles, en particulier sur les exactions commises par les Allemands avec une certaine propension à l'exagération. La fuite du gouvernement en Touraine et dans le Bordelais, puis la retraite accélérée des unités de l'armée nourrissent la psychose.

Le maire de Nazelles, dans une réponse rédigée le 18 mars 1942 à l'intention du préfet d'Indre-et-Loire, dépeint cette contagion de la rumeur et de la peur : *« Le 12 juin 1940, tout Nazelles était mis en émoi par l'annonce du départ précipité du service du ministère de l'Air installé ici. Effectivement, on pouvait voir les voitures personnelles et un car s'emplir des bagages et du personnel dudit ministère. Une panique folle régnait, quelques employés même n'arrivèrent pas à prendre place.*

Au château du Perreux, où se trouvaient meubles, matériels, documents, etc., tout fut abandonné en l'état. On a pu voir sur les tables et les machines des travaux commencés laissés inachevés.

39. Robert Uhart, *op. cit.*, p. 2-3.

Or les Allemands n'arrivèrent à Nazelles que le mercredi 18 juin 1940. En présence d'une fuite éperdue, et les bureaux du ministère restant d'accès ouvert à tout venant, la municipalité de Nazelles prit l'initiative, pour mettre fin au pillage qui se faisait jour, de faire transporter à la mairie et dans les locaux en dépendant, les objets abandonnés. »[40]

Il faut dire que les Allemands ne font parfois rien pour rassurer la population locale, se montrent « *menaçants* » à son égard comme le prouvent certains témoignages. Ainsi « *à Château-Renault, après des affrontements de faible intensité, ils installent des mitrailleurs à l'entrée des rues qui conduisent à la place, visitent soigneusement la mairie et menacent de fusiller MM. Coldefy (adjoint faisant fonction de maire) et Guignard si des soldats sont trouvés dans la ville* »[41].

A Amboise, les Allemands rudoient les civils dans les maisons desquels ils surgissent. Ainsi, René Peyon, adolescent de 16 ans en juin 1940, relate l'irruption des Allemands dans la maison familiale située à la Girardière, à 1,750 km de Chargé : « *Il est 15 h 45 ce mercredi 19 juin 1940. René, âgé de 16 ans, répare son vélo. Il entend des coups de feu. Les cavaliers* [français] *qui étaient dans la cour de la ferme ont décroché vers le sud. L'atmosphère est lourde. Toute la famille est regroupée. Mon père Raymond n'y tenant plus se dirige vers la porte qui donne sur les champs, mais une rafale réfrène sa curiosité et il bat tous les records de vitesse non homologués et rentre dans sa maison.*

16 heures : les Allemands ont fini d'investir la Girardière. Ils entrent dans la maison et nous donnent l'ordre de nous coucher. On croit qu'ils nous demandent de sortir. Le dialogue est difficile et l'incompréhension totale. Joignant le geste à la parole, ils nous poussent tous les six dans une chambre et nous demandent une fois de plus de nous coucher. Ils montent au grenier, cassent des tuiles et tirent sur des soldats français qui se replient. Cela dure environ 1 heure. C'est long !

17 heures : les combats sont terminés. Au loin, on entend quelques tirs sporadiques. Puis de nouveaux soldats allemands arrivent, ils vont cantonner pendant plusieurs jours. »[42]

40. Jean-Pierre Froger et Jacques Watiez, *Les Tourangeaux sous l'Occupation. La vie quotidienne*, Chambray-lès-Tours, CLD, 1997, p. 18.
41. Témoignage de Lucette Huteau cité par Claude Morin dans son livre : *1940-1944 : les Allemands en Touraine*, Chambray-lès-Tours, CLD, 1996, p. 14.
42. Robert Uhart, *op. cit.*, p. 29.

Premiers contacts : une image négative de l'envahisseur

Cette première prise de contact ne donne guère une image positive des envahisseurs et, comme le met en évidence pertinemment René Peyon, les difficultés de communication entre vaincus et vainqueurs sont accentuées par la violence guerrière des combats et la barrière de la langue. Les combats à Chargé ont été si acharnés que le lieutenant français Granger a été tué ainsi que cinq cavaliers du 78e groupe de reconnaissance divisionnaire et cinq soldats du RICM. Dans le village, les soldats français ont défendu maison après maison. Une fois les défenseurs de Chargé mis hors d'état de nuire, les Allemands « *grimpent les coteaux entre Chargé et Amboise... arrivent à la Girardière, chez la famille Peyon, dont la ferme devient un excellent observatoire. Un soldat français est tué au pied d'un arbre situé à 200 m à l'est de la Girardière que le propriétaire M. Flavien Anjorand a tenu à conserver en souvenir* »[43].

Cet enchaînement d'événements si rapide (cf. témoignages de Jean-Baptiste Ferrer et de Jean Getto, de René Peyon et d'Abel Anjorand) met en relief la brutalité des premiers contacts entre les Français d'Amboise - qu'ils soient civils ou militaires - et les soldats de l'armée conquérante, contacts caractérisés par une « conflictualité » réciproque, autrement dit par la haine, le soupçon, la défiance et la peur de part et d'autre. Point de place pour une perception du soldat allemand « *korrekt* » ; cette image préfabriquée par la propagande allemande apparaîtra après la cessation des hostilités. Les éléments de la population amboisienne qui sont restés sur place subissent un véritable choc émotionnel, en découvrant subitement les horreurs d'une guerre qui paraissait jusque-là lointaine. La violence est omniprésente et inattendue. Ainsi, le 16 juin 1940, « *en début d'après-midi, des avions allemands bombardent et mitraillent des convois de réfugiés dans le quartier de la gendarmerie. Celle-ci reçoit une bombe et, à l'usine Chappée (Etablissement Mabille), on relève une dizaine de morts qui sont enterrés les jours suivants et une cinquantaine de blessés qui sont dirigés vers l'hôpital* »[44].

Le désarroi des Amboisiens croît subitement en raison de l'apparition soudaine de cette guerre à laquelle ils sont désormais confrontés physiquement. D'êtres humains libres bénéficiant de la démocratie et de la paix, ils s'engouffrent brutalement dans la spirale des persécutions et de la « victimisation ».

---

43. *Idem*, p. 26.
44. *ibidem*, p. 35 : « *La journée la plus tragique se situe le 16 juin 1940. Ce jour-là, en début d'après-midi, des avions allemands bombardent et mitraillent les convois de réfugiés dans le quartier de la gendarmerie. Celle-ci reçoit une bombe et, à l'usine Chappée (Etablissement Mabille), on relève une dizaine de morts, qui sont enterrés les jours suivants et une cinquantaine de blessés qui sont dirigés vers l'hôpital. Il y a aussi 10 enfants âgés de trois à onze ans, qui ont perdu leurs parents, et sont mis en pension dans des familles où leurs proches viennent les récupérer. Ce fait donne une idée de la panique qui s'était emparée de ces malheureux qui errent sur les routes...* »

Profond désarroi, exode écourté

Les blessures de la guerre sont immédiates et très profondes sur le plan psychologique. Globalement, le moral des Amboisiens s'est nettement affaissé et, comme leurs compatriotes, ils ont été pris par le syndrome irrationnel de la terreur et de la fuite. Même la figure amboisienne charismatique qu'est le docteur Mahoudeau, qui tient le cap en choisissant de rester volontairement à Amboise pour soigner les malades et les blessés arrivés dans le flot massif de réfugiés, semble désemparée. Le samedi 15 juin, peu de temps avant que ne commence la bataille sur la Loire, il exprime à sa fille, dans une lettre qu'il lui adresse, l'impression d'abandon qu'il ressent tel un capitaine resté le dernier à bord de son navire en train de chavirer : « *Tout le monde fout le camp en suivant le ministère de l'Air.* »[45]

La prise de conscience du désastre conduit les Amboisiens à quitter leur domicile et partir sur les routes pour participer eux aussi à cette migration massive vers le sud, mais leur retour au bercail ne tarde pas car les Allemands ne leur laissent pas vraiment le temps d'aller bien loin. Le retour à leur domicile se fait dès lors peu de temps après, en juillet dans le meilleur des cas ou en août.

Le témoignage de Raymond Meunier met à la fois en évidence le processus psychologique des Amboisiens harcelés par l'ennemi, taraudés au plus profond d'eux-mêmes par l'obsession de fuir qui se traduit par un rapide aller-retour au cours de l'été 1940 : « *Au début des années quarante, nous habitions 19, rue de Tours à Amboise et étaient arrivés chez nous à cette époque un cousin germain à mon père, accompagné de sa seconde épouse. Ce cousin, Jean-Aristide Edmond, chef de cuisine, habitait Dreux à l'époque avec sa femme née Denise Colas. Cette dernière était particulièrement paniquée par les événements et son attitude a notamment changé nos comportements.*

Pourtant, aussi bien mon père que son cousin étaient d'anciens combattants de 14-18. Ils étaient venus chez nous ces cousins dans l'espoir que l'avancée de l'armée allemande serait stoppée avant d'arriver sur la Loire. Pendant toute cette période, nous étions à l'affût des nouvelles que nous n'avions que par les ragots et les journaux ; nous n'avions même pas de poste de radio, l'électricité n'existant même pas dans la maison.

Pendant ce temps quantité de réfugiés défilaient et cela ne contribuait pas à nous remonter le moral, d'autant plus que les atrocités des troupes allemandes qui ont peut-être été commises étaient considérablement amplifiées et leur importance démultipliée à l'extrême.

Le jeudi 13 juin, les cousins sont allés à Tours, les cars fonctionnant encore. Quand ils sont revenus le soir, ils nous ont appris qu'une pagaille épouvantable

45. *Ibidem*, p. 32.

régnait dans la ville qui recevait la visite de Churchill venu s'entretenir avec le gouvernement français.

Au cours de ces jours, deux soldats français en pleine déroute se sont restaurés à la maison : ma mère remarquant le manège de l'un d'eux regroupant les miettes de pain de sa paume recourbée frottant sur la toile cirée lui a dit : "Vous, vous êtes un paysan." *L'intéressé a dit oui et même d'où il était, mais 55 ans après j'ai oublié. Le pain, à ce moment, présentait de l'importance.*

Au cours des heures, l'angoisse grandissait toujours car on savait que l'ennemi avançait de plus en plus rapidement et de plus en plus sauvagement, notamment par les mitraillages des colonnes de réfugiés [...].

Nous avons dû partir après avoir déjeuné avec tout ce que nous avions pu entasser dans une charrette à bras ; ma mère fermait la marche de notre groupe en provoquant une certaine surprise ; en effet, elle s'appuyait sur ma bicyclette de course, une Heylett spéciale avec des jantes en bois que j'avais achetées à l'automne 1937 à notre voisin mécano [...].

Nous voilà donc partis quand, en montant la rue de Bléré, nous rencontrons le maire de Saint-Denis-Hors [...], *monsieur Amiot, qui nous annonce que le maréchal Pétain avait demandé l'armistice et qu'il venait de l'annoncer à la radio. Je ne me souviens plus des réactions de notre groupe mais, de toute façon, nous continuâmes vers Bléré. Après, je ne me souviens plus où nous sommes passés. Une de nos nuits, couchés dans une grange, nous avons entendu le bombardement d'Amboise. Ce devait être la nuit du 18 au 19 juin. Enfin, nous sommes arrivés à Bournan, village situé entre Ligueil et Sainte-Maure-de-Touraine où nous avons couché dans une grange* [...].

Nous sommes revenus à Amboise, autant qu'il me semble, au début du mois d'août. J'avais fait la queue toute une matinée à la Kommandantur de Poitiers pour avoir les autorisations de prendre le train du retour puisque nous étions tous dans cette éventualité au 27, rue Jean Mermoz à Poitiers chez le frère aîné de mon père qui, par la suite, est devenu mon beau-père puisque j'ai épousé sa fille. Telle fut notre odyssée à cette époque. Nous avons retrouvé la maison intacte car le frère de mon père, Marcel, qui était resté à Amboise avec sa femme et ses dix enfants, y avait veillé. »[46]

Dans ce témoignage de Raymond Meunier, très révélateur des mentalités de l'époque, on peut décrypter toutes les étapes du cheminement psychologique de la plupart des Français de l'An 40 (selon le terme de Crémieux-Brilhac) : peur viscérale des Allemands dont les exactions passées ou présentes sont amplifiées par les rumeurs les plus folles ; psychose générale transmise par le flot des réfugiés, la violence des premiers bombardements, la proximité et la célérité de l'armée conquérante ; désarroi collectif devant le désastre militaire, l'« incurie » des pouvoirs publics et l'annonce par Pétain à la radio, le 17 juin,

46. Robert Uhart, *Amboise et la Touraine de 1940 à 1947*, Nazelles-Négron, Imprimerie des Platanes, 1997, p. 9-11.

de l'imminence de la signature de l'armistice avec le IIIe Reich ; volonté de fuir à tout prix en s'engageant sur les routes encombrées par cette marée humaine en provenance de l'Europe et de la France du Nord. Cependant, si les Amboisiens sont pleinement immergés dans l'atmosphère du moment marquée du sceau de l'effroi et de la désillusion et découvrent comme tous leurs concitoyens l'énormité du chaos, leur vécu de l'été 1940 est aussi spécifique : contrairement aux Belges, Hollandais et Français du Nord, leur fuite n'a pas duré longtemps et le retour en leurs foyers a été beaucoup plus rapide car, très vite, leur périple a été interrompu par l'arrivée des troupes allemandes. Tout au plus se sont-ils réfugiés un peu plus au sud, comme pour la famille de Raymond Meunier qui s'est arrêtée à Poitiers pour revenir à Amboise dès le mois d'août 1940. Le déracinement géographique et moral a été provisoire et donc moins profond. Toutefois, le choc de l'arrivée des Allemands en leurs murs n'en a certainement pas été moins aigu. Le spectacle des colonnes de prisonniers français remontant vers le Nord après la prise de leur ville par les Allemands les a incontestablement complètement abasourdis. Les observations de Raymond Meunier montrent aussi que, dès 1940, la Touraine, dans sa situation médiane entre deux France, exerce la fonction d'interface entre la zone occupée et la zone libre, puisque la ligne de démarcation la traverse en sa partie méridionale, notamment en s'étirant le long du Cher et en passant par Bléré. La proximité de la ligne de démarcation va faire de la région amboisienne une plaque tournante des franchissements clandestins de cette frontière allemande, honnie de plus en plus par les Français. Les passeurs vont y jouer un grand rôle.

Au retour de l'exode, qui n'a été bien souvent pour les Amboisiens qu'un bref intermède, tout semble redevenir normal, mais cette normalité apparente, cette « normalisation », est le fait de l'occupant. Plus rien n'est désormais comme avant. Désormais, il faudra composer avec l'autorité allemande, subir la loi du IIIe Reich et affronter les innombrables vicissitudes de la vie quotidienne. Négocier avec les Allemands présente le danger d'une compromission avec la force occupante. Le maire d'Amboise, Emile Gounin, est confronté à ce dilemme pendant toute la période de l'Occupation. Cependant, il aura le grand mérite de ne pas tomber dans le piège de la Collaboration, en s'évertuant à servir l'intérêt de ses administrés et à atténuer les effets négatifs des méfaits de l'occupation allemande.

Sous l'emprise d'un profond traumatisme, la plupart des Amboisiens de l'été 1940, comme la plupart des Français, s'en sont remis au « père protecteur », le maréchal Pétain, auréolé de son prestige de « vainqueur de Verdun », qui apparaît comme l'une des rares autorités morales et politiques à pouvoir redresser la barre. Ils sont impuissants et comme paralysés face à l'ennemi triomphant. Néanmoins, même s'ils sont sujets à un abattement général, leur réactivité n'est pas entièrement émoussée, comme l'atteste l'attitude du docteur Mahoudeau qui, devant « *l'arrivée massive de blessés dont beaucoup vont décéder* [...] *va soigner et opérer dans des conditions qui sont un défi à la médecine et à la chirurgie* »[47], ou celle du maire Emile Gounin, qui reste en sa ville courageusement pour s'interposer entre les Allemands et la population afin d'apaiser les souffrances de ses administrés. Tout esprit de résistance n'est pas éteint : à preuve, le comportement frondeur de deux habitants de Chargé, Jean Mangeant et Robert Plantureux[48], qui, au moment du repli des unités françaises, s'efforcent de récupérer les fusils laissés par les soldats et de les rendre inutilisables en cassant leurs crosses. Ces actes isolés montrent que toute réactivité au sein de la population amboisienne n'a pas disparu et que, si le traumatisme est profond, il n'émousse que pour un temps l'aspiration d'entrer en dissidence face à la loi du plus fort.

47 Robert Uhart, *Amboise et sa région... op. cit.*, p. 32.
48. *Idem*, p. 25.

FELD-KOMMA

1940-1944 : Les heures sombres
Amboise sous administration allemande et vichyste

Amboise dans l'écheveau administratif du IIIe Reich

L'administration allemande : ses principaux rouages

Au lendemain de l'armistice signé le 22 juin 1940, la Touraine est mise sous surveillance. Elle subit une double tutelle, lourde et complexe : celle de l'occupant qui installe aussitôt un appareil répressif et discriminatoire, celle du régime de Vichy qui prend officiellement le relais d'une IIIe République agonisante à partir du 10 juillet 1940. Lorsque le Parlement vote les pleins pouvoirs à Pétain, il se montre de plus en plus complice de l'occupant. Désormais, la liberté de circulation n'est plus de mise, en particulier au sud de la région amboisienne, dans le secteur de Bléré et le long du Cher où est placée arbitrairement la ligne de démarcation.

Une fois l'armistice signé, les Allemands peuvent établir dans les départements de la Loire moyenne un dispositif administratif destiné à faire régner l'ordre nazi par un quadrillage dense du territoire, une sujétion de l'administration française et une surveillance permanente de la population. L'administration d'occupation se compose dans chaque département d'une Feldkommandantur sous la compétence de laquelle l'on trouve dans chaque arrondissement une Kreiskommandantur ; à l'échelon inférieur, des Ortskommandanturen sont implantées dans des centres administratifs secondaires. La finalité de ce semis administratif est claire : « *Felkommandantur, Kreiskommandantur et Ortskommandantur constituent, à l'échelon départemental et local, une super-administration qui contrôle étroitement l'administration française, fait l'inventaire des ressources du pays, exige des rapports sur la situation de chaque administration et son fonctionnement, s'immisce dans la vie administrative en harcelant quotidiennement les autorités françaises.* »[49]

---

49. Yves Durand, Robert Vivier, *Libérations des Pays de la Loire*, Paris, Hachette, 1974, p. 23.

A la Felkommandantur est rattaché un tribunal militaire allemand auquel est dévolue la tâche de juger les Français coupables de délits contre les forces d'occupation. Pour enrayer toute opposition, chaque Feldkommandantur dispose d'un double appareil policier redoutablement efficace dans son action coercitive : d'une part, la Feldgendarmerie (gendarmerie militaire), relevant de l'autorité des généraux de la Wehrmacht ; d'autre part, le SD *(Sicherheitsdienst)*, dépendant du ministre de l'Intérieur du Reich et chef de la SS, Heinrich Himmler, et à une branche duquel est intégrée depuis 1936 la Gestapo. Ces deux services de police sont chargés de multiples tâches de police qui touchent à la vie quotidienne mais qui impliquent une répression de plus en plus impitoyable contre les juifs et contre tous ceux qui sont soupçonnés de rébellion contre « l'Ordre Nouveau ». La sinistre Gestapo joue un rôle croissant dans ce processus de « chasse aux sorcières » de plus en plus féroce et sanglant et prend aisément le dessus sur les feldgendarmes[50]. Les polices allemandes ne vont pas manquer de procéder à la traque de tous ceux qui sont devenus indésirables pour le nouveau pouvoir en place, à savoir les juifs, les résistants, les communistes, les francs-maçons, avec la connivence des autorités françaises. L'administration vichyste, elle-même sous contrôle, avec la police et la gendarmerie, sert de force supplétive à l'occupant.

Le maillage administratif allemand a pour dessein non seulement d'asseoir la domination politique et militaire du Reich, mais aussi de pressurer économiquement l'Hexagone par le prélèvement de la majeure partie de ses ressources et de ses forces les plus vives (la main-d'œuvre réquisitionnée sur la base du volontariat puis du STO à partir de 1943). Il constitue donc un instrument d'oppression qui ne se limite pas à la répression policière et politique et au pillage économique du pays, mais qui va au-delà par une intense propagande idéologique destinée à démontrer la supériorité du « modèle » national-socialiste et à encadrer les esprits. Les Allemands trouvent dans les nervis de la Milice de Darnand des auxiliaires zélés de la Gestapo, et dans les chefs et les militants des partis collaborationnistes, qui reçoivent leurs subsides, de précieux relais de diffusion du prosélytisme fasciste. Les Allemands disposent cependant du solide tremplin idéologique des services de la *Propagandastaffel*, subordonnés aux ordres de Goebbels : ils sont *« chargés d'orienter l'opinion française par tracts, affiches, mots d'ordre insinués de bouche à oreille ou imposés aux journaux locaux* [...] *ceux-ci* [étant], *dès 1940, étroitement surveillés et, depuis 1942, réduits au rôle de porte-parole de l'occupant »*[51]. Leur entreprise d'endoctrinement des masses est relayée dans les départements ligériens par des Instituts allemands : *« A Tours, à Blois et à*

50. Se reporter à plusieurs ouvrages : Yves Durand et Robert Vivier, *op. cit.*, p. 22-23 ; Claude Morin, *Les Allemands en Touraine... op. cit.*, in chapitre II : « Les Allemands s'installent » et chapitre IV : « Les polices allemandes », p. 65-79. Cf. aussi Robert Vivier, *Touraine 39-45... op. cit.*, p 56-74.
51. Yves Durand et Robert Vivier, *op. cit.*, p. 22.

Orléans, l'œuvre d'intoxication des esprits français par la Propagandastaffel [est] *prolongée par des instituts allemands* [qui], *gérés et dirigés par des Français, n'en sont pas moins sous un étroit contrôle allemand. »*[52]

La France des années quarante évolue bien dans le contexte d'une guerre totale voulue par un régime totalitaire, l'Allemagne nazie, qui ne se contente pas d'imposer sa domination au pays occupé mais aspire à la réalisation d'un programme fanatique, impliquant des solutions « totales », radicales, au mépris des valeurs démocratiques et humanistes : arrestations brutales et enlèvements perpétrés par la Gestapo, torture, antisémitisme, répression sanglante contre la population par une politique de représailles massives (otages fusillés) à la suite d'attentats commis par la Résistance, enfermement des personnes dans des camps d'internement, déportations massives vers l'Allemagne et la Pologne dans des camps de travail et d'extermination, massacres d'innocents.

La Touraine n'a pas été épargnée par cette trajectoire tragique du morbide et du meurtre, de la négation des valeurs humaines. Elle a été victime de la barbarie. A l'exemple de la France et de toute l'Europe continentale, la terre tourangelle est entrée dans l'ère concentrationnaire, puisqu'elle a été elle-même le réceptacle de camps d'internement, tels ceux du Ruchard, de la Morellerie et de la Haute Barde, le plus important du département ayant été celui de la Lande à Monts, camp d'internement pour juifs puis pour femmes[53]. L'Indre-et-Loire a eu aussi ses martyrs résistants et, s'il est permis d'employer cette expression sans choquer, son propre « Oradour-sur-Glane » avec le massacre de la population de Maillé, le 25 août 1944[54]. Dans le contexte des années noires, comment la ville a-t-elle été administrée par les Allemands ? Les autorités maintenues par Vichy se sont-elles comportées en dociles serviteurs de l'occupant ? Quelles ont été les relations entre les Amboisiens et les Allemands ? Quelles souffrances les Amboisiens ont-ils subies et comment ont-ils vécu ces années noires ? L'attitude de la population amboisienne par rapport aux pouvoirs en place, à la situation politique et aux difficultés de la vie quotidienne s'est-elle modelée sur les comportements collectifs du pays ou a-t-elle revêtu des singularités ?

Dès juin 1940, les Allemands mettent en place, en Indre-et-Loire, l'administration d'occupation, constituée à l'échelon du département par la Feldkommandantur, dont l'autorité s'exerce sur la partie occupée de l'Indre-et-Loire et dont le siège officiel devient le palais de justice de Tours. Un grand

---

52. *Idem*, p. 23.
53. Sophie Paisont-Béal et Roger Prévost, *Histoire des camps d'internement en Indre-et-Loire (1940-1944)*, Joué-lès-Tours, Imprimerie Simarre, 1993.
54. Abbé Payon, *Maillé, village martyre*, Tours, Editions Arrault, 1945, 105 p.

panneau portant l'inscription « FK 528 » et, juxtaposés, un grand aigle et une croix gammée figurent en octobre 1940 au fronton du bâtiment officiel. Cet organisme central, dépendant du *Militärbefehlshaber in Frankreich*, en d'autres termes du gouverneur militaire allemand, se voit confier les missions multiples d'*« assurer le ravitaillement et la sécurité des troupes allemandes, de contrôler les administrations françaises, l'économie et de faire appliquer les prescriptions nazies »*[55]. La « FK 528 » se subdivise en une double administration, militaire et civile. A l'échelon local, la Feldkommandantur 528 peut s'appuyer sur des *Ortskommandanturen*, créées notamment à Loches et à Amboise. Ces substructures administratives changent de désignation en septembre 1940 pour devenir les *Kreiskommandanturen*.

L'administration allemande est complexe, ne coïncide pas nécessairement avec le maillage territorial français et connaît des modifications structurelles fréquentes, avec une certaine mobilité géographique de son personnel. Les mutations de cet encadrement administratif sont liées à la tournure prise par le conflit : les théâtres d'opération ne cessent de se multiplier et de s'étendre géographiquement, ce qui suppose une adaptation constante de l'appareil militaire allemand aux nouvelles réalités géopolitiques. Un exemple précis : l'extension de la guerre au front russe entraîne le transfert de la FK 528 de Tours le 30 avril 1941 vers l'Est, en premier lieu vers Rogachev en Biélorussie, puis, en 1943, elle rejoint la XVIe armée allemande dans la poche de Courlande. Parallèlement, la FK 528 est remplacée en Touraine par la FK 588 qui, constituée à Halberstadt en Allemagne, est transplantée à Tours et se voit attribuer une aire de compétence qui s'étend à la fois sur l'Indre-et-Loire et le Maine-et-Loire, comme s'il s'agissait d'un *« seul grand département »*[56]. Cette nouvelle FK 588 dépend d'Angers, ce qui signifie que l'administration allemande du territoire français a une assise non seulement départementale mais aussi régionale. Au même moment, dans l'espace géographique de la Loire moyenne, alors que la Touraine est rattachée administrativement à Angers, les Feldkommandanturen des autres départements (Eure-et-Loir, Loir-et-Cher et Cher) sont du ressort de la Feldkommandantur d'Orléans qui a une compétence régionale jusqu'au 20 juin 1942 : certes, on lui retire cette compétence à cette date et *« de régionale la Feldkommandantur (orléanaise) devient seulement départementale, cependant elle conserve jusqu'en 1944 un rôle de coordinateur pour l'ensemble de la région - sauf pour l'Indre-et-Loire qui dépend d'Angers »*[57]. On peut déceler dans ces restructurations successives du système administratif allemand un souci d'optimisation de celui-ci pour l'adapter à une carte du conflit sans cesse mouvante. Ce désir d'efficacité de l'occupant passe

55. Claude Morin, *Les Allemands en Touraine... op. cit.*, p. 25.
56. *Idem*, p. 29.
57. Yves Durand et Robert Vivier, *op. cit.*, p. 23.

également par la volonté d'un contrôle total du territoire, d'où la mise en place d'un réseau de circonscriptions administratives hiérarchisé (Kreiskommandanturen et Ortskommandanturen). Ainsi la FK 588 est-elle subdivisée en Kreiskommanturen, « *la KK d'Amboise presque entièrement supprimée et celles d'Angers, de Chinon, de Cholet, de Saumur, de Segré, de Tours* »[58]. Cette rationalisation mise en œuvre par les forces occupantes, se caractérisant par des additions ou des retranchements de structure et plus en plus par des réductions d'effectifs, n'exclut pas toutefois une propension à l'empirisme, une politique administrative au coup par coup, visant à parer au plus pressé. Cette refonte incessante tend à attribuer dans un premier temps à Amboise un rôle administratif important, puis ensuite à le réduire.

La Feldkommandantur 528 de Tours (collection Jean Chauvin).

58. Claude Morin, *Les Allemands en Touraine... op. cit.*, p. 29.

Les premiers jours de l'Occupation : seul le drapeau à croix gammée est hissé... (Collection Jean Chauvin.)

... puis apparaît le grand aigle jaune doré de la Feldkommandantur 528 (collection Jean Chauvin).

La Feldkommandantur 588 (collection Jean Chauvin).

A l'origine est créée à Amboise, comme à Chinon, une Ortskommandantur mais, à partir d'octobre 1940, la cité ligérienne, comme son homologue tourangelle, est promue au rang de Kreiskommandantur : la Kreiskommandantur 609, dirigée par le capitaine Reinecke. Elle comprend en octobre 1940 « *douze Allemands originaires de la région de Schneidemühl en Poméranie* » et a juridiction sur « *les cantons d'Amboise, de Château-Renault, de Vouvray et d'une partie de celui de Bléré* »[59]. Ses compétences sont multiples : elle doit régler les problèmes qui peuvent se poser dans les relations entre les forces d'occupation et la population et assurer la surveillance de la ligne de démarcation dans la région de Bléré, le long de la vallée du Cher. Une unité de la *Feldgendarmerie* est aussi implantée à Amboise, la *Feldgendarmerie-Trupp der KK* 609, dépendant donc de la Kreiskommandantur locale et investie de la mission de surveillance de la ligne de démarcation. Cependant, à l'instar des mutations fréquentes des rouages de l'administration allemande, ces deux entités de base sont supprimées rapidement. La KK 609 cesse d'exister au début de mai 1941 : elle est transférée à Tours au 37, boulevard Béranger, nouveau siège à partir duquel elle exerce son autorité sur l'arrondissement de Tours et laisse à Amboise une simple antenne qui ne subsiste que jusqu'en février 1942[60]. Dans son sillage, en juin 1941, l'unité de *Feldgendarmerie* 609 s'installe à Tours au 64, boulevard Béranger. Prenant le nom de *Trupp II*, elle devient responsable du secteur Tours - Sainte-Radegonde, Saint-Symphorien, Saint-Cyr, La Riche, Joué-lès-Tours et Saint-Avertin.

59. *Idem*, p. 27.
60. *Ibidem*, p. 29.

Amboise est progressivement reléguée au second rang dans l'armature administrative de l'occupant. A partir de mai-juin 1941, la ville subit une sorte de rétrogradation administrative. Les Allemands ne la considèrent apparemment plus comme un point d'ancrage fondamental de contrôle du territoire. La dépréciation de sa fonction politique et administrative se remarque aussi par le fait que les forces occupantes en viennent même à ne maintenir en ses murs que des services secondaires, voire à les supprimer : un dépôt de ravitaillement *(Heeresverpflegung)*, implanté depuis 1940, est transféré en juin 1941 au camp de Nouâtre[61] ; sont maintenus un centre d'épouillage dépendant de l'hôpital allemand de Tours - Saint-Gatien situé dans l'ancien camp de prisonniers (jusqu'en septembre 1942) et un centre de convalescence de la Luftwaffe installé au château de Malvau[62]. Il faut noter également que plusieurs communes en bordure du Cher et de la ligne de démarcation sont dotées d'Orstkommandanturen, ainsi à Bléré, Cormery et La Haye-Descartes[63].

Politique culturelle et propagande

Cependant, l'occupant ne minimise pas le rôle culturel qu'il veut conférer à Amboise, sans doute en raison de son passé brillant de ville royale. L'encadrement des esprits et leur manipulation par la propagande s'avèrent une priorité de la politique culturelle du IIIe Reich. La *Propaganda Abteilung* déploie une intense activité dans l'Hexagone pour orienter l'opinion par la censure sur la presse, la distribution d'affiches, la diffusion de films favorables à la force occupante. Cette offensive impliquant la fascisation des structures mentales se matérialise également par la mise en place d'Instituts allemands depuis Paris dans toutes les capitales provinciales de France, Instituts s'apparentant à la vitrine de la culture d'outre-Rhin.

La Touraine n'échappe pas à ce projet ambitieux d'endoctrinement de la population. « *En juillet 1941* [est] *créé un Institut allemand, qui* [dépend] *de l'Académie allemande de Munich et de l'ambassade d'Allemagne à Paris. A sa tête est nommé le Doktor Josef Theisen.* »[64] Ce n'est sans doute pas un hasard si Amboise et Chinon, deux cités royales chargées d'histoire et riches d'un imposant patrimoine architectural, deviennent chacune le siège d'une succursale de l'Institut allemand de Tours. L'instauration à Amboise, le dimanche 9 août 1942, d'un Institut allemand « *en grande pompe* », en présence des autorités allemandes et françaises[65], s'inscrit dans la politique de

61. *Ibid.*, p. 145.
62. *Ibid.*, p. 119-120.
63. Robert Vivier, *Touraine 39-45... op. cit.*, p. 62.
64. Claude Morin, *op. cit.*, p. 109-110.
65. Jean-Pierre Froger et Jacques Watiez, *Les Tourangeaux sous l'Occupation... op. cit., p. 274.*

glorification de l'hitlérisme et de prosélytisme culturel. Les édifices prestigieux, comme le château d'Amboise, sont choisis délibérément par les Allemands pour mieux mettre en scène les activités proposées par l'Institut allemand. Un haut lieu de la Renaissance et de la royauté française facilite la théâtralisation, le travestissement des sordides réalités de l'occupation, la création d'une double illusion : d'une part, l'image positive d'une Allemagne nazie positionnée sous les feux de la rampe œuvrant pour la civilisation et l'anéantissement de la barbarie ; d'autre part la pérennité d'une entente franco-allemande institutionnalisée par la poignée de main du 24 octobre 1940 entre Hitler et Pétain à Montoire.

Le cadre somptueux des châteaux de la Loire sert de caution historique, esthétique et morale au nazisme. Le château d'Amboise est instrumentalisé par les services de la *Propagandastaffel* pour remplir cette fonction symbolique de faire-valoir emblématique de l'Allemagne hitlérienne. L'Institut allemand de Tours n'est pas seulement l'instigateur de la tenue de cours de langue allemande et de multiples festivités artistiques et intellectuelles (séances de cinéma, concerts, conférences) destinées assurément à envoûter un auditoire acquis aux « idées nouvelles », que l'on espère de plus en plus large. Il propose aussi *« des excursions* [permettant] *aux élèves de découvrir des lieux historiques. Le 30 mai 1943, l'Institut de Tours organise une visite des châteaux d'Amboise et du Clos-Lucé. Au château d'Amboise,* M. W., *directeur de la section littéraire du groupe Collaboration de Tours, fait une causerie sur Anne de Bretagne »*[66]. Ces visites de monuments historiques participent de la volonté des autorités d'occupation de métamorphoser auprès de l'opinion publique l'image d'une Allemagne guerrière, brutale et agressive en une nation civilisée, aux mœurs raffinées, protectrice des arts et des lettres, magnanime envers le vaincu au point de montrer avec ostentation son désir de préserver le patrimoine architectural et intellectuel d'une France à la grandeur révolue. Dans le chapitre X de son ouvrage[67], l'historien Claude Morin met bien en évidence l'attitude paradoxale des forces d'occupation vis-à-vis du patrimoine d'Indre-et-Loire : destruction et pillage mais en même temps volonté affichée de préserver certains joyaux de la culture française, tels les châteaux du Val de Loire, pour donner l'impression à l'opinion tourangelle que l'Allemagne national-socialiste était sincèrement soucieuse de se conformer à la mission civilisatrice dont elle aurait été investie. Un argumentaire identique est utilisé à la fois par l'occupant et Vichy pour justifier le départ de volontaires français sur le front russe. En partant en Russie, ces derniers sont présentés comme les défenseurs de l'Occident, de la civilisation face à un Orient qui incarnerait les forces obscures du *« judéo-bolchevisme »* et de la barbarie.

---

66. *Idem*, p. 273.
67. Claude Morin, *Les Allemands en Touraine... op. cit.*, chapitre X : « L'art dans la tourmente : protection et pillage ».

Claude Morin souligne les « *atteintes portées au patrimoine* » et l'ambivalence des autorités allemandes en matière de politique culturelle en Touraine.

« ***Des atteintes au patrimoine*** :
Que devient le patrimoine archéologique et monumental de la Touraine après l'invasion allemande ? Les combats avaient laissé des traces douloureuses, particulièrement dans le centre de Tours. Les châteaux d'Amboise et de Chenonceau avaient eu à souffrir des opérations militaires. Des monuments déjà très touchés subirent de nouveaux assauts. Voici la lettre qu'écrivit l'ingénieur des Ponts et Chaussées au Felkommandant *de Tours dans le sixième mois de l'Occupation :* "J'ai l'honneur de porter à votre connaissance que le 29 novembre 1940, dans la matinée, une équipe de soldats allemands commandés par un sous-officier a abattu une partie du mur de l'hôtel Beaune-Semblançay, dans le quartier incendié de la ville de Tours, pour emmener les matériaux au camp d'aviation. Cette démolition a été faite malgré que le représentant de l'Administration ait signalé aux cadres allemands que le mur en question était classé comme monument historique."

Le Feldkommandant, le 2 décembre, pria la Luftwaffe de ne pas s'en prendre aux monuments dignes d'intérêt et s'attira comme réponse qu'aucune affiche ne signalait l'intérêt des ruines en question. Pendant les premiers mois de l'Occupation, certains châteaux d'Indre-et-Loire furent occupés par les troupes allemandes, ce qui occasionna des dégâts. Le château de Crouzières eut quelques problèmes, le parc du château de Baudry eut aussi beaucoup à souffrir. Le château d'Azay-le-Rideau échappa, lui, à l'occupation, mais le parc fut détérioré. Le mobilier fut en partie endommagé ou enlevé dans les châteaux de Beaumont, de Crouzières, de Fontenay, de Grammont, de l'Islette, de Jallanges, de Mazières et de Saché.

Les vols furent parfois importants. La propriétaire du château du Clos à Vernou-sur-Brenne protesta auprès des services allemands après la disparition des objets d'art (tapis, tableau, porcelaines, etc.) et de lettres d'Alfred de Musset, de Romain Rolland, d'Anatole France et de Victor Hugo. La valeur de l'ensemble était estimée à quatre millions de francs. Les recherches furent vaines. La FK, prévenue de la plainte de la propriétaire, répondit le 7 mars 1943 que de nombreuses unités s'étaient succédé et que l'on ne pouvait rien établir. Elle reconnaissait tout au plus que les Allemands avaient pu prendre de la nourriture et des boissons. Passant à l'offensive, la FK ajoutait que le chef de cabinet du préfet avait décrit la propriétaire comme "une juive dégoûtante en haillons" *et concluait :* "C'est justement cette sorte de Français qui a donné à la Feldkommandantur beaucoup de travail inutile."

Le propriétaire du château de Mazières, occupé par la Luftwaffe du 25 juin au 6 août 1940, eut à subir aussi des déboires. Mais la FK, harcelée par l'hôtel Majestic, relança l'armée de l'Air, qui finit par reconnaître que quelques-uns des meubles volatilisés se trouvaient dans un mess pour officiers et qui attribua la disparition des autres objets à l'armée française en mai-juin 1940.

Certains officiers allemands, fort heureusement, se montrèrent soucieux de la protection des monuments et œuvres d'art. Ainsi, dès le 1er juillet 1940, le lieutenant de l'Ortskommandantur d'Amboise fait afficher à l'entrée du Clos-Lucé une interdiction d'occuper des lieux ("cette maison est la demeure et le lieu de décès de l'artiste italien Léonard de Vinci").

Kunstschutz

Les mesures isolées prises par des chefs locaux furent suivies de la création d'un service allemand chargé de la protection des bâtiments, des objets d'art et des bibliothèques : le Kunstschutz. *Ce service, dépendant du commandement militaire allemand en France, était dirigé par Wolf* Metternich. *Celui-ci prit son rôle très au sérieux et s'efforça de contrer les initiatives souvent fâcheuses des commandants locaux et les convoitises de Berlin. Le service pour la protection de l'art était également chargé de protéger les trouvailles archéologiques, de surveiller les projets de reconstruction, de "donner des conseils" dans ce domaine et de s'assurer que les projets étaient compatibles avec les exigences de l'occupation, notamment sur le plan de la circulation. Il avait des représentants dans chaque* Kommandantur. *En 1941, pour notre région, la personne chargée de ce travail était le docteur Busley, installé à Angers et qui resta en place jusqu'en 1944.*

Pourquoi cette protection ?

Metternich explique dans un texte de février 1941 destiné à la FK de Tours qu'il s'agit de protéger certains monuments pour intérêt historique et artistique, mais aussi afin d'éviter la critique. Les Allemands ne voulaient surtout pas donner prise à la propagande alliée sur ce sujet : leur souvenir de 1914-1918 était cuisant.

La procédure de classement

Les Allemands décidèrent d'établir leur propre liste du patrimoine à protéger. En octobre 1940, le comte Metternich vint en personne à Tours en compagnie du directeur des Archives et Musées de Prusse, du docteur Busley et de conservateurs du Reich. Ils logèrent au Grand Hôtel et visitèrent les châteaux de Villandry, de Chenonceau et d'Amboise. Ces visites se poursuivirent en 1941, assurées par le docteur Busley ou par un officier compétent. Les châteaux étaient ensuite l'objet de rapports plus ou moins flatteurs mais précis (site, aspect général, mobilier, etc.). En cas de rapport favorable, les feldgendarmes recevaient l'ordre d'aller placarder une affiche en langue allemande à l'entrée du château désormais protégé [...].

Les monuments protégés

La liste des monuments à protéger fut complétée à plusieurs reprises, la dernière fois en 1944... Les châteaux de la Renaissance furent particulièrement bien traités. Le Kunstschutz *les plaçait en tête des édifices profanes à préserver et précisait qu'ils étaient célèbres dans le monde entier* [...].

Les garanties offertes par la protection
Le classement d'un bâtiment par les Allemands permet au propriétaire de garde la libre disposition de tout ou partie de son domaine, évitant ainsi vols et dégradations. [...] *Il est nécessaire d'obtenir une autorisation préalable avant tous travaux et une inspection a lieu ensuite, comme à Chenonceau et à Amboise...* » [68]

L'analyse des archives allemandes que Claude Morin livre au lecteur est limpide : pour sauver les apparences, les Allemands camouflent leur politique de pillage des richesses du patrimoine français, qui est de grande envergure, par une politique officielle de préservation des monuments les plus prestigieux, en particulier des châteaux de la Loire, dont le *Kunstschutz* se fait le champion. Le but est peut-être artistique mais il est aussi et surtout politique : protéger des châteaux de la Renaissance, des châteaux royaux comme Amboise, équivaut à délivrer à l'opinion publique un message idéologique clair revêtant deux significations : le vainqueur ne pratique pas la loi du plus fort, fait preuve de mansuétude et d'esprit d'ouverture à l'égard du vaincu ; l'Allemagne nazie apparaît comme le vecteur d'une brillante civilisation qui a la magnanimité de respecter la culture d'un pays qui fait pourtant figure d'ennemi héréditaire, ancestral. Cette manipulation cynique des apparences et des idées permet aux forces d'occupation d'insinuer que la rancune et l'esprit de revanche sont complètement absents de leurs projets, ce qui revient à dire que l'heure est non plus à l'affrontement, mais au contraire à l'apaisement, à la réconciliation, à la paix dans une Europe allemande où la France serait susceptible de trouver sa place.

L'esquisse d'une collaboration culturelle et politique

Dans cette logique de promotion d'une politique de collaboration, l'Institut allemand d'Amboise n'est pas en reste. Sous l'impulsion de sa directrice d'origine hongroise, madame Lukacs, il s'emploie à mener une politique de séduction par l'organisation d'un cycle de conférences et de manifestations tendant à mettre en exergue la symbiose censée exister entre l'occupant et le pays occupé dans le domaine des arts et des lettres. L'acte de fondation de l'Institut allemand d'Amboise vise à cet objectif : « *La journée du dimanche 9 août 1942 fut marquée à Amboise par l'installation en grande pompe d'un Institut allemand. Le matin, les élèves de l'Institut de Tours et ceux inscrits à Amboise furent accueillis dans la cour du château par le maire et les membres du conseil municipal. On remarquait parmi les assistants l'officier commandant la garnison de la ville, un représentant de l'ambassade d'Allemagne, le secrétaire général du groupe Collaboration et le délégué départemental de la Légion tricolore. Après avoir écouté*

68. *Idem*, p. 145-149.

une causerie de Jehanne d'Orliac dans la salle des Etats sur les "fastes d'Amboise", les catholiques assistèrent à la messe à Saint-Denis, puis écoutèrent sur le parvis l'histoire de la collégiale. Un repas de 200 couverts fut servi dans le parc de la Noiraie, et les convives déjeunèrent aux accents de la musique de la garnison allemande. L'après-midi, lors de la cérémonie d'inauguration des locaux de l'Institut, rue de Chenonceaux, en présence du préfet, le public entendit un exposé sur la femme allemande, puis la chorale militaire dans des chants folkloriques d'outre-Rhin.

L'Institut allemand, dirigé par madame Lukacs, d'origine hongroise, comptait alors 75 élèves. »[69]

Les élites de la Touraine allemande et de la Collaboration se retrouvent ce jour-là dans les hauts lieux de l'histoire amboisienne (la salle des Etats du château, l'église Saint-Denis…). Les activités intellectuelles et festives, axées sur l'histoire, la religion et la convivialité tendent à créer l'illusion d'une liturgie de l'unanimité, d'une fusion entre deux peuples et deux cultures nationales. L'Institut allemand de Tours et son antenne amboisienne accomplissent scrupuleusement cette mission qui leur est confiée : utiliser la culture à des fins de propagande politique, se conformer à la logique totalitaire qui veut que la culture soit une arme comme une autre, un instrument d'embrigadement, en d'autres termes fourbir l'arme culturelle pour mieux faire accepter à un auditoire plus ou moins docile le bien-fondé de la politique de collaboration.

Dès son entrée en fonction, Josef Theisen définit l'action d'ensemble de l'Institut allemand de Tours qu'il dirige comme une démarche de réconciliation entre l'Allemagne et la France : *« L'Institut cherche à établir des rapports amicaux entre les deux nations dont les influences réciproques dans le domaine culturel ont été, au cours des siècles, les plus heureuses. Pour comprendre le voisin, il faut reconnaître sa mentalité, sa langue, ses valeurs culturelles. L'Institut allemand contribuera essentiellement à cette compréhension, si l'on veut, à cette entente. »*[70]

Sous prétexte de compréhension mutuelle, il s'agit d'apprivoiser une partie de la population tourangelle par le biais de l'arme culturelle, de l'endoctriner politiquement par le mariage subtil de l'éclat de l'histoire locale - qui renvoie au lustre de la cité royale et de la splendeur passée de l'Ancien Régime (conférences sur Anne de Bretagne, les fastes d'Amboise…) - et du brio de la culture germanique. L'Institut allemand d'Amboise, en s'évertuant à promouvoir la langue allemande et à déployer un pouvoir de séduction,

69. Jean-Pierre Froger et Jacques Vatiez, *op. cit.*, p. 274.
70. Claude Morin, *Les Allemands en Touraine… op. cit.*, p. 112.

« Une manifestation culturelle franco-allemande » : l'inauguration de l'Institut allemand d'Amboise, le 9 août 1942 (photographie, collection Jean-Claude Guillon.) « Au cours de l'allocution de Jeanne d'Orliac, de droite à gauche : le lieutenant Conrad, commandant Martin, monsieur Gounin, maire d'Amboise, monsieur Unger, de l'ambassade d'Allemagne, professeur Conrad, de l'Institut allemand de Paris, monsieur Scharsich, professeur à l'Institut de Tours, madame Lukcas, directrice de l'Institut d'Amboise. » *(*La Dépêche*, 10 août 1942.)*

assume la fonction d'embrigadement politique qui lui est dévolue, comme à tous les autres Instituts allemands de France : *« Les succursales de l'Institut allemand dans les provinces ont un devoir culturel et politique. »*[71] La stratégie politico-culturelle de l'Institut amboisien, avec 75 étudiants, s'avère, semble-t-il, relativement fructueuse, en tout cas plus efficace que celle de l'Institut allemand de Chinon *« qui semble avoir eu peu d'activités »*[72]. Ainsi, à l'exemple des autorités d'occupation de Paris qui invitent les sommités de l'intelligentsia française en Allemagne, l'Institut allemand d'Amboise parvient à dévoyer certains intellectuels locaux, comme l'atteste l'attribution de bourses d'études à des professeurs de l'enseignement secondaire amboisien. *« L'Institut procura aussi à des Français, professeurs d'allemand, des bourses pour suivre des cours en Allemagne. Un professeur d'Amboise passa ainsi six semaines à Munich en 1943. »*[73]

71. *Idem*, p. 112.
72. *Ibidem*, p. 111.
73. *Ibid.*, p. 113.

Robert Vivier résume bien la fonction assumée par les Instituts allemands de Touraine pendant l'Occupation : ils ressortissent de la chaîne d'intoxication mise en place par la *Propagandastaffel.* Dans ce dispositif, la culture sert de prétexte pour mieux faire entendre aux Tourangeaux le message national-socialiste, le rendre présentable à leurs yeux et l'enraciner progressivement dans les esprits les plus perméables.

Dans son ouvrage posthume *Touraine 39-45*, Robert Vivier écrit à ce propos : « *L'intoxication de la* Propaganda Staffel *complétait encore la dissémination à travers toute la France de toute une série de succursales de l'Académie allemande "spécialisée dans la propagande culturelle". A partir d'un Institut central à Paris, toute une série d'antennes avaient été créées à travers la France occupée. C'est ainsi qu'à Tours, rue de Clocheville, un Institut allemand fonctionna pendant presque toute l'Occupation, sous la direction de Josef Theisen, né en Rhénanie le 30 décembre 1906, qui, avant la guerre, avait été directeur d'une école Berlitz à Montpellier et s'était marié en 1935 avec une jeune institutrice française, fille de vignerons de Gignac près de Montpellier. Theisen avait d'ailleurs acheté l'école Berlitz de Montpellier grâce à des emprunts* [réalisés auprès de] *vignerons de Gignac. En 1939, Theisen qui séjournait en Allemagne rentra en France, ce qui lui fut reproché par les hitlériens, d'autant qu'il avait été interné, ainsi que sa femme, à Libourne, jusqu'à l'arrivée des Allemands en juin 1940. Il se justifia rapidement auprès de ses compatriotes et fit valoir l'influence qu'il pouvait avoir par suite de son séjour avant guerre en France pour obtenir la direction d'un Institut allemand à Tours. C'était un esprit intelligent et cultivé, poète à ses heures, remarquable conférencier, qui fit d'ailleurs des causeries sur la littérature allemande à travers les âges, en particulier en 1943 ; il obtint aussi le concours de l'Allemand Grimm qui vint à Tours exposer la nécessité d'une entente intellectuelle franco-allemande par la même politique.*

Il est certain qu'un petit nombre de jeunes Tourangeaux suivit les cours de l'Institut allemand et eut même l'occasion de faire quelques voyages en Allemagne, organisés par Theisen. Même avec son apparente francophilie, Theisen était un hitlérien qui, à plusieurs reprises, a confirmé par serment de fidélité au Führer et a pu, dans les milieux tourangeaux, mettre à profit ses relations personnelles pour exercer une influence certaine par cette propagande chuchotée particulièrement recommandée par le Service central de l'Institut de Paris. »[74]

Les Allemands, dès leur arrivée à Amboise en juin 1940, ont donc établi un système administratif et culturel coercitif et dense, dont la finalité globale a été le contrôle étroit de la population sur les plans politique, économique et idéologique : contrôle physique des ressortissants français mais aussi surveillance et intoxication de l'opinion publique par des moyens culturels

74. Robert Vivier, *Touraine 39-45... op. cit.*, p. 64-65.

non négligeables. La tutelle nazie aurait été cependant moins efficace si elle n'avait pu compter sur la connivence du régime de Vichy et de ses représentants régionaux. La manifestation officielle, qui donne lieu à la fondation de l'Institut allemand d'Amboise le 9 août 1942, est partiellement révélatrice du degré d'engagement des décideurs locaux : ce jour-là, sont présents non seulement les figures de proue des forces d'occupation (le commandant de la garnison, un émissaire de l'ambassade d'Allemagne...) mais aussi les représentants locaux du régime de Vichy (le préfet, le maire et les conseillers municipaux...) ainsi que les figures de proue des milieux collaborationnistes d'Indre-et-Loire (*« le secrétaire général du groupe Collaboration et le délégué départemental de la Légion tricolore »*). Dans la description que Jean-Pierre Froger et Jacques Watiez nous font de cette journée, l'on apprend que des Amboisiens de confession catholique et le clergé local sont associés plus ou moins directement aux festivités (*« Après avoir écouté une causerie de Jeanne d'Orliac dans la salle des Etats, les catholiques assistèrent à la messe en l'église Saint-Denis, puis écoutèrent sur le parvis l'histoire de la collégiale »*). La présence de certaines personnes ou de certains milieux à ces festivités à forte couleur collaborationniste ne permet pas d'affirmer que ceux-ci soient forcément impliqués dans la *« voie de la collaboration »* tracée par Pétain et Laval depuis Montoire. La participation peut être plus ou moins voulue, peut se faire sous la contrainte. Participer ne veut pas dire nécessairement cautionner dès lors qu'il y a obligation, contrainte...

L'administration vichyste sous tutelle

L'administration vichyste, prolongement institutionnel de la IIIe République

L'administration vichyste, prolongement institutionnel de la IIIe République, fonctionne parallèlement à l'autorité allemande et est placée sous tutelle en zone occupée. Sa marge de manœuvre y est plus restreinte qu'en zone libre. Sous l'impulsion de ses chefs, elle sert d'auxiliaire aux forces d'occupation, même si en son sein, certains rechignent à se soumettre ou tentent de résister. Elle marque une véritable rupture avec la démocratie, avec le régime républicain qu'elle met en accusation en 1941-1942 à Riom en lui imputant la responsabilité de la défaite. A sa tête, dans chaque département, figure le préfet comme sous la défunte République qui l'a précédée. Toutefois, elle diffère de celle-ci par la suppression des institutions élues et par une accentuation de la centralisation : remplacés par des commissions administratives dont les membres sont désignés par le préfet, les conseils généraux disparaissent tandis que les conseils municipaux ne sont plus élus avec des maires et des adjoints qui sont avalisés ou refusés par le pouvoir préfectoral. Dans le souci de contrôler un peu mieux les préfets départementaux, le gouvernement de Pétain crée des préfets régionaux, ceux-ci devant servir de courroie de transmission entre les autorités départementales et l'organe central du pouvoir. Les préfets forment la clef de voûte du système administratif français : ils sont d'une part les interlocuteurs directs des forces d'occupation et d'autre part les intermédiaires entre celles-ci et Vichy en zone occupée ; ils se doivent d'appliquer les consignes des Allemands en vertu de l'armistice signé le 22 juin 1940 à Rethondes et de l'acceptation de la politique de collaboration impulsée par Pétain et Laval.

Durant l'Occupation, les préfets, écrivent Jean-Pierre Froger et Jacques Watiez, sont « *des hommes qui comptent* » : leur rôle « *va s'accroître pendant cette période sombre, avec le régime de Vichy, leurs pouvoirs sont renforcés, à la fois pour des motifs idéologiques et des raisons pratiques liées aux circonstances. Les préfets sont les principaux interlocuteurs des autorités d'occupation, qui les rendent responsables de l'exécution de leurs décisions* »[75].

Ont-ils été les serviteurs zélés du pétainisme et les exécutants dociles des exigences allemandes ? Assurant la continuité de l'autorité gouvernementale entre la chute de la IIIe République et la naissance du régime de Vichy, ceux qui sont encore en poste eu juin 1940 échappent partiellement à ce questionnement embarrassant, qui pose le problème délicat de la complicité plus ou moins forte des décideurs locaux avec la Wehrmacht. Il est indubitable que le fait d'accepter un poste de haut fonctionnaire pendant cette période noire signifie un « *engagement en faveur du régime de Vichy* »[76] et une compromission avec l'occupant, mais cet engagement peut être plus ou moins profond et sincère selon la personnalité des acteurs. Il y a les structures administratives mais aussi les hommes, avec leur vécu et leur singularité, qui empruntent une trajectoire spécifique, même si les circonstances impliquent des tendances lourdes, des comportements collectifs qui supposent des choix clairs (Collaboration ou Résistance...). Aussi faut-il se garder de porter des jugements à l'emporte-pièce et simplificateurs, le sens de la nuance s'impose pour parvenir à dégager une analyse pertinente des attitudes et des faits étudiés.

A l'image des rouages de la machine allemande, la situation administrative et politique de l'Indre-et-Loire entre 1940 et 1944 se caractérise par la complexité. A l'instar de 12 départements français, il est traversé par la ligne de démarcation : la plus grande partie de son territoire fait partie intégrante de la zone occupée, relevant de l'autorité du préfet de Tours, tandis que le Lochois, avec ses 57 communes, est rattaché à la préfecture de l'Indre. Cette proximité de la ligne de démarcation va favoriser l'essor d'une intense activité d'organisation de filières d'évasion et de franchissements clandestins. La région d'Amboise, dans sa partie méridionale, se trouve aux avant-postes et devient l'une des plaques tournantes de ces flux de voyageurs clandestins, en particulier le long du Cher, entre Bléré et Montrichard et au-delà vers Cigogné, Reignac-sur-Indre et Dolus-le-Sec (cette dernière commune citée ayant la particularité d'être coupée en deux). Le préfet départemental est le pivot du pouvoir décisionnel dans le département, puisque les assemblées élues (conseil général, conseils municipaux) n'existent plus. Sa tâche est

75. Jean-Pierre Froger et Jacques Watiez, *op. cit.*, p. 25.
76. *Idem*, p. 29.

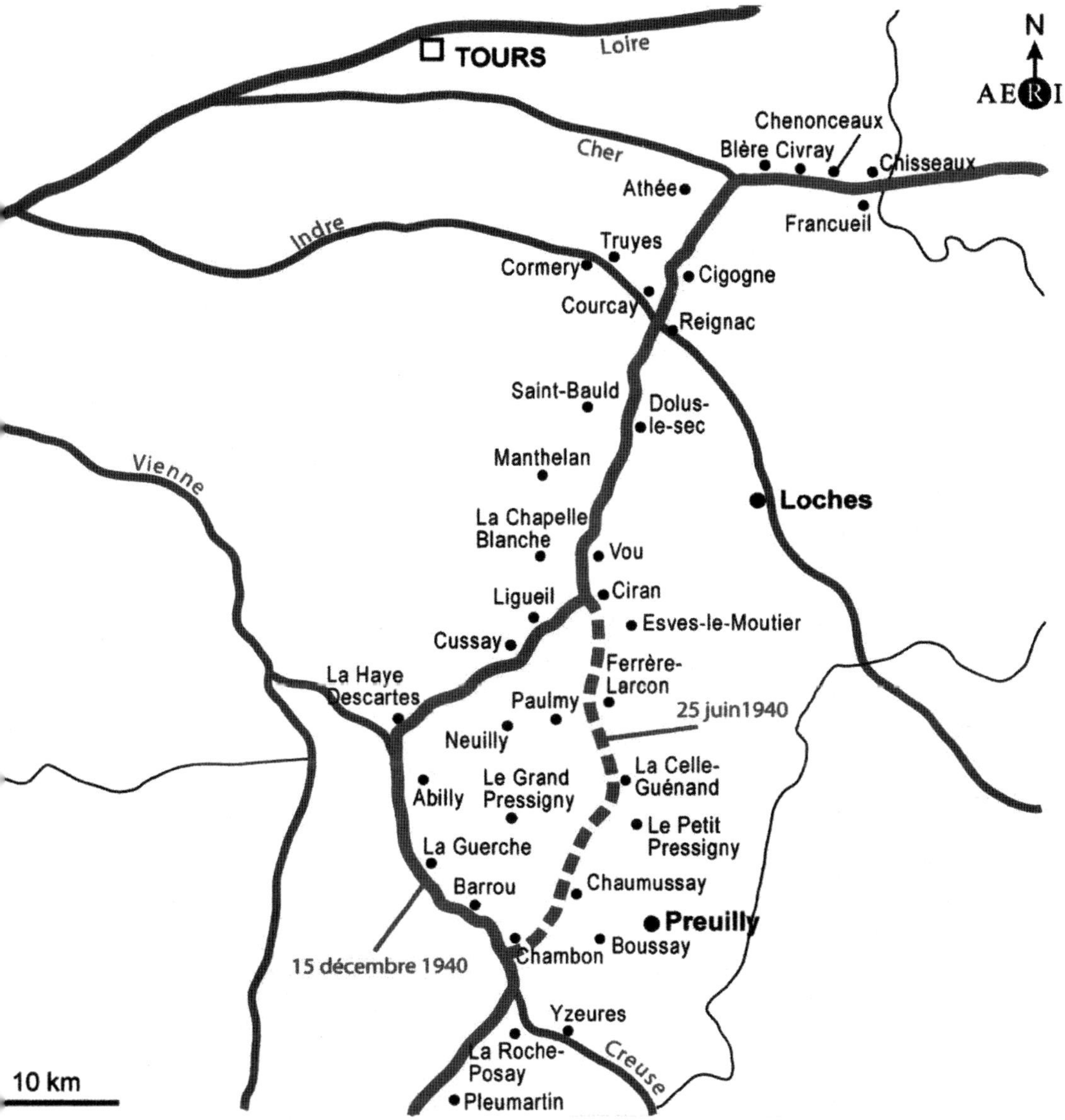

La ligne de démarcation. Source : La Résistance en Indre-et-Loire, *cédérom réalisé par l'ERIL (Etude de la Résistance en Indre-et-Loire) en coopération avec le CDDP d'Indre-et-Loire, AERI (Association pour les Etudes de la Résistance Intérieure), Tours, mai 2005.*

hasardeuse : non seulement il doit composer avec les autorités allemandes, dont les exigences sont croissantes en tous domaines, mais il doit aussi rendre compte non sans mal de son action aux instances supérieures de l'Etat français *« en s'adressant au délégué général du gouvernement de Vichy, siégeant à Paris, qui est un intermédiaire entre les autorités allemandes et le gouvernement de Vichy »*[77]. A l'échelon départemental, le préfet constitue bien le maillon essentiel du régime de Vichy, qui a fortement accentué la centralisation et la hiérarchisation des différents cercles de décision, puisque la loi du 17 juillet 1940 lui confère *« le pouvoir de relever de leurs fonctions les fonctionnaires suspects au pouvoir et quelque peu tièdes pour l'entreprise dénommée "Révolution nationale"... »*[78]. Point d'orgue du dispositif décisionnel, il n'est assisté à l'échelon départemental que par des organes consultatifs non élus : tout d'abord par une commission administrative instituée par la loi du 12 octobre, qui remplace le conseil général et dont la liste des membres est soumise à son approbation, puis, à partir de l'adoption de loi du 7 août 1942, par un conseil départemental (dont les membres sont nommés une fois de plus par l'autorité préfectorale) destiné dans l'esprit de Pierre Laval à combler le vide entre l'administration départementale et l'opinion publique et à apparaître comme *« une image rénovée du vieux conseil général »*[79]. Ce système économique est organisé de bas en haut toujours à partir du pouvoir préfectoral qui s'appuie sur le modèle corporatif, c'est-à-dire permettant à l'Etat vichyste d'encadrer et d'organiser l'économie et le monde du travail dans une optique dirigiste : pour ce faire, les préfets disposent d'un réseau d'organisations aux membres prédésignés qui servent de relais à l'exercice de son pouvoir de contrôle : les chambres d'agriculture consultatives, les comités d'organisation et les comités sociaux dans les secteurs de l'agriculture, de l'artisanat et de l'industrie, servant davantage les intérêts des grands propriétaires fonciers ou des industriels que ceux des paysans et des ouvriers.

Les préfets : une situation inconfortable entre occupant et occupés

De juin 1940 à septembre 1944, le département d'Indre-et-Loire est dirigé par quatre préfets successifs dont les profils personnels, sociologiques et politiques sont différents.

Le premier, Camille Vernet, assure la transition en 1940 dans le processus de passation des pouvoirs entre la défunte IIIe République et le régime de Vichy.

77. Robert Vivier, *Touraine 39-45... op. cit.*, p. 76.
78. *Idem.*
79. *Ibidem*, p. 129.

Agrégé d'allemand, cet universitaire en poste à la préfecture de Tours depuis le 27 septembre 1936 s'est fait apprécier des Tourangeaux, s'est forgé de nombreuses amitiés et, tel un Jean Moulin préfet de Chartres qui demeure en poste comme un capitaine de vaisseau dont le navire va sombrer, reste présent à Tours au moment de l'arrivée des troupes allemandes pour gérer comme il peut la crise. Robert Vivier résume l'attitude du personnage qui est celle d'un homme digne et de sang-froid : « *Dans les journées de juin 1940, après avoir reçu le gouvernement en détresse qui fit de Tours une capitale de quelques jours, le préfet Vernet garda une attitude calme et courageuse au moment où quelques unités de tirailleurs conjuguées avec des éléments d'artillerie s'efforcèrent pendant quarante-huit heures sur la ligne de la Loire, de retarder l'avance allemande. Nous savons qu'il fit l'impossible, avec le maire de Tours et l'archevêque, pour que Tours ne soit pas bombardé. Dans l'après-midi du 20 juin, il prit contact avec les Allemands à la suite d'une trêve qui devait faciliter le passage de la délégation française à la Commission d'Armistice. Emmené à Vendôme, avec le maire de Tours, par les autorités allemandes, il ne revint à Tours que le vendredi matin, alors que les Allemands défilaient déjà vers le sud sans rencontrer pratiquement d'obstacle, sauf quelques actions les stoppant plusieurs heures sur la ligne de la Creuse ; C'est le préfet Vernet qui reçut à la préfecture de Tours le maréchal Pétain le 24 octobre quand il alla rencontrer le Führer près du tunnel ferroviaire de Montoire. Il faut croire que, malgré tout, ce préfet universitaire était quelque peu suspect puisqu'il fut nommé préfet de l'Eure en novembre 1940 et révoqué par Vichy en novembre 1941.* »[80]

En juin 1940, Camille Vernet se trouve dans la position désavantageuse de représenter un régime défunt et d'avoir à gérer une situation catastrophique. Sa tâche est des plus périlleuses, car il doit accueillir un gouvernement en fuite, assurer la logistique de telle manière que Tours puisse assumer son rôle de capitale provisoire de la France et ne soit pas entièrement détruit sous les salves de l'artillerie allemande, négocier avec les Allemands au moment de leur arrivée, montrer sa neutralité face à la nouvelle autorité (il est dans l'obligation de recevoir Pétain à Tours juste avant que celui-ci ne rencontre Hitler à Montoire). Certes, son cursus laisse penser qu'il s'accommode du régime pétainiste puisqu'il accepte d'être nommé préfet dans l'Eure, mais sa mise à pied en 1941 atteste qu'il est devenu indésirable dans les hautes sphères du régime de Vichy : le fait d'avoir exercé une fonction préfectorale pendant le Front populaire a contribué sans nul doute à le rendre suspect.

Camille Vernet a été, d'une certaine façon, un préfet intérimaire, transmettant le relais, une fois le vide comblé, à son successeur dont l'attitude politique est complètement différente.

80. *Ibid.*, p. 76-77.

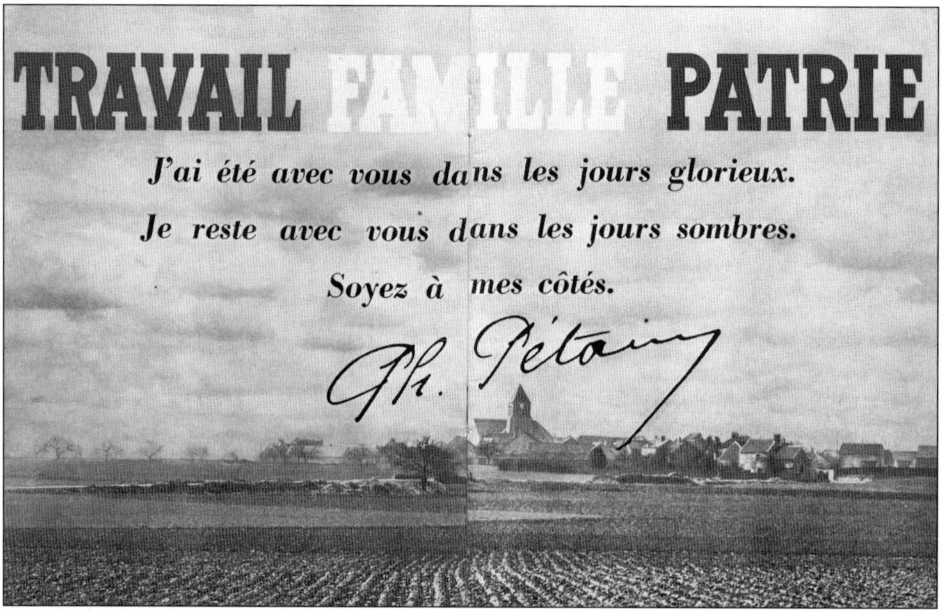

« Travail, Famille, Patrie » (source : extrait d'un facsicule de propagande vichyste).

Photographie du maréchal Pétain à cheval (source : extrait d'un fascicule de propagande vichyste).

Jean Chaigneau, qui arrive à la préfecture de Tours le 16 novembre 1940, est lui aussi issu de la carrière préfectorale de la IIIe République mais, dès sa prise de fonction, il ne craint pas de s'afficher partisan convaincu et zélé de la « Révolution nationale » : *« Aux yeux des Allemands, il travaille bien ; aux yeux des Français, c'est un vichyssois 100 %. »*[81] Dans ses discours, il ne cesse en effet de magnifier l'image du Maréchal, de dénoncer les supposées turpitudes du régime républicain, exhorte les jeunes à rompre avec *« le temps du débrouillage, de la paresse et du dilettantisme… »*[82] et à suivre avec discipline la voie tracée pas le maréchal. De plus, il *« invite la chambre de commerce de Tours à s'intégrer dans l'économie nouvelle »*, considérant que *« les conflits sociaux et les grèves sont désormais relégués aux magasins des accessoires d'un luxe périmé qui fut néfaste »*[83], publie aux Editions Arrault une série de discours favorables à Pétain et ne manque jamais de prononcer des diatribes contre le gaullisme, notamment lors d'une conférence au château de Grammont à Tours[84]. Jean Chaigneau, pendant son passage à la préfecture de Tours, met ses actes en conformité avec ses idées. Dès son arrivée à Tours, il prend le contre-pied de son prédécesseur qui a nommé des conseillers généraux de tendance radicale (dont Emile Gounin, maire d'Amboise mais qui n'est finalement pas retenu en décembre 1940) pour faire partie de la nouvelle commission administrative, destinée à remplacer le conseil général. Il s'emploie à lancer une importante épuration dans l'administration départementale et communale. Le procès-verbal de la commission d'épuration, faisant le bilan de son action, le dépeint comme un *« vichyssois 100 % »* et comme un opportuniste. Jean Chaigneau est l'archétype du haut fonctionnaire zélé qui ne semble pas avoir eu beaucoup d'états d'âme au moment d'appliquer le programme de Vichy : une certaine dose de conviction personnelle alliée à un certain « réalisme » en ont fait un fidèle exécutant de la politique de collaboration.

Le profil du capitaine de vaisseau Jean Tracou qui lui succède à la préfecture du 14 novembre 1941 jusqu'au 23 janvier 1944 s'avère plus original et complexe. Sa carrière a été moins celle d'un officier d'active que d'un diplomate. Certes, il est entré à l'Ecole navale avant 1914 et a participé à la première guerre mondiale. Cependant, il est attaché naval à deux reprises à l'ambassade de France à Berlin pendant les années trente (de 1930 à 1933 et de 1936 à 1939), fonction qui le place aux premières loges pour apprendre à connaître les Allemands et le système national-socialiste. De ces deux séjours berlinois, il en ressort qu'il n'a guère de sympathie pour l'Allemagne hitlérienne qu'il considère comme *« l'ennemi n° 1 »*. Aussi, lors de sa prise de fonction préfectorale à Tours, on ne peut affirmer qu'il soit prêt à cautionner

81. *Ibid*, p. 77.
82. Jean-Pierre Froger et Jacques Watiez, *Les Tourangeaux sous l'Occupation… op. cit.*, p. 29.
83. *Idem.*
84. Robert Vivier, *Touraine 39-45… op. cit.*, p. 77.

politiquement la présence allemande et la politique de collaboration, et pourtant il croit à la Révolution nationale, synonyme à ses yeux de la régénérescence d'une France affaiblie et malade, tout en étant convaincu de la nécessité de combattre le communisme. Cette carrière administrative, il la doit à l'amiral Darlan, dont il a été le chef de cabinet : il est en quelque sorte profondément imprégné par l'esprit de la Royale traditionnellement anglophobe, davantage après Mers el-Kébir. Il est donc pris comme beaucoup de partisans de Vichy dans une nasse : il n'aime pas les Allemands mais néanmoins reste fidèle jusqu'au bout au maréchal Pétain - dont il deviendra le chef de cabinet en janvier 1944 après avoir quitté la préfecture de Tours - et au programme de la Révolution nationale dont il partage les valeurs. A la Libération, la commission d'épuration dresse de lui un portrait favorable : *« Monsieur le préfet Tracou détestait les Anglais comme marin, mais, il est certain qu'il n'aimait pas non plus les Allemands. Il semble bien également que, dans certaines circonstances, il ait été obligé de se plier aux exigences allemandes, ce qu'il n'a pas dû faire de bon cœur. »*[85]

Il est en effet vrai que Jean Tracou s'est ingénié à limiter les effets néfastes de l'occupation allemande. S'il a coopéré avec les Allemands, c'est semble-t-il, sinon avec réserve, tout au moins sans enthousiasme et sous la contrainte. Il est considéré par les Allemands comme *« correct et loyal »*, car ils apprécient son hostilité au système parlementaire et au communisme : il est donc perçu par les occupants de la même façon que le préfet Chaigneau. Pourtant, les actes qu'il accomplit en Touraine le différencient pleinement de son prédécesseur. Pour le STO, il oriente *« le recrutement vers les oisifs et de moralité douteuse »*, écrit Robert Vivier[86], moyen sans doute de saper à sa manière les bases du travail forcé imposé aux Français. Il accomplit des gestes significatifs tels que de tenter de préserver son secrétaire général, Aubert, impliqué en 1943 dans une affaire quelque peu confuse de parachutiste américain, des griffes de la police allemande, tentative vaine qui n'empêche pas la déportation d'Aubert. En revanche, il parvient à faire libérer des prisonniers à la prison de Tours, qui devaient être exécutés comme otages en cas d'attentats. Il désobéit aux forces d'occupation en écoutant chaque matin la radio de Londres et demande à son entourage d'aider les familles de déportés. En acceptant la fonction préfectorale, il a choisi le mauvais camp en croyant aux vertus de la Révolution nationale mais sa forte personnalité, son humanisme lui permettent d'échapper d'une certaine façon à la position embarrassante, incongrue, du collaborateur servile et dénué de conscience morale. A la Libération, Jean Tracou s'est vu surtout reprocher son *« emploi supérieur »* de directeur de cabinet du maréchal et il est qualifié, à cause de cette dernière

85. Jean-Pierre Froger et Jacques Watiez, *Les Tourangeaux sous l'Occupation... op. cit.*, p. 34.
86. Robert Vivier, *Touraine 39-45... op. cit.*, p. 77.

fonction, de *« partisan zélé du Maréchal »*. Toutefois, son passage en Touraine n'a pas laissé trop de mauvais souvenirs. L'inconvénient de sa trajectoire est l'ambiguïté de sa situation : son appartenance à la marine et au réseau d'influence de l'amiral Darlan l'a fortement imprégné des valeurs maréchalistes et, à l'exemple d'un certain nombre de Français et des « anticonformistes des années trente », le désastre de 1940 l'a conforté dans son animosité à l'égard de la démocratie parlementaire réputée faible et corrompue, chargée de tous les maux, en particulier lors du procès de Riom. Mais, contrairement à d'autres, en dépit de son opposition aux Allemands, il ne semble pas avoir compris à temps l'impasse de la voie vichyssoise.

Son successeur, Fernand Musso, arrivé à la préfecture de Tours le 24 janvier 1944 et dernier préfet du régime de Vichy en Touraine, suit un parcours analogue à celui du préfet Chaigneau : certes, il est accueilli avec suspicion par les Allemands du fait de son appartenance antérieure au cabinet du « juif » Mandel, mais cela ne l'empêche pas de faire preuve d'un engagement inébranlable pour Vichy et d'un *« zèle excessif »*[87] envers les autorités allemandes. *« Dès son arrivée en Indre-et-Loire, il* [a] *un entretien avec le président du groupe Collaboration »* et s'efforce de justifier sa participation au cabinet Mandel par la contrainte des événements du moment en affirmant haut et fort sa loyauté envers le maréchal et son régime. Au lendemain de sa prise de fonction, Fernand Musso profite de la réunion du conseil départemental en juillet 1944 pour louer la *« race tourangelle »* et sa dignité face aux événements tragiques et faire l'éloge du maréchal. La période à laquelle il est investi dans la fonction préfectorale correspond à un moment où les Allemands se montrent de plus en plus exigeants : il s'empresse de les satisfaire au plus vite et déploie un zèle tel qu'il n'hésite *« pas à requérir la population civile pour travailler au camp d'aviation de Parçay-Meslay labouré par les bombardements »*, violant ainsi les conditions d'armistice[88]. Il multiplie les discours pro-allemands et préconise une lutte intraitable contre les maquis. Il prend cependant la précaution de dissuader le sous-préfet de Chinon, Albert Gilles, d'adresser directement des demandes à la Kommandantur. Lors du massacre de Maillé du 25 août 1940, il ressent tout de même le besoin d'émettre auprès de la Feldkommandantur 788 des protestations contre de *« tels actes de barbarie »*[89]. Malgré sa complaisance à l'égard de l'occupant, Fernand Musso s'en sort relativement bien à la Libération : s'il est condamné à quatre ans d'emprisonnement, la cour de justice ne retient pas contre lui le chef d'accusation d'intelligence avec l'ennemi ; déjà réduite le 13 juillet 1946, sa peine est amnistiée partiellement par la loi du 6 août[90].

---

87. *Idem*, p. 78.
88. *Ibidem*.
89. Jean-Pierre Froger et Jacques Watiez, *op. cit.*, p. 33.
90. *Idem*.

Dans cet examen de l'administration vichyste, il convient de mentionner quelques hauts fonctionnaires qui forment à l'époque l'entourage immédiat du préfet. En premier lieu, les deux sous-préfets de Chinon, Paul Cay (octobre 1940 - avril 1944) et Albert Gilles (avril - septembre 1944) aux « *personnalités contrastées* » : le premier, bien qu'il ait affiché son dévouement à Vichy et sa bonne volonté, se voit cependant reconnaître à la fin de la guerre par la commission d'épuration le mérite d'avoir « *durant l'Occupation, rendu de réels services aux organisations en Touraine, et de chef,* [d'être] *devenu, avec l'appui du Comité départemental de Libération, secrétaire général de la préfecture d'Indre-et-Loire* » ; le second, en revanche s'est comporté comme un « *collaborateur déterminé* », proche de la Milice et manifestant une « *excessive servilité à l'égard des autorités de l'Occupation* ». Quant aux secrétaires généraux de la préfecture de Tours, on peut observer aussi de sensibles nuances entre quatre personnages clés en demi-teinte, où l'obscur semble l'emporter sur le clair : René Feld-Lebas (novembre 1940 - août 1942), qui pour mieux faire oublier son ascendance israélite roumaine, se complaît dans la surenchère dans l'hostilité aux juifs et aux francs-maçons ; Charles Aubert, au contraire, est déporté pour fait de Résistance, l'intervention de Tracou en sa faveur étant infructueuse ; Molas-Quenescourt, qui remplace Aubert en septembre 1943 dans cette fonction de secrétaire général après avoir été chef de cabinet du préfet Chaigneau, passe pour un adversaire acharné des communistes. Le dernier secrétaire de 1944, Magnien joue « *un rôle effacé* » et est suspendu de ses fonctions le 1er septembre 1944. Enfin, aux premières heures de la Libération, surgit Paul Cay qui assure la transition au départ des Allemands, quelques heures avant l'arrivée de Robert Vivier, le nouveau préfet de la Libération.[91]

Passer en revue les dirigeants de l'administration vichyste permet de se rendre compte que les institutions ne font pas tout et que la personnalité des uns et des autres peut infléchir dans un certain sens une politique, en l'occurrence ici celle de la Collaboration. Des hommes à la conscience morale aiguë comme Camille Vernet ou Jean Tracou se sont efforcés de faire face à la tourmente et n'ont pas cherché intentionnellement à faire le jeu des Allemands mais la politique de collaboration les conduit globalement à une impasse et les positionne inéluctablement dans l'ambiguïté, une compromission plus ou moins poussée, voire ce que l'on a appelé au moment de l'épuration une relation « d'intelligence avec l'ennemi ». Le métier de l'historien consiste non pas à s'ériger en procureur, mais à mettre en évidence certaines réalités du passé et à les expliquer.

91. Robert Vivier, *Touraine 39-45… op. cit.*, p. 79.

Si l'on prend les cas des préfets Chaigneau et Musso, la compromission avec l'adversaire est dictée par un mélange de considérations idéologiques et politiques, de fidélité au « pouvoir légal » et non pas forcément légitime, de contraintes et d'opportunisme. Le cas de Jean Tracou est beaucoup plus complexe. Du fait de son origine socioprofessionnelle (père marin, appartenance au corps des officiers de marine et à l'entourage immédiat de l'amiral Darlan), comme beaucoup d'officiers, Jean Tracou ne porte guère dans son cœur la République, surtout lors de l'avènement du Front populaire, qui brandit à ses yeux le spectre du communisme. Il opte en juin 1940 pour le devoir d'obéissance et croit sincèrement aux futurs bienfaits de la Révolution nationale qui doit permettre le redressement d'une France en déclin. Sa conviction qu'il faut tourner le dos à la République, nocive à ses yeux, est fermement enracinée en lui, ce qui l'amène à déclarer lors de la première réunion du conseil départemental, le 15 juin 1943 : « *Il y a des retours en arrière impossibles, et ceux qui s'imaginent que le vieux temps reviendra, oublient l'évolution qui se poursuit dans le monde. Autorités et hiérarchies sont essentielles. Je ne crois pas qu'une autre méthode soit efficace pour régénérer notre pays.* »[92]

Mais en faisant un tel choix, il s'enferme lui-même dans un dilemme, dans une contradiction interne en cautionnant la politique allemande, quoiqu'il s'en défende, par l'acceptation de la politique de collaboration. Il n'est pourtant pas atteint de cécité intellectuelle : il prend conscience assez vite de la désaffection de l'opinion pour une telle politique et pour le régime de Vichy. Dès le 16 octobre 1942, dans un rapport consacré à la situation du département et destiné au chef du gouvernement, il écrit : « *On trouve encore aujourd'hui dans les municipalités de nombreuses personnes dont l'hostilité au régime nouveau n'est pas douteuse, et dont, en particulier, l'opposition à la politique extérieure du chef du gouvernement ne peut être contestée. Ces personnes "attendent" que ce qu'elles appellent "l'expérience Pétain" ait pris fin, tandis que les Américains, de leur côté, auront mis un point final à la "politique Laval".* »[93]

Jean Tracou ne manque pas de clairvoyance dans ses observations et il dit tout haut ce qu'un nombre croissant de Français pense tout bas et de plus en plus au fur et à mesure qu'ils sont témoins des exactions des troupes allemandes et de la complicité de moins en moins équivoque de Vichy. Cette clairvoyance a ses limites, car Jean Tracou ne semble pas bien comprendre que la politique maréchaliste mène la France au chaos et la livre à la barbarie nazie. Sans doute se considère-t-il, comme certains vichyssois, comme un résistant de l'Intérieur, mais à la différence d'un Giraud, d'un Juin ou d'un de Lattre de Tassigny, il ne se rallie pas aux alliés et suit le Maréchal jusqu'au bout de son destin tragique,

92. Jean-Pierre Froger et Jacques Watiez, *op. cit.*, p. 30.
93. *Idem*, p. 30-31.

un maréchal prisonnier (« *Le Maréchal aux liens* ») et empêché selon lui de réaliser son programme politique tendant à la renaissance de la France. A l'instar de nombre de ses homologues de la Grande Muette, il projette sur une France qu'il voudrait meilleure le schéma d'organisation et les valeurs de l'armée française fondés sur l'obéissance, la discipline, la hiérarchie et le sacrifice de soi. Pour lui, Vichy peut redresser le pays malgré l'occupation allemande. Au moment de quitter la préfecture de Tours, il proclame aux maires toute sa confiance. Sa présence à la création de l'Institut allemand en juillet 1942 peut laisser sous-entendre qu'il soutient pleinement la politique de propagande nazie dissimulée sous les oripeaux de la collaboration culturelle franco-allemande. Sa présence, qu'il le veuille ou non, légitime cette cérémonie visant au prosélytisme de la doctrine nazie.

Tourangeaux et Amboisiens, face à cette double administration, doivent passer sous les fourches caudines. Si l'administration d'occupation est perçue très tôt comme une force d'oppression, celle de Vichy bénéficie initialement d'un certain crédit, puis se discrédite de plus en plus au fur et à mesure de l'essor de la politique de collaboration politique et policière.

Une figure charismatique de l'administration municipale : Emile Gounin

A l'échelon municipal, les Amboisiens sont-ils conduits à avoir la même perception de leurs échevins et en particulier du premier d'entre eux, le maire, qui dorénavant est non pas élu mais nommé par le gouvernement ? Le maire est le principal maillon et relais à l'échelon local de l'Etat français, comme l'insinue d'ailleurs Jean Tracou au moment de son départ de la préfecture en janvier 1944 : « *Dans la tourmente actuelle, les maires sont les véritables mainteneurs de la Nation. Vous avez à défendre vos administrés, vous avez aussi à leur rappeler constamment les besoins de la communauté.* »[94]

Au sein de l'appareil administratif de Vichy, Amboise n'occupe pas le rôle joué par Chinon : elle n'a pas le statut de sous-préfecture comme Chinon et, cependant, conserve une certaine influence par l'intermédiaire de son maire Emile Gounin qui est maintenu par Vichy à son poste pendant toute la période de l'Occupation, malgré ses antécédents de radical-socialiste et son profil de notable provincial de la IIIe République (maire et conseiller général) ; il est même intégré par les deux premiers préfets d'Indre-et-Loire, Vernet et Chaigneau, dans la commission administrative départementale.

94. *Ibidem*, p. 30.

Emile Gounin, en tant que maire nommé par le régime pétainiste, assume la fonction de double relais décisionnel pour les deux administrations allemande et vichyste. Peut-il être soupçonné d'avoir été un agent actif de la collaboration franco-allemande ou tout simplement d'avoir fait preuve d'un attentisme prudent et timoré, du fait qu'il soit demeuré en fonction de 1940 à 1944 ? Au regard des témoignages, ni compromission, ni attentisme frileux peut-on répondre pour qualifier son attitude, mais plutôt une expectative prudente et active en faveur des victimes et des déshérités de la période de guerre.

A la Libération, en novembre 1944, sur proposition de monsieur Raymond, le conseil municipal d'Amboise adopte une motion le remerciant pour son action de magistrat de la cité depuis 25 ans et notamment pendant l'Occupation : « *Profitant de notre 1re séance du conseil municipal, je vous propose de donner à notre honorable maire l'assurance de notre confiance et de notre fidélité. Nous lui adressons nos sincères félicitations pour la bonne gestion de la ville depuis 25 ans et pour l'inlassable dévouement dont il a fait preuve pendant toute la durée de l'occupation allemande. Toujours prêt à rendre service, ses rapides interventions ont souvent empêché l'arrestation ou la détention arbitraire de concitoyens traqués par la police allemande. Grâce à lui, il n'a jamais été pris d'otages à Amboise. Par sa ferme attitude devant l'occupant, il évita sans doute bien des malheurs à Amboise. De plus, ses généreuses initiatives en faveur des réfugiés et des prisonniers civils et militaires ont soulagé bien des familles.*

Le Citoyen Emile Gounin a bien mérité de la Patrie. »[95]

Pourtant, au même moment, d'aucuns lui reprochent de s'être compromis avec les forces d'occupation, notamment en assistant aux conférences de Jeanne d'Orliac, et demandent sa destitution. Cette simple présence, comme lors des cérémonies officielles de la fondation de l'Institut allemand d'Amboise en juillet 1942, signifie-t-elle qu'Emile Gounin a cherché à cautionner la collaboration franco-allemande ?

Si l'on observe son cheminement pendant la guerre, le comportement d'Emile Gounin n'est pas celui d'un homme qui a voulu pactiser avec l'adversaire, même s'il a dû sans cesse entreprendre de multiples tractations avec eux. Si la théorie du glaive et du bouclier n'est pas applicable à Pétain et à son régime qui se sont lancés dans une fuite en avant, une fuite aveugle qui menait à l'impasse de la Collaboration, elle l'est assurément pour Emile Gounin qui, dès 1940, est resté en fonction pour atténuer au maximum les effets désastreux de la guerre et de l'occupation allemande sur ses concitoyens et pour aider comme il le pouvait les combattants de l'ombre.

95. Robert Uhart, *Amboise et la Touraine de 1940 à 1947*, Nazelles-Négron, Imprimerie des Platanes, 1997, p. 392.

Il ne bénéficie d'ailleurs pas de la confiance des autorités de Vichy. Certes, en 1940, il est retenu par le préfet Vernet pour faire partie de la commission administrative départementale, puis par le préfet Chaigneau. Néanmoins, à la suite de la proposition du 13 décembre 1940 formulée par celui-ci en sa faveur, son nom n'est finalement pas retenu car on lui reproche son passé radicalisant, son anticléricalisme et ses anciennes sympathies pour le Front populaire[96]. Quand, à partir d'août 1942, le conseil départemental se constitue pour se substituer à l'ancienne commission administrative, sa participation à ce nouvel organisme est rejetée. Autre signe de la défiance qu'inspire Emile Gounin : au moment où il envisage de faire renaître l'Association des maires du département mise en sommeil en 1939, le préfet d'Indre-et-Loire Tracou songe à Emile Gounin pour présider cette organisation, le considérant comme le plus intelligent et le plus dynamique des maires tourangeaux mais il renonce à cet objectif car il remarque que ce serait imprudent d'attribuer la présidence de cette association à un homme connu pour ses idées favorables au Front populaire et à l'anticléricalisme. Dans ces conditions, on l'écarte du fauteuil présidentiel et on projette de confier celui-ci à monsieur Vavasseur (maire de Vouvray), plus proche de la pensée du gouvernement de Vichy. Par ailleurs, le préfet régional Roussillon s'oppose au rétablissement de l'Association des maires, arguant que *« c'est remettre en selle des maires radicaux de la Troisième République »*[97]. Gounin reste cependant maire pendant la période de l'Occupation. Cette méfiance des vichystes à son égard est sans doute justifiée car, en effet, Emile Gounin a fait, à sa manière, de la résistance. Muni des sceaux de la préfecture par Charles Dehaëne, chef du bureau de la préfecture de Tours, le premier des magistrats d'Amboise fabrique de nombreuses « vraies » fausses cartes d'identité pour les prisonniers évadés et fournit également des tickets d'alimentation pour les réfractaires du STO. Il a favorisé le passage clandestin de la ligne de démarcation pour tous les poursuivis de la Gestapo, résistants et juifs. A tous ceux qui sollicitent l'attribution d'une paire de chaussures, il en prélève subrepticement sur le stock destiné à la Wehrmacht pour ceux et celles qui sont dans le besoin. Qui plus est, il fournit aux aviateurs alliés abattus au-dessus de la Touraine et réfugiés dans la forêt de Fréteval en Loir-et-Cher brodequins et chaussures de toutes pointures. Robert Uhart, pour sa part, énumère les faits qui attestent l'incontestable dévouement manifesté par Emile Gounin envers les prisonniers du camp d'Amboise et fait l'éloge de son civisme. La municipalité d'Amboise a donc moins été la courroie de transmission des pouvoirs publics et de l'autorité allemande qu'une protection destinée à apaiser leurs souffrances quotidiennes[98].

---

96. Robert Vivier, *Touraine 39-45…*, *op. cit.*, p. 127-128.
97. *Idem*, p. 84-85 et 127-128.
98. *Ibidem*, p. 110.

Vivre à Amboise sous l'Occupation : Vie quotidienne et relations avec l'occupant

Le surgissement de la guerre et son impact sur les mentalités

Guerre, violence et peur de la soldatesque allemande

A la mi-juin 1940, les Amboisiens sont confrontés physiquement à la guerre, qui n'est plus un mirage lointain dont on entend parler dans les journaux ou à la radio : la guerre est désormais bien présente avec son cortège de malheurs et de destructions. Ils subissent dès lors un profond traumatisme alimenté par la violence des combats, l'irruption de la mort qui rôde, la phobie de l'envahisseur, assimilé dans certains journaux à une horde barbare, et l'humiliation de la défaite. Ces sentiments mêlés provoquent une psychose communicative, nourrie par la cohue du flot des réfugiés venus du Nord. Cette panique générale incite les Amboisiens à s'enfuir, à se joindre à ces colonnes interminables de migrants hébétés, mitraillés par les Stukas munis de sirènes stridentes destinées à accroître le désarroi. La vue de soldats et d'officiers français peu organisés et dépourvus de moyens, voire peu disciplinés, accroît l'impression de chaos. Ce choc émotionnel ne se limite pas au drame de mai-juin 1940 et perdure jusqu'à la fin de la conflagration. Plusieurs témoignages d'Amboisiens corroborent le climat glauque de cette tragédie collective, qui atteint son paroxysme en 1940 mais s'éternise jusqu'à l'arrivée des Américains. Au Blitzkrieg de la campagne de France succèdent les exactions des forces d'occupation, qui vont marquer la cité amboisienne de plaies indélébiles.

Mademoiselle Philipponeau, employée des postes à l'époque, dépeint la tourmente dans laquelle sombre le quartier de l'Entrepont, au cœur de la bataille de la Loire des 17-20 juin 1940 : « *Il est un quartier qui n'a pas été épargné pendant cette période de notre histoire, je veux parler de l'Entrepont, situé sur l'île d'Or.*

Se trouvant dans un secteur stratégique, à cheval sur le pont et pas très éloigné de la voie ferrée de la ligne Paris-Bordeaux, l'Entrepont a souffert des bombardements, ceux de juin 1940 effectués par les Allemands, ceux de juillet 1944 effectués par les Anglo-Américains [...].

16 juin 1940

Deux avions allemands apparaissent dans le ciel clair de ce bel après-midi d'été. C'est l'exode, plus de 50 000 personnes traversent Amboise depuis le 26 mai 1940, avec une accélération en ces jours de juin. Une file de voitures. Soudain, c'est l'épouvante. Les deux avions lâchent des bombes, coupant la gendarmerie en deux (les familles avaient été évacuées dans la matinée), tuant et blessant des "exodés" qui s'étaient réfugiés dans les usines Chappe et Mabille. Des bombes tombent sur l'Entrepont, monsieur Vassal, demeurant 7 rue du Maréchal Foch, est tué. Au total, il y aura une dizaine de morts et cinquante blessés vont recevoir à l'hôpital les soins du docteur Mahoudeau et de son équipe, 10 enfants perdus dans la panique vont être confiés à des familles amboisiennes en attendant d'être récupérés par leurs proches.

18 juin

Le 18 juin, le génie fait sauter les parties du pont situées entre l'Entrepont et la rive sud malgré les supplications du maire... En effet, les dégâts commis par les destructions ne font retarder que de quelques heures l'avance des Allemands. Ils ne sont pas à la mesure des résultats obtenus. Les Allemands sont entrés à Amboise le 19 vers 17 heures, faisant plus de 500 prisonniers. Ils y seraient entrés sans doute le 19 au matin. Il faudra attendre 14 ans [1954] avant d'avoir un nouveau pont.

En attendant, que de soucis pour les habitants du secteur de l'Entrepont qui vont être privés à plusieurs reprises de communications avec la rive sud ! Ils vont connaître successivement, ou par alternance, ponts de bateaux, passerelles, bac, ponts provisoires... »[99]

Dès juin 1940, les résidants de l'Entrepont sont touchés dans leur chair et dans leurs biens : partie sud du pont détruite par le génie de l'armée française, bombardements aériens intensifs, destructions matérielles importantes et déjà une dizaine de morts pour un seul quartier d'Amboise. De plus, avant que la cité ligérienne ne soit investie, les Allemands se servent de l'île d'Or comme tête de pont, comme point d'observation et d'appui avant l'assaut final. C'est une intrusion brutale pour les insulaires amboisiens. La réplique des artilleurs français disposés sur la rive sud l'est tout autant. La position originale d'Amboise, s'étirant de part et d'autre du « fleuve royal », se fait cruellement sentir puisque la démolition de la partie méridionale du pont, malgré les

99. Robert Uhart, *Amboise et sa région (1939-1945)*, Nazelles-Négron, 1995, p. 181-182.

aménagements successifs de passerelles et la mise en service de bacs, perturbe les relations socioéconomiques entre les deux rives pendant toute la durée du conflit et même dans l'après-guerre. Les habitants de l'île d'Or se retrouvent comme totalement isolés du monde : de 1940 à 1944, maints efforts doivent être fournis pour assurer une circulation régulière avec la rive sud où se trouve le centre de la ville et avec la rive nord. Ainsi, le 15 août 1944, alors que les Allemands, après avoir quitté le château, s'apprêtent à se replier *et « font sauter le pont entre l'Entrepont et la rive nord et la passerelle* [...], *de nouveau les "Entrepontais" sont isolés, et mademoiselle Philipponeau, après quatre jours d'absence, devra faire beaucoup d'acrobaties pour rejoindre quotidiennement sa poste, en bateau d'abord puis à travers les échelles, au moment de la construction de la passerelle provisoire »*[100].

Amboise, vue aérienne. A l'ouest de l'Entrepont, une flèche : cheminée d'usine atteinte par un obus (collection Jack Vivier).

La capture de 500 prisonniers par la Wehrmacht à Amboise, après une bataille qui n'a duré que quelques heures, ne peut que frapper durement les esprits des contemporains qui, à travers ces quelques faits d'armes apparemment anodins, prennent soudainement conscience de l'ampleur du désastre militaire. En 1944, les habitants de l'Entrepont, dont le quartier est une cible privilégiée en raison de la proximité de la gare et des voies ferrées, doivent à nouveau subir

100. *Idem*, p. 183.

d'intenses bombardements aériens. Mademoiselle Philipponeau s'en fait de nouveau l'écho :

« **Juillet-août 1944**
C'est 40 qui recommence : les bombes cette fois-ci sont lancées par des avions anglais et américains. Voies ferrées, gares constituent des objectifs de choix et, une fois encore, l'Entrepont va payer son tribut à la guerre. Une bombe tombe sur la maison de la famille Philipponeau. »

Puis avant l'arrivée des Américains et la Libération, c'est à nouveau l'angoisse suscitée par l'incertitude de la situation qui précède de peu la libération de la ville : « *Durant 15 jours (15 août-1er septembre 1944), les Amboisiens et en particulier les riverains de la Loire vivent dans l'anxiété. Ils viennent dans la journée pour vaquer à leurs occupations ou chez des amis du voisinage. En effet, de la rive nord, les Américains arrivés dans le secteur Château-Renault - Vouvray tirent sur tout ce qui bouge sur la rive sud. Un convoi hippomobile allemand est l'objet d'un tir précis, et l'on va manger du cheval sans ticket chez les Lussaultiers ! Il y aura de nouveaux morts : ainsi monsieur Porteboeuf, concierge de la tannerie installée à l'emplacement de la MJC actuelle, tué le 9 août ! C'est avec un immense soulagement que les Amboisiens verront luire l'aube du 1er septembre 1944.* »[101]

L'angoisse collective ne s'éteint donc pas avec le retour au calme relatif qui fait suite à l'armistice franco-allemand du 22 juin 1940 : telle une rivière enfouie dans les entrailles de la terre, elle ne cesse de sourdre pour rejaillir dès lors qu'un événement tragique survient ou que l'on entre dans une ère de profonde incertitude. Les injonctions successives de l'administration allemande, l'annonce d'un bombardement, de la destruction d'une maison ou de quartiers entiers, de la mort de parents ou d'amis, de l'arrestation, de l'exécution de résistants, ou de la déportation d'innocentes victimes de la répression nazie... émaillent la vie quotidienne des Tourangeaux et donnent à leur sentiment de peur et d'inquiétude l'aspect d'une courbe sinusoïdale avec ses secousses, ses poussées et ses accalmies. Les Amboisiens comme tous les Français s'enfoncent dans une « *culture de guerre* », qui se traduit par le déchaînement de la violence, la « *brutalisation* » des populations selon le néologisme de l'historien G. Mosse, la diffusion générale de la haine et le développement d'un esprit de « croisade », d'une mystique laïcisée. Comme la Grande Guerre, la seconde guerre mondiale bouleverse le mode de vie et la mentalité des gens qui sont confrontés à la banalisation de la violence, de la torture, des exécutions sommaires, des exactions de toutes sortes qui s'inscrivent dans la permanence, la durée.

101. *Idem.*

Quelles peuvent être les attitudes des Amboisiens dans ce rapport du fort au faible et dans ce climat morbide de délation et de détestation d'autrui ? L'effroi, l'attente, l'adaptation aux vicissitudes du quotidien, la soumission à l'ennemi ou la révolte, autant de comportements possibles qui sont le fait soit du plus grand nombre soit d'une minorité ou d'une poignée d'individus.

Comme l'insinue le témoignage de mademoiselle Philipponeau, l'impact de la défaite militaire et de l'exode a été déterminant dans la diffusion d'une panique générale.

Le témoignage de Jacques Michel confirme ce diagnostic pessimiste, cette impression de chaos qu'il a perçue en ces tristes mois d'été 1940 : les unités déployées par le ministère de l'Air, à l'ouverture des hostilités, ne lui ont pas inspiré confiance ; le raz-de-marée des réfugiés venus du nord-ouest de l'Europe et de la France septentrionale a accentué son désarroi, et ce qui paraît surprenant, c'est que l'extrême rapidité de la Wehrmacht n'a même pas laissé le temps aux Amboisiens de fuir au loin. L'efficacité des unités allemandes contraste avec la vulnérabilité d'une armée française en déroute et aux uniformes apparemment débraillés et disparates.

« ***L'atmosphère pendant la drôle de guerre***

L'hiver 1939-1940 a été très rigoureux, la Loire a gelé, un amoncellement de glace s'est constitué à Tours au pont Napoléon, que le génie a dû faire sauter à la dynamite. La Loire est montée à Amboise au niveau du quai des Violettes. Les officiers qui logeaient à l'auberge du Mail étaient cernés par l'eau.

La troupe [française] *était désœuvrée, vêtue de bleus de travail et de chaussures, d'uniformes bleu horizon de 14-18. Cela donnait une mauvaise impression. Les soldats montaient la garde et faisaient la circulation, ils ont instauré le règne des sens interdits, inconnus jusqu'à cette époque à Amboise. Il y avait une Musique de l'Air qui répétait dans le petit bois situé rue de la Pierre qui Tourne.*

Vers le 15 mai se reproduisit une nouvelle arrivée de fonctionnaires de l'armée de l'air.

A la même date, cela fait maintenant cinq jours (10 mai) que l'armée allemande a envahi la Belgique, la Hollande et le Luxembourg, la panique marque ses premiers effets. Le bruit court que les Allemands lâchent des parachutistes ; alors débute la chasse aux suspects. Armés de fusils avec une cartouche, des volontaires parcourent bois et champs.

Des aviateurs français abattus par la chasse allemande auront beaucoup de mal à prouver leur identité.

L'exode de la famille Michel

Après les Belges, les gens du Nord, les Parisiens et les Beaucerons, c'est le tour des Amboisiens ayant voiture à partir retrouver les cousins de Vendée ou de Dordogne.

Tous nos exilés sont vite rattrapés par l'armée allemande et il ne leur reste plus qu'à faire demi-tour vers le quai des Violettes ou des Marais... »[102]

Les propos de Jacques Michel sont saisissants : pour la période de la drôle de guerre, il met en relief une armée française qui semble être destinée à un mauvais présage (*« Les officiers qui logeaient à l'auberge du Mail étaient cernés par l'eau »)* et dont l'allure paraît décevante, insignifiante, avec des soldats dépenaillés, munis d'uniformes de la Grande Guerre et indisciplinés. Il transmet de ces unités françaises de 1940 une image très négative, comme si la Grande Muette avait été, dès avant les combats, vouée à la défaite. C'est la description d'une armée française inefficace, se laissant aller à l'oisiveté et à des futilités : *« règne des sens interdits »*, *« mauvaise impression »*, une armée de *« fonctionnaires »*, autant d'expressions utilisées par le témoin oculaire pour retranscrire la morosité, le pessimisme ambiant au sein de la cité amboisienne avant l'arrivée de l'adversaire sur les bords de Loire. Jacques Michel souligne aussi, de façon pertinente, l'existence parmi la population d'une phobie de la Cinquième Colonne : même dans une petite ville comme Amboise, la suspicion règne du fait de la circulation des rumeurs les plus folles ; l'on redoute de débusquer des espions allemands un peu partout et leur traque commence à s'organiser (*« Le bruit court que les Allemands lâchent des parachutistes ; alors débute la chasse aux suspects. Armés de fusils avec une cartouche, des volontaires parcourent bois et champs »)*. Le fait que des milices se constituent atteste la montée, au sein de la population amboisienne, d'une peur irrationnelle de l'ennemi bien avant l'offensive éclair déclenchée par Hitler le 10 mai 1940. Cette psychose se nourrit non seulement du souvenir des exactions commises par les soldats de Guillaume II pendant la Grande Guerre mais aussi, assurément, de la prise de conscience d'un déclin français vis-à-vis de la « Grande Allemagne », synonyme aux yeux de nombreux contemporains de décadence irrémédiable. Le programme politique de Vichy, exposé officiellement par le slogan « Révolution nationale », participe de ce complexe collectif et de cette aspiration au redressement du pays émanant d'une bonne partie de la population.

L'exode des Amboisiens est éphémère car leur ville est investie très rapidement par la Wehrmacht. Si la fuite a été brutale et brève, le retour à la maison a été rapide. Ils retournent à leur domicile dès l'été 1940, en juillet ou en août, sans avoir pu échapper au rythme infernal des Allemands. D'après leurs témoignages, leur retour s'avère cruel et la première prise de contact avec l'ennemi semble difficile et déconcertante. Pour mademoiselle Philipponeau et sa famille, la réinstallation est douloureuse car elles trouvent les maisons

102. *Ibidem*, p. 191-192.

occupées et les biens spoliés par les soldats allemands ou par des concitoyens peu scrupuleux.

Mademoiselle Philipponeau, comme beaucoup d'Amboisiens, a pris le chemin Sud, emboîtant le pas aux milliers « d'exodés ». Et le 23 juin, c'est l'armistice.

« Alors, on revient au pays pour découvrir des maisons pillées. Literie, vêtements, vaisselle, outillage, vins... ont changé de "propriétaire". Une voisine reconnaît la blouse de son enfant sur une fillette du quartier. Plaintes à la gendarmerie ; perquisition fructueuse et l'on verra ce spectacle étonnant de l'un des deux pillards brouetter tout un après-midi le matériel volé en particulier à l'auberge de la Jeunesse, aujourd'hui crèche Claude de France. »[103]

Tout en louant le comportement lucide et temporisateur du maire, mademoiselle Philipponeau ne peut s'empêcher d'être étonnée par le cynisme, la désinvolture et l'impudeur des vainqueurs : *« Les Allemands occupent l'île d'Or, ils ont envisagé d'en faire un camp de prisonniers mais monsieur Gounin les en a dissuadés à cause des inondations prévisibles et le camp a été construit à la Patte d'Oie.*

En attendant, les guerriers vainqueurs au repos se livrent aux joies nautiques et, ô surprise, revenant de son bureau de poste situé rive nord, mademoiselle Philipponeau aperçoit des corps nus, s'ébattant joyeusement dans le bras de la royale Loire. Choquée par ce spectacle, notre demoiselle détourne pudiquement les yeux ! Le lendemain, la décence a repris ses droits et les attributs des sujets de Hitler sont prisonniers d'un maillot de bain. »[104]

Manifestement, mademoiselle Philipponneau est profondément choquée à l'idée de savoir que les Allemands veulent transformer son quartier en univers carcéral. De plus, sa bienséance provinciale est heurtée par la pratique naturiste des soldats allemands. Cette promiscuité de l'ennemi l'indispose.

Les témoignages de Jacques Michel et de madame Fillon concordent tout à fait avec celui de mademoiselle Philipponeau : à leur retour, même sentiment de malaise à la découverte d'une cité amboisienne meurtrie par les bombardements et à la vue des Allemands s'étant introduits illégalement dans les maisons et s'étant adonnés impunément au vol et au pillage.

Madame Fillon évoque la brève « escapade » des Amboisiens et leur ahurissement face au *« spectacle de désolation »* qu'offre la ville à leur retour : *« juin 1940 : c'est la débâcle, et le contagieux exode vers le sud, plus précisément vers Genillé, pour une courte "escapade" de trois jours, le temps que durent les bombardements et le début de l'Occupation.*

103. *Ibid.*, p. 182.
104. *Ibid.*, p. 182-183.

Retour à Amboise : Spectacle de désolation. Un obus est tombé 19, rue de Chenonceaux. Fils électriques, ardoises jonchant le sol dans la direction du château sur une longueur de 500 mètres... »[105]

Jacques Michel note à la fois la cruauté du retour, qui n'est survenu que peu de temps après le départ, et l'outrecuidance des Allemands qui se sont laissé aller au vol et au pillage et apparaissent à ses yeux, dès le premier contact, comme des intrus sans loi ni dignité : « *Le spectacle qui s'offre aux revenants n'est pas des plus drôles. "Les absents ont toujours tort" trouve ici sa véracité. La famille Michel trouve le linge sale des "pensionnaires" français, par contre le linge propre de la famille a disparu. Les Allemands ont remplacé les Français, ils ont sans nul doute apprécié les produits de la cave, et libéré leurs intestins embarrassés par des libations trop prolongées dans les tiroirs des commodes ou sur les lits. Sur les façades des maisons une inscription :* "Haus bewohnt" *(maison occupée).* »[106]

L'œil du jeune Amboisien qu'il est à l'époque est halluciné par les méfaits de la soldatesque allemande. On est loin du soldat « *korrekt* » des affiches de la Wehrmacht, avec un enfant dans les bras, de ce soldat protecteur censé incarner une nation civilisée et pacifique.

Les Amboisiens face à la « brutalisation » guerrière : une palette d'attitudes ambivalentes et contradictoires

Si beaucoup d'Amboisiens participent à l'exode, certains ne le veulent ou ne le peuvent pas. Avec des réfugiés restés sur place, ils décident de s'abriter dans les innombrables caves viticoles et champignonnières de la cité amboisienne pour se protéger des bombardements mais également sans doute pour ne pas assister à l'arrivée de cet ennemi triomphant qui terrorise les esprits. René Mugica, qui était enfant à l'époque, évoque cet enfouissement des Amboisiens dans les sous-sols de la ville, attitude qui traduit de leur part à la fois l'instinct de survie et la hantise de l'ennemi :

Quelques souvenirs de juin 1940 de René Mugica

« *Notre père, employé de l'UNEC, devait en raison des événements évacuer avec l'usine vers la région bordelaise. Mais vu sa grande famille (10 enfants), il refusa de partir et demanda s'il pouvait abriter tout son monde dans les caves-abris de Nazelles, situées à deux ou trois kilomètres de notre village de Négron, ce qui fut accepté par les autorités.*

105. *Ibid.*, p. 184.
106. *Ibid.*

Dans ces caves, anciennes champignonnières, nous n'étions, les deux premiers jours, que deux ou trois familles, donc relativement au large mais, par la suite, la guerre se rapprochant, il a fallu serrer les coudes, ce qui explique qu'au troisième jour, nous étions certainement plusieurs centaines de personnes dans l'abri. Durant trois ou quatre jours, il ne se passe rien. Et les Allemands arrivent, prennent position dans les maisons abandonnées, une grande maison bourgeoise, entre autres, dont le portail de cour était soigneusement fermé à clef. Qu'importe pour les soldats ! Une poutre posée sur le pare-chocs d'une voiture, embrayage, un bond en avant, et voilà une caserne toute prête pour le service des occupants.

Certaines personnes qui, quelques jours auparavant, nous auraient volontiers tenus renfermés jour et nuit dans les caves, tellement leur crainte des boches était vive, furent les premières à venir sur la route congratuler les vainqueurs. Bref, tout se passe très bien. Après une semaine de ce camping improvisé, notre père, en l'absence de toute autorité, pense qu'il n'y a plus rien à craindre et décide de rentrer à la maison. Première surprise, notre pauvre habitation est aussi occupée. Les soldats sont installés comme chez eux. L'un, complètement nu, est assis dans le bassin sous la pompe alors que son copain actionne le levier à tour de bras, c'est l'heure de la douche. Un autre, sur un feu improvisé, fait bouillir son linge, et c'est le faitout familial qui sert de lessiveuse. Un quatrième larron de l'histoire prépare la salade (cueillie dans notre jardin) dans une cuvette avec de l'eau et du sucre ; chose tout à fait nouvelle pour nous, les enfants, qui, jusqu'à présent, ne connaissions la salade qu'à l'huile et au vinaigre. C'est alors qu'arrive un soldat à motocyclette... Quelques minutes de discussion entre l'estafette et nos occupants, en allemand, et voilà nos quatre soldats qui, abandonnant leurs travaux, douche, lessive, salade, se remettent en tenue guerrière, montent dans les camions et en route. Les voilà partis ! On ne les a jamais revus, mais d'autres les ont remplacés dans l'ensemble du pays. »[107]

Du récit de René Mugica, l'on peut tirer quelques enseignements majeurs sur l'attitude des Amboisiens au moment de la débâcle de mai-juin 1940 et de l'arrivée des Allemands.

Premier enseignement : l'empirisme et la capacité de réaction des habitants d'Amboise face à l'immédiateté du danger.

Le père de René Mugica, qui devait partir avec son employeur et ses collègues de travail à Bordeaux, privilégie avec pragmatisme l'intérêt familial et comprend qu'une famille nombreuse sur les routes, démunie et mal équipée, avec le risque permanent d'être mitraillée par la Luftwaffe, ne peut aller bien loin. Cette faculté d'adaptation, que l'on pourrait appeler débrouillardise, se manifeste aussi dans le réflexe spontané de trouver refuge dans les nombreux

107. *Ibid.*, p. 185-186.

abris rupestres dont la ville fourmille du fait de ses activités viticoles. Comme des animaux traqués par des chasseurs féroces, les Amboisiens, par réflexe vital, s'engouffrent dans les sous-sols, les souterrains, non seulement pour échapper aux tirs des canons ou des avions mais aussi pour fermer les yeux devant une triste réalité, le chavirage de l'embarcation France qu'il s'agisse de son armée ou de son régime sombrant en quelques jours, afin de ne pas voir en quelque sorte l'ampleur du désastre : fuite devant le danger mais aussi aveuglement volontaire face à une tragédie qui se joue sur le moment et qui abasourdit. Au départ une poignée de familles seulement prennent la décision de s'abriter dans les caves, puis le nombre des réfugiés dans les galeries souterraines croît sans cesse au fur et à mesure de l'imminence de la bataille sur la Loire et de l'approche des unités de la Wehrmacht.

Deuxième enseignement : la première prise de contact avec l'ennemi conforte chez les Amboisiens la perception négative qu'ils ont des Allemands.

Dès leur arrivée, les Allemands se comportent comme une armée d'occupation qui impose la loi du plus fort et s'adonne au vol et au pillage tout en squattant les maisons vidées de leurs habitants. Rien n'échappe à leur cupidité de conquérants : maisons bourgeoises ou plus modestes, point de différence pour les Allemands qui, au lendemain de leur victoire, retirent leurs uniformes, comme s'ils quittaient symboliquement leur parure de respectabilité, pour revêtir la peau de soudards. A l'exemple de mademoiselle Philipponeau et de Jacques Michel, René Mugica devine que l'uniforme n'est qu'une façade derrière laquelle se cachent des hommes rustres, irrespectueux des lieux et des biens. Ces soldats sans uniforme passent du statut d'êtres civilisés, qui arborent l'uniforme, à celui de reîtres sans scrupules qui usent et abusent de leurs droits de conquérants.

Troisième leçon à extraire de ce témoignage de René Mugica : l'arrivée des Allemands correspond au passage brutal de l'état de paix à l'état de guerre où lois et règles fondamentales sont renvoyées aux calendes grecques.

Pour les Amboisiens, l'entrée de la Wehrmacht dans la cité est très mal vécue psychologiquement. Elle est perçue comme une première atteinte à l'honneur de la Nation française, une première forme d'agression qui fait s'effondrer tout un système de valeurs auxquelles ils croyaient. De surcroît, l'intrusion des soldats allemands dans leur domicile représente le viol de leur intimité. L'été 1940 marque donc une véritable rupture psychologique et matérielle. Cette césure marque le franchissement d'un seuil fatidique, la plongée durable dans la spirale infernale de l'Occupation, dans une « culture de la guerre » qui imprime l'essor d'une logique de violence, de discrimination et de haine.

Un quatrième enseignement, et non des moindres, ressort de cette description significative de la situation amboisienne de mai-juin 1940 : la palette des attitudes individuelles des premières heures qui, bien souvent, vont façonner ultérieurement les trajectoires politiques des uns et des autres. Quatre sont décelables ici : l'âpre volonté de survivre, qui suppose une faculté d'adaptation permanente ; l'esprit de solidarité entre familles qui acceptent de coexister dans un espace exigu et insalubre ; la cupidité des pillards, qui profitent de l'absence de leurs voisins pour s'approprier les biens d'autrui ; l'opportunisme de certains, qui, tenaillés par la peur, dédaignent leurs concitoyens et applaudissent à l'arrivée des forces d'occupation.

Cette période noire qui commence est révélatrice de la véritable nature des êtres : « salauds » et héros émergent au-devant de la scène ; de l'altruisme manifesté dès les premiers instants naît l'esprit de résistance, de l'égotisme et de l'opportunisme sourd la compromission avec l'ennemi. Qu'en est-il du plus grand nombre ? La révolte, le basculement dans la Collaboration ou tout simplement la médiocrité de l'attente pour la survie ?

Deux photographies montrant la destruction du pont d'Amboise. La destruction du pont d'Amboise a eu lieu le mardi 18 juin 1940, à 20 heures : le pont miné saute et s'écroule entièrement (collection Jean Chauvin).

Paralysie des transports et vicissitudes de la vie quotidienne

Survivre

La survie au quotidien est en effet l'une des préoccupations prioritaires des Amboisiens, voire la première comme pour l'ensemble des Français. En d'autres termes, se ravitailler en produits de première nécessité (vivres, vêtements, chaussures, bois pour se chauffer en hiver, savon, etc.) devient un objectif vital, un impératif en une France et en une région tourangelle où les forces d'occupation multiplient les prélèvements et se livrent à un pillage méthodique du pays, ordonnant maintes réquisitions et en exigeant toujours plus auprès des pouvoirs publics français. La guerre et les exigences allemandes sans cesse croissantes engendrent une situation de pénurie à laquelle tout un chacun doit impérativement s'adapter. Mais encore faut-il que les transports ne soient pas entravés pour que la circulation des hommes et des marchandises s'effectue dans des conditions normales, ce qui n'est pas le cas dans la région amboisienne car deux obstacles freinent les déplacements humains et les flux de denrées : premièrement, la destruction du pont sur la Loire qui rend hasardeuse la traversée du fleuve ; en second lieu dans la partie méridionale de la région d'Amboise, au niveau du Cher, la ligne de démarcation sur laquelle aucun passage n'est possible sans délivrance d'un *Ausweis* par l'occupant.

Jusqu'au début des années cinquante, où la reconstruction du pont sera enfin achevée, la traversée de la Loire représente, pour la communauté amboisienne, un enjeu vital sur les plans humain, social et économique. Sans pont, se pose le problème de l'approvisionnement de la ville en gaz et en eau puisque les canalisations sont coupées depuis l'explosion de la partie sud du pont exécutée par le génie le 16 juin 1940, juste avant l'arrivée des Allemands. La reconstruction du pont s'impose comme pour toutes les villes du Val de Loire. Le rapport des activités des Ponts et Chaussées portant sur la période allant du 1er septembre 1939 au 1er septembre 1941 fait état de 25 ponts détruits sur l'axe ligérien, « *dont neuf de plus de 100 mètres entièrement démolis* »[108], de la reconstruction de 10 ponts (dont le pont Wilson et celui de Port-Boulet sur la Loire et ceux de Véretz, Saint-Avertin, Joué-lès-Tours et Bléré sur le Cher). On découvre aussi dans ce document que « *parmi les six ponts en reconstruction sur le moment, un seul est provisoire, celui d'Amboise* »[109]. Pour les Amboisiens, la reconstruction définitive du pont ne sera achevée qu'en 1954. C'est dire que la circulation locale des biens et des personnes sur la Loire est sérieusement freinée pendant l'Occupation et même au lendemain de la guerre.

La destruction du pont et ses conséquences

Pour l'année 1940, Robert Uhart, dans son recueil de témoignages sur *Amboise et sa région (1939-1945)*, retranscrit une chronologie précise de l'histoire mouvementée du pont d'Amboise en s'appuyant sur un article de *La Dépêche d'Indre-et-Loire* du 6 septembre 1940 :

« **Histoire du Pont :**
a) 17 juin 1940 : destruction du pont de pierre. [Robert Uhart en note de bas de page nous apprend qu'il faudra attendre 1954 pour voir la reconstruction du pont actuel.]
b) 20 juin : construction d'un pont de bateaux par le génie allemand, pour faire passer les troupes, lors de la bataille de la Loire et servant à la population.
c) 29 juin : le pont de bateaux est retiré par les Allemands.
d) 30 juin : mise en place du bac.

Du lundi 1er juillet au mardi 23 juillet : Construction d'un pont en bois.
Longueur : 143 m contre 187 m pour le pont en pierre qui a été détruit, 340 pieux enfoncés dans la Loire.
Largeur : 9 mètres, avec 2 chaussées pour les véhicules et les bicyclettes.
Les travaux ont été conduits par l'ingénieur Gustave Bogerhausen et par un sous-directeur, monsieur Heung Benens, aidés par des prisonniers de guerre. L'interprète étant le lieutenant Marcel Prudhomme du 4e bataillon de chasseurs alpins. Les services de voirie ont été assurés par l'ingénieur du service vicinal monsieur Mougeon, les travaux de cylindrage par l'entreprise de monsieur Voisin de Nazelles. Le pont peut supporter un poids de 20 tonnes. Résistera-t-il aux crues ? Telle est la question ! »[110]

108. Jean-Pierre Froger et Jacques Watiez, *op. cit.*, p. 146.
109. *Idem.*
110. Robert Uhart, *Amboise et sa région*... *op. cit.*, p. 107-108.

Une passerelle en bois est construite en juin 1940 par les Allemands avec des prisonniers de guerre français. Elle est rehaussée en novembre 1940 par des ouvriers civils (collection Jack Vivier).

La passerelle est emportée par une grande crue le 16 décembre 1940 (collection Jean Chauvin).

Le témoignage de madame Le Gall-Adrien donne des informations complémentaires sur l'explosion du pont, son impact négatif immédiat et sur les ouvrages d'art ultérieurs réalisés en 1940 par les Allemands : « *Nous habitions quai des Violettes sur la rive gauche de la Loire à environ 1 km du pont. Le dimanche 16 juin vers 18 heures, nous avons entendu une grosse explosion : c'était le pont sud qui sautait. Inconscients du danger, nous avons ouvert la porte donnant sur le quai, nous avons même traversé la route pour aller voir les dégâts. Nous n'avons même pas pensé que les Allemands auraient pu nous tirer dessus car ils arrivaient dans l'île d'Or. Il faisait un temps magnifique et un soleil radieux.*

A l'usine des Eaux où nous habitions, il y avait une très grande cave creusée dans le roc, cave qui mesurait environ 50 à 60 mètres de profondeur sur 10 mètres de large. Nous y avions installé des lits et nous y avons couché. Il y avait des gens venus de la ville. Nous nous sommes retrouvés à une trentaine de personnes.

Il ne s'est rien passé dans la nuit du dimanche au lundi. Le lundi, en fin de journée, commença la bataille qui dura jusqu'au petit matin. Evidemment, l'électricité était coupée et il n'était pas question de mettre en route les pompes électriques permettant de faire monter l'eau dans les bassins alimentant la ville.

Mon père a remis en route un moteur à gaz pauvre qui, déjà à cette époque, était une pièce de musée. Il mesurait environ 4 mètres de long, 1,50 mètre de hauteur ou peut-être plus, et avait un volant vertical d'au moins 2,50 à 3 mètres de diamètre. La ville d'Amboise a été une des rares villes à n'avoir pas manqué d'eau potable.

Quand nous sommes partis de la cave le mardi et que sommes montés à notre appartement (qui était dans la même cour que la cave), nous nous sommes aperçus que les Allemands avaient construit un pont de bateaux et que toutes les troupes allemandes passaient dessus. [...]

Ce pont a été vite remplacé par une passerelle en bois qui, elle aussi, a été emportée par les glaces l'hiver suivant. Ensuite, nous avons eu un bac qui faisait le passage entre la rive gauche et l'île mais, entre-temps, il y a eu une flottille de petits bateaux en aval du pont sauté. Il y avait des périssoires en acajou verni, des barques de pêche et même une barque avec une roue à aubes qui a chaviré, faisant plusieurs noyés. »[111]

Pont coupé, réseaux de transport détériorés, paralysie de la vie économique

Cette narration de madame Le Gall-Adrien présente l'avantage de donner un aperçu général et assez précis de l'évolution des modes de locomotion et des types d'appontements utilisés pour le franchissement de Loire : aménagement d'un pont de bois et d'une passerelle dans une première phase, puis recours à des petites embarcations pour enfin obtenir la mise en service d'un système de bac. La destruction de la partie nord du pont a des conséquences économiques négatives immédiates. Le journal *Tours-Soir* du 24 août 1940 apprend à ses lecteurs que les autorités s'efforcent de remédier à la coupure de l'eau et de l'électricité au plus vite : « *Les travaux de construction de la passerelle légère qui supporte les canalisations sont à peu près terminés et il reste maintenant à poser les tuyaux et à les protéger pour éviter la gelée. Nous espérons que les travaux seront terminés à la fin du mois.* » [112]

Malheureusement, comme l'indique madame Le Gall-Adrien, cette passerelle construite par les Allemands n'a pas résisté à l'importante crue de la Loire du très rigoureux hiver 1940-1941. C'est le lundi 16 décembre 1940, à 10 h 30, que le pont et la passerelle légère qui a été érigée « *pour le déblaiement du pont de pierres* » s'effondrent, ce qui aboutit à une coupure de l'eau sur la rive droite et du gaz sur la rive gauche[113]. Autre désagrément : « *Les services d'autobus entre les deux rives d'Amboise ne peuvent plus aller à la gare.* »[114] Aussi, dès le vendredi 20 décembre, le génie allemand s'emploie-t-il à aménager un pont de bateaux pour pallier la destruction de la passerelle reliant la rive sud à l'île d'Or[115]. Le dimanche 4 janvier 1941, l'englacement de la Loire est tel que l'extrême

111. Témoignage de madame Le Gall-Adrien in Robert Uhart, *Amboise et sa région... op. cit.*, p. 188-189.
112. *Idem*, p. 109.
113. *Ibidem*, p. 119.
114. *Ibid.*, p. 120.
115. *Ibid.*, p. 119.

Mise en service d'un bac pour faciliter la traversée de la Loire. Après que la passerelle eut été emportée, un bac assura le passage entre l'île d'Or et le centre-ville. De septembre 1941 à novembre 1941, une passerelle de fer est consrtuite rive gauche à la hauteur de l'actuelle rue Louis XI. Détruite par les Allemands, elle sera reconsrtuite en 1945 (collections Jack Vivier et Jean Chauvin).

encombrement du fleuve par des glaçons provoque l'interruption de la liaison en bateau entre les deux rives et empêche les petits maraîchers de Nazelles et Pocé de se rendre aux marchés du centre-ville. Par ailleurs, les Allemands sont contraints de suspendre la reconstruction du pont. L'écroulement du pont et de la passerelle compromet non seulement le ravitaillement de la ville mais il entraîne également la rupture des communications téléphoniques avec l'endommagement de deux câbles et entrave le déplacement des Amboisiens se rendant à leur travail d'une berge à l'autre. Cependant, peu de temps après, c'est-à-dire à partir du mercredi 15 janvier 1941, les bateaux reprennent leur service de transport entre les deux rives, car la débâcle a commencé. Au même moment est lancée « *la construction d'un bac large de 4 m, long de 7 m,* [équipé] *d'un câble tendeur de 160 m, accroché à deux pylônes (un sur chaque rive) ; le bac se déplacera par ses propres moyens, c'est-à-dire entraîné par le courant. Sur les câbles seront installés deux appareils "cinquenellés" qui s'enrouleront sur un touret. Ce bac pourra être propulsé par électricité. Il sera gratuit. En accord avec les autorités d'occupation, on espère pouvoir construire un pont de bateaux* »[116].

Ce problème de liaison entre les deux rives ne laisse pas d'inquiéter la population qui souhaiterait vivement un retour à la normale, comme l'atteste cette information du lundi 3 mars 1941 citée par Robert Uhart : « *A Amboise, y aura-t-il sous peu un moyen de communication inter-rives ? Le bac prévu s'est transformé en sous-marin et le bateau cesse de fonctionner pour économiser le gasoil.*

116. *Ibid.*, p. 126-127.

Par contre, le téléphone est rétabli pour les abandonnés et fonctionne de 7 heures à 21 heures. »[117]

La presse locale ne cesse pas non plus de mentionner les coupures de gaz et d'électricité imputables à la destruction du pont et de la passerelle. De même, elle apprend à son lectorat combien est difficile pour les médecins locaux le fait de se rendre chez leurs malades : « *Jeudi 17 février 1941 : le courant ne passe pas. De nombreuses pannes d'électricité se produisent, il faut entretenir 100 km de lignes. Messieurs Boissenger et Corbra sont autorisés à traverser la Loire avec leurs bateaux en cas d'urgence pour quérir médecin, sage-femme, vétérinaire. Monsieur Corbra habite rue de l'Entrepont, face à l'épicerie Hervé.* »[118]

Le 1er mai 1941, *L'Echo d'Indre-et-Loire* signale qu'« *un scaphandrier opère en Loire d'où il exhume les canalisations d'eau et de gaz qui se sont rompues en décembre dernier ; lors de la débâcle de la glace* »[119].

Amboise n'est pas isolée du monde, mais les infrastructures de transport sont entravées par les bombardements et les destructions. Ainsi, les services d'autocars interurbains fonctionnent irrégulièrement : « *D'Amboise à Château-Renault, les deux allers et retours quotidiens sont réduits à un seul le mardi, jour de marché à Château-Renault.* »[120]

Au lendemain de l'armistice, la circulation automobile ou ferroviaire est gravement perturbée et se fait rare, le réseau routier est dégradé. A la pénurie d'essence s'ajoute l'impératif d'obtenir des autorités une autorisation de circuler.

Les tronçons de tramways qui relient Amboise et Château-Renault à Blois ont été interrompus : « *Les tronçons de ligne des tramways du Loir-et-Cher qui se poursuivaient en Indre-et-Loire ne furent plus exploités que dans le Loir-et-Cher. La partie tourangelle de la ligne Blois - Château-Renault avait été en service jusqu'au 15 juin 1940, mais celle de la ligne Blois-Amboise avait été abandonnée dès le 1er décembre 1940.* »[121] Pendant l'été 1940, les services publics de transport redémarrent tout doucement avec le feu vert des occupants, mais cela ne suffit pas à désenclaver des villes comme Amboise. On assiste étrangement à un « *Renouveau du Petit Train* »[122], à savoir des petites lignes de chemin de fer qui, aménagées à la fin du XIXe siècle dans le cadre du plan Freycinet, ont décliné pendant l'entre-deux-guerres en raison de l'essor des transports automobiles : « *Les voies ferrées métriques, posées à la fin du XIXe siècle et au début du XXe siècle, constituaient deux réseaux. Celui du Nord joignant Port-Boulet à Château-Renault ; un embranchement à Rillé-Hommes permettait de gagner Fondettes, et*

117. *Ibid.*, p. 129.
118. *Ibidem.*
119. *Ibidem.*
120. Jean-Pierre Froger et Jacques Watiez, *op. cit.*, p. 136.
121. *Idem*, p. 132.
122. *Ibidem*, p. 135

donc l'agglomération tourangelle. Le réseau Sud (113 km) était organisé autour de "l'étoile de Ligueil", les voyageurs pouvant se rendre à Ligueil, à Esvres, au Grand-Pressigny, à Loches, et au-delà à Montrésor jusqu'à Ecueillé dans l'Indre. »[123] La réutilisation des lignes ferroviaires d'intérêt local traduit la crise des transports en ce début de période d'occupation allemande. Le parc automobile s'est amoindri. Jean-Pierre Froger et Jacques Watiez soulignent à ce sujet : « *Dans les petites villes des cantons ruraux, la proportion de véhicules en service est généralement plus limitée.* »[124] Ils notent qu'à Amboise, sur un total de 114 motos, 770 automobiles et 250 camions, sont seulement en service 6 motos, 59 voitures et 52 poids lourds. L'essence manquant, on trouve le gazogène comme succédané, ainsi que le mentionne *Tours-Soir* du 17 août 1941 : « *Le charbon de bois pour gazogène va remplacer l'essence. Une immense espérance.* »[125] La destruction du pont d'Amboise, la pénurie de carburant et de produits de base, en particulier de pneus, empêchent l'exercice normal de certaines professions et nécessitent le recours à la « petite reine ». En août 1941, le manque de pneumatiques pour les vélos suscite dans l'urgence la prise de décision suivante : « *La population laborieuse, les personnes chargées d'un service public concourant au ravitaillement de la population seront servies en priorité.* »[126] Malgré ces dispositions, se pose le problème de ces médecins d'Amboise qui ne peuvent aisément franchir la Loire et se rendre chez leurs patients. Les multiples difficultés auxquelles est confronté le docteur Fleys d'Amboise sont révélatrices de la précarité de la situation :

« *Ceux qui disposaient d'un vélomoteur connaissaient le même genre de problèmes auxquels s'ajoutait celui de la pénurie de carburant. En août 1941, un médecin d'Amboise, le docteur Fleys, a toutes les peines du monde pour obtenir les pneus dont il a besoin. Un premier examen indique que* "l'enveloppe en question possède encore une valeur de service de 25 %". *Le docteur insiste :* "Il ne se passe pas deux jours consécutifs sans crevaison, ce qui amène une gêne considérable dans l'exercice de ma profession." *Il obtient cette fois gain de cause, le chef du service de contrôle précisant que le docteur effectue un parcours journalier de 40 km, ce qui n'augmente pas la qualité des pneus. Tout en observant que l'enveloppe n'a pas d'avarie apparente, il concède que le manque d'épaisseur sur la bande de roulement occasionne de fréquentes crevaisons sur le silex.* »[127]

123. *Ibidem*, p. 135.
124. *Ibidem*.
125. Robert Uhart, *Amboise et sa région… op. cit.*, p. 124.
126. *Idem*, p. 134.
127. Jean-Pierre Froger et Jacques Watiez, *op. cit.*, p. 161.

Une légère reprise de l'économie à partir de 1941 ?

C'est ainsi que toute la vie économique et sociale de la cité est paralysée : la démolition du pont le 18 juin 1940 n'aura pas servi à grand-chose, si ce n'est à retarder de quelques heures l'avancée des troupes hitlériennes, et a eu des répercussions beaucoup plus négatives que positives sur la vie quotidienne des Amboisiens. Pourtant, à partir de 1941, à en croire certains journaux, l'économie locale semble redémarrer. Ainsi, en juin 1941, *L'Echo d'Indre-et-Loire*, dressant le bilan de la conjoncture un an après la défaite de la France, décèle un léger mieux : « *Il y a un an, jour après jour, les troupes allemandes entraient dans Amboise après un bombardement qui avait commencé le mardi soir 18 juin. Depuis un an, Amboise a, en grande partie, réparé ses blessures de guerre. Malgré des travaux, le château porte les traces du bombardement, la gendarmerie est coupée en deux, les immeubles du quartier de la gare et de la rue de Bléré sont toujours en ruines. Le pont écroulé n'est pas encore déblayé.* »[128]

Ainsi, la ville paraît renaître de ses cendres en dépit de la visibilité de dommages matériels. Plusieurs signes tendent à accréditer un redémarrage de l'activité.

Dès l'été 1940, les journaux locaux constatent l'amorce d'une renaissance de la vie économique et sociale. Certaines liaisons ferroviaires sont rétablies. Ainsi, à partir du 11 juillet 1940, la ligne Amboise-Tours fonctionne deux fois par jour (8 h 30 et 16 h 30). Les banques, telle la Caisse d'épargne, accueillent de nouveau leur clientèle[129]. Au même moment, « *les commerçants ont rouvert leurs boutiques, le Crédit de l'Ouest ses guichets* », la gendarmerie est dotée d'un nouveau chef de brigade temporaire (le gendarme Ridel, en remplacement de « *l'adjudant ayant été malade lors de l'occupation de la ville* ») ; les services sanitaires fonctionnent à nouveau normalement (trois médecins : Gautier, Guillaume et Mahoudeau ; quatre pharmaciens : Girard, Habert, Lhériteau et Melet ; une sage-femme : madame Courtault...)[130]. On apprend que, d'une part, l'usine Gounin, qui a eu à subir d'importantes déprédations matérielles lors des bombardements des 18 et 19 juin 1940, a rouvert ses portes en janvier 1941 et que, d'autre part, les commerçants de la ville ont organisé en juin 1941 une collecte en faveur de deux de leurs collègues sinistrés[131]. En avril 1941, la circulation entre les deux rives est rétablie avec la mise en service d'un bac électrique et, en juin 1941, la camionnette municipale est équipée d'un gazogène[132] : les transports seraient-ils redevenus réguliers ? Le tourisme, qui a été interrompu brutalement en mai-juin 1940, paraît avoir

128. Robert Uhart, *Amboise et sa région... op. cit.*, p. 131-132.
129. *Idem*, p. 103.
130. *Ibidem*, p. 105.
131. *Ibid.*, p. 129.
132. *Idem*.

retrouvé une certaine activité au milieu de l'année 1941 : en effet, en juin 1941, l'auberge de jeunesse est susceptible d'héberger de jeunes Parisiens[133]. *L'Echo de Touraine* du 31 juillet 1941 informe ses lecteurs que *« de très nombreux Parisiens passent leurs vacances à Amboise »* et que *« les hôtels affichent complet »*. Et l'organe de presse tourangeau de terminer sa description par une note optimiste : *« La vie à la campagne a encore ses charmes. »*[134]

D'après les feuilles locales, les Amboisiens peuvent assister à la renaissance de leur ville et tels que les faits sont exposés, l'on pourrait penser que cette résurrection progressive est à mettre en relation avec la présence de l'occupant allemand et le lancement de la Révolution nationale par le régime de Vichy.

Parallèlement à l'ouverture de la Caisse d'épargne d'Amboise, qui *« est la première Caisse d'épargne à avoir ouvert des guichets dans le département »*, les lecteurs de *Tours-Soir* sont avertis en juillet 1940 que la Kommandantur d'Amboise *« demande immédiatement trois femmes de ménage sérieuses »*[135], ce qui laisse entendre que la présence de l'occupant n'est pas incompatible avec un retour à une vie économique normale. De même, la presse mentionne que les services du génie allemand sont à pied d'œuvre pour recréer au plus vite une circulation normale entre les rives nord et sud par l'aménagement d'un pont de bateaux, puis d'une passerelle... Cette juxtaposition habile des informations insinue que l'on peut se fier à la Wehrmacht qui doit ainsi être perçue non pas comme une force d'occupation et de coercition mais comme un acteur participant pleinement à la reconstruction du pays exsangue. Les journaux précisent aussi que la construction du pont en bois, qui s'est déroulée du 1er juillet au 23 juillet 1940, s'est effectuée grâce à une étroite coopération entre l'armée allemande et des entreprises locales[136]. La presse locale contribue ainsi à banaliser l'idée d'une possibilité de collaboration économique avec les Allemands. Mais pourquoi les Amboisiens ne seraient-ils pas tentés par une telle éventualité, puisque le « vainqueur de Verdun », le maréchal Pétain, en a donné le signal initial depuis la signature de l'armistice du 22 juin 1940 et la mise en œuvre d'un programme politique, la Révolution nationale, dont les buts affichés sont l'enrayement de la décadence et le redressement du pays ?

133. *Idem*.
134. *Ibidem*, p. 132.
135. *Ibidem*, p. 104.
136. *Ibid.*, p. 108.

La visite de Pétain (25 octobre 1940) : Essor et reflux de la mystique maréchaliste

Philippe Pétain à Amboise : rencontre avec les prisonniers, bain de foule…

A l'automne 1940, un événement hautement symbolique se produit dans la cité amboisienne et peut faire croire aux autochtones que le régime de Vichy va tout faire pour œuvrer au retour de la paix et de la prospérité : la venue de Pétain en personne, le 25 octobre 1940, au lendemain de sa rencontre à Montoire avec Hitler. Il prend le temps de s'arrêter dans leur commune où il est reçu par les autorités municipales. Le vieux maréchal accomplit plusieurs gestes chargés de sens. Accompagné par le maire Emile Gounin, il rend visite aux prisonniers français du camp de la Patte d'Oie ouvert par les Allemands dès l'été 1940 et prend le soin de les rassurer en insistant sur le fait que leur captivité serait prochainement écourtée. A l'époque jeune soldat français démobilisé et travaillant à Amboise, monsieur Legrand est témoin de l'événement : *« J'assistai à cette visite en compagnie de mes quatre amis. Tout l'effectif du camp était rassemblé sur un espace assez vaste entre les baraquements. Prenant la parole, Pétain exhorta les prisonniers à respecter les vainqueurs qui sauraient s'en montrer dignes et d'attendre patiemment leur prochaine libération qui ne saurait tarder. Certainement embarrassé, Emile Gounin, coincé entre le marteau et l'enclume, surenchérit en disant que le maréchal était un bon vieux grand-père sur le soutien et la bienveillance duquel les prisonniers pouvaient compter. »*[137]

En rendant visite aux prisonniers français d'Amboise, Pétain a l'intention de montrer toute la commisération qu'il éprouve pour ses subordonnés et qu'il est soucieux, comme pendant la Grande Guerre, du sort des soldats du rang. Comme dans son discours radiodiffusé du 17 juin 1940, Pétain emploie le langage de la résignation et incite les combattants français prisonniers au

137. *Ibid.*, p. 85.

camp d'Amboise à *« respecter les vainqueurs »*, auxquels il attribue une certaine dignité, c'est-à-dire à ne rien faire. Ainsi, il s'efforce de les dissuader de tenter toute évasion et toute action de résistance. Il les « exhorte » à se soumettre à l'autorité des geôliers et en conséquence à adopter un profil bas, autrement dit à opter pour l'expectative jusqu'à leur *« prochaine libération qui ne saurait tarder »*. Dans ce contexte, le maire Emile Gounin, qui ne porte guère dans son cœur l'occupant, se retrouve, nous rapporte le témoin, dans une situation fort embarrassante et, pour faire bonne figure, fait l'éloge de son hôte illustre en recourant dans son discours à l'image du grand-père protecteur. On ne peut s'étonner de la logique de soumission défendue par Pétain dans ce camp de prisonniers : il revient juste de Montoire, où il vient de serrer la main de Hitler, et il est sur le point d'annoncer aux Français - il le fera le 31 octobre 1940 à la radio - qu'*« il entre dans la voie de la Collaboration »*. Au cours de cette visite au camp de la Patte d'Oie, Pétain se sert de son triple statut de chef de l'Etat français, de vainqueur de Verdun et de maréchal, titre le plus prestigieux dans l'armée française et impressionnant pour des simples soldats du rang. Mais, comme le subodore Emile Gounin, Pétain peut user de son charme de vieillard *« bienveillant »*, de *« bon vieux grand-père »*, dépositaire sage et éclairé du devenir de ses concitoyens. S'accordant une brève pause dans la cité amboisienne, Pétain joue de son aura de *« père protecteur »*. L'historien Robert Vivier relate le déroulement du retour de Montoire qui ramène le maréchal Pétain en zone libre le 25 octobre 1940 : *« Le retour en zone libre le 25 octobre. La dernière journée du périple multiplie les vitesses qui traduisent les préoccupations du chef de l'Etat français : l'hôtel de ville où le* "maire socialiste de Tours, un quarante-huitard barbu, l'œil doux et noyé, Fernand Morin", *se tient dans son bureau, l'archevêché où* "Mgr Gaillard, beau prélat de haute taille", *parle de l'occupation, le camp de prisonniers de guerre d'Amboise sous la conduite de M. Gounin, maire d'Amboise. A Amboise même, la beauté du site impose une halte improvisée.*

"Quel magnifique endroit, *dit le maréchal.* Si l'on s'y arrêtait !" *Un banc s'offre à lui : il s'assied... et tout à coup, des femmes, des gosses s'approchent, le reconnaissent :*

- Comment, c'est vous, Monsieur le Maréchal ? Qu'est-ce que vous venez faire ici en zone occupée ?

- Vous dire bonjour.

- Vous ne voulez pas rester avec nous ? On vous ferait à déjeuner... Ah ! Si vous saviez comme on est malheureux ! On n'a pas de nouvelles. On est privés de tout. Ils nous en font voir de toutes les couleurs. On aurait voulu vous dire tout cela !

Le retour s'accélère : passage de la ligne à Montrichard, traversée de Loches, déjeuner au château d'Azay-le-Ferron, coup d'œil aux collections repliées du musée de Chantilly dont le maréchal était avant guerre un des administrateurs... présentation du fameux "diamant rose", outre la conversation avec les châtelains, accolade au garde-chasse, un vétéran de Verdun... A Châteauroux... c'est dans

Le maréchal Pétain rend visite aux prisonniers français du camp de la Patte d'Oie à Amboise. De gauche à droite : monsieur Gounin, le maire d'Amboise, le maréchal Pétain et le préfet Vernet (photographie, collection Jean Chauvin).

une ville pavoisée, au son des cuivres et des cymbales, que le maréchal serre les mains des conseillers municipaux, des officiers de chasseurs à pied, embrasse deux petites filles et remonte dans sa voiture qui, par Montluçon, *le ramène à Vichy à l'heure du dîner.*

L'escapade tourangelle prend dans l'immédiat figure de succès personnel, mais, en consacrant le mot de "collaboration", elle rend plus conscients et plus profonds les clivages de l'opinion. »[138]

Dans cette description du retour de Montoire à Vichy se discerne la ferme volonté de Pétain de se porter au-devant de la scène politique et de créer autour de sa personne fascination, voire vénération. En multipliant les rencontres, les poignées de main et les petites phrases, il met dans la balance tout son charisme personnel légitimé par son passé de grand stratège, de chef historique de l'armée française et de chef de l'Etat français, le tout étayé par le poids des ans. La vieillesse lui confère également la stature d'un grand sage. Il s'appuie sur sa popularité entretenue dans toutes les couches de la population, en particulier parmi les anciens combattants (« *une accolade au garde-chasse, vétéran de Verdun* ») et les militaires (il salue à Châteauroux des officiers). Malgré son grand âge, son voyage du 25 octobre qui le ramène à Vichy est jalonné de nombreuses étapes dont Amboise, où son offensive de charme personnel est réussie. La stratégie du bain de foule et des petites phrases (« *Quel magnifique endroit*, dit le maréchal. *Si l'on s'y arrêtait !* ») exerce un tel impact que les Amboisiens sont séduits par l'envergure du personnage, s'adressent à lui comme un père protecteur, dont ils sollicitent la présence pour les prémunir des malheurs du temps et des exactions allemandes tout en l'exonérant du fardeau des vicissitudes qui s'abattent quotidiennement sur eux (« *On aurait voulu vous dire cela* »). C'est bien un lien paternaliste que Pétain s'évertue à établir avec ses concitoyens : à Amboise, c'est un public « *de femmes et de gosses* » qui noue avec lui une relation de proximité, voire d'intime complicité comme si le « grand-père » de tous les Amboisiens, de tous les Français, était susceptible de s'introduire dans chaque foyer (« *Vous ne voulez pas rester avec nous ? On vous ferait à déjeuner* »). La réponse brève donnée par le Maréchal à son auditoire amboisien, qui l'interroge sur les raisons de sa venue, est en apparence anodine mais en fait très habile par sa sobriété (« *Vous dire bonjour* ») : Pétain, figure emblématique, forge sciemment de lui-même l'image d'un homme de pouvoir proche du peuple, constamment à l'écoute des préoccupations de ses concitoyens et prêt à les aider dans leurs souffrances. Cette prise de contact avec la foule est rapide, se veut fugitive, car le Maréchal, en dépit de sa proximité, de sa disponibilité affable, ne peut totalement descendre dans l'arène, car il se positionne au-dessus de la mêlée en qualité de chef de l'Etat français et en charge de la plus importante des

138. Robert Vivier, *Touraine 39-45... op. cit.*, p. 50-51.

Pétain de retour de Montoire au Frontstalag d'Amboise (collection Jean Chauvin).

missions : « *sauver* » la France. Proximité mais aussi distance : tel un empereur hellénistique ou romain, Pétain apparaît comme une sorte de dieu vivant, investi d'une mission providentielle. Pendant toute la guerre, Pétain utilise fréquemment le rituel du voyage officiel et du bain de foule de façon à faire mieux passer son message, qui est de moins en moins reluisant puisqu'il implique l'acceptation de la collaboration franco-allemande et de l'occupation du territoire national par l'ennemi. Le choix d'Amboise n'est peut-être pas neutre : passer par ce « *magnifique endroit* », à savoir la cité royale d'Amboise, renvoie à une autre France, une France ancestrale si chère au cœur du maréchal et à la propagande vichyste, la France de l'Ancien Régime, et donne à Pétain la dimension du souverain absolu, doté des pleins pouvoirs. Rédigé avec le *nous* de majesté, l'Acte constitutionnel du 10 juillet 1940, qui a mis fin à la IIIe République et lui a octroyé les pleins pouvoirs, va dans ce sens.

Le souffle maréchaliste : culte du sauveur et du père protecteur

En tout cas, il semble bien au regard du témoignage du journaliste tourangeau que l'effet escompté soit pleinement atteint : la visite surprise de Pétain à Amboise porte ses fruits, contribue incontestablement à magnifier la stature historique du personnage et à y enraciner le culte de la personnalité. Dans un opuscule intitulé *Tours capitale 1940* et publié en 1942, Charles Hamonet donne une description assez précise du passage de Pétain à Amboise :

« *Au lieu de rejoindre la préfecture* [de Tours] *où il était attendu, désirant visiter le camp de prisonniers d'Amboise, le Maréchal voulut s'y rendre sans plus attendre, accompagné de monsieur le préfet Vernet et de madame, le maire demeurant à Tours. Sa voiture s'engagea sur la levée qui borde la Loire, rive gauche.*

Le Maréchal rend visite aux prisonniers du camp d'Amboise

Les autorités militaires et la préfecture qui avaient avisé par téléphone monsieur Gounin, maire d'Amboise, de l'arrivée prochaine du Maréchal, lui avaient demandé d'aller à sa rencontre.

Alors qu'il attendait aux portes de la ville, à la Noiraie sur la route de Tours, à peu près à 11 h 10, monsieur Gounin vit arriver la voiture ornée du pavillon tricolore. Sitôt qu'elle fut arrêtée, il souhaita la bienvenue au chef de l'Etat français, puis prenant place dans sa voiture, il indiqua la route de Chenonceaux qui mène au camp de prisonniers.

A l'entrée, le colonel allemand commandant le camp et son état-major saluèrent le Maréchal, puis la visite commença par le camp sanitaire où, à l'infirmerie, se trouvent les soldats malades. Le cortège se rendit ensuite aux baraquements.

Renseigné tantôt par le colonel allemand, tantôt par monsieur Gounin, le Maréchal s'intéressa vivement au sort des hommes, les questionnant avec bonhomie et simplicité.

En ayant fait rassembler un certain nombre, il prononça une courte allocution : "J'ai eu le plaisir, *dit-il,* de constater que vous êtes dans les conditions matérielles les meilleures possibles. Il m'a été dit que l'on était content de vous. J'espère que vous resterez disciplinés.

Vous avez pu croire que nous ne pensions pas à vous. Je dois vous dire que vous êtes le sujet de toutes mes préoccupations.

Vous êtes prisonniers, vous souffrez, et je ne veux pas passer sans vous dire que je souffre avec vous, et que je m'occupe de vous. Nous réconfortons vos familles. Soyez courageux et patients. Vous avez servi votre pays et vous êtes actuellement dans des conditions très pénibles, mais sachez bien que nous souffrons avec vous. La punition est très sévère, mais ne pensez-vous pas que nous l'avons méritée ?"

Le chef de l'Etat se rendit au baraquement des Annamites, puis aux cuisines s'intéressant vivement à l'alimentation des prisonniers.

Le départ pour la zone non occupée

Partout, il fut acclamé. Les cris, cent fois répétés de "Vive Pétain !", "Vive la France" *retentissaient autour de lui.*

Après avoir pris congé de ses hôtes, le maréchal Pétain, accompagné d'un général allemand et du chef du protocole du ministre des Affaires étrangères d'Allemagne, rentrait à Amboise.

La population de la petite ville lui avait réservé la plus chaleureuse des réceptions. Il fut accueilli sur tout le parcours avec un enthousiasme irrésistible et les mêmes cris répétés de "Vive la France ! Vive Pétain !".

Après avoir traversé la ville, il s'arrêta sur le Mail où il fut rejoint par le général Schmidt, venu de Tours avec monsieur Feld, secrétaire général de la préfecture, et monsieur Cay, chef de cabinet. Objet de sympathie populaire en descendant de sa voiture il s'entretint quelques instants avec les gens accourus pour le saluer, puis, tandis que monsieur le préfet Vernet et madame regagnaient Tours, en compagnie du général Schmidt et de monsieur von Doernberg, chef du protocole, il se dirigea vers Montrichard. Il était environ 11 h 45. »[139]

S'il subit quelque peu le contrôle de la censure allemande, le récit de Charles Hamonet ne peut être qualifié de discours complaisant à l'égard de l'occupant. Certes, il n'est pas le vecteur d'une image négative du chef de l'Etat français, mais il s'apparente à une narration « neutre », purement descriptive et dépourvue de jugements de valeur avec une transcription minutieuse des faits.

139. Charles Hamonet, *Tours capitale 1940*, Tours, Editions Arrault, 1942, p. 58-61.

L'intérêt d'un tel témoignage est qu'il est quasiment contemporain de l'événement décrit et reflète l'atmosphère de l'époque. Il atteste que le passage de Pétain à Amboise est une visite éclair (à peine 35 minutes de 11 h 10 à 11 h 45) mais suffit, malgré cette brièveté, à laisser une forte empreinte dans la population : celle-ci est fortement impressionnée par la présence physique du « grand homme » en les murs de la ville et l'acclame avec liesse, l'assimilant à l'incarnation vivante de la France (*« Il fut accueilli sur tout le parcours avec un enthousiasme irrésistible et les mêmes cris répétés de* "Vive la France ! Vive Pétain" *»)*. En dépit de cette apparition fugitive, la venue du Maréchal frappe incontestablement les esprits : elle accélère à Amboise l'implantation du culte du Maréchal qui est instrumentalisé pour mieux faire admettre les désagréments d'un programme politique marqué du sceau de la Collaboration, de la régression des libertés et de la baisse du niveau de vie. La Révolution nationale est présentée pourtant par la propagande sous des auspices favorables : le culte du Maréchal, renforcé par ses apparitions en public, anesthésie les esprits, tout au moins provisoirement car, comme le souligne Robert Vivier, *« l'escapade tourangelle prend figure de succès personnel, mais, en consacrant le mot de "collaboration", elle rend plus conscients et plus profonds les clivages de l'opinion. »*[140]

L'extrême personnalisation du pouvoir produit son effet sur l'opinion pendant un moment mais a ses limites : la perspective de la Collaboration suscite la défiance puis la désapprobation grandissante des Français. A preuve, les phrases lénifiantes du maréchal Pétain, consistant à affirmer qu'il faut faire confiance aux Allemands et à leur sens de l'honneur, être « discipliné », accepter provisoirement sa condition de prisonnier puisqu'elle est *« méritée » (« La punition est très sévère, mais ne pensez-vous pas que nous l'avons méritée ? »)* n'emportent pas véritablement l'adhésion des prisonniers qui l'écoutent au camp de la Patte d'Oie et provoquent l'embarras du premier magistrat de la cité amboisienne. Emile Gounin, archétype de l'homme politique de la défunte IIIe République, sans acquiescer à la politique de collaboration, sauve les apparences en faisant l'éloge de la bonhomie, de la sollicitude du maréchal (cf. témoignage de M. Legrand : *« Certainement embarrassé, Emile Gounin, coincé entre l'enclume et le marteau, surenchérit en disant que le maréchal était un bon vieux grand-père sur le soutien et la bienveillance duquel les prisonniers pouvaient compter »*). La perspective doloriste et expiatoire de Pétain qui, dans nombre de discours, ne cesse de stigmatiser la culpabilité du Front populaire et de la IIIe République et d'opposer *« l'esprit de jouissance »* à *« l'esprit de sacrifice »* est de moins en moins admise par les Français et les Amboisiens. Une fois le choc de la défaite atténué, la présence allemande devient de plus en plus insupportable et l'attitude de compro-

140. Se reporter à la note 138.

mission de Vichy élargit de plus en plus le fossé entre le régime maréchaliste et le pays réel. Mais il est indubitable que le séjour éclair de Pétain à Amboise le 25 octobre 1940 dynamise pour un temps l'emprise morale et idéologique du régime de Vichy sur la petite ville ligérienne.

L'enracinement du culte du Maréchal

Le culte maréchaliste bénéficie donc en 1940 de solides assises et sert de dérivatif qui, par des procédures dilatoires, doit faire oublier à la population les difficultés quotidiennes et créer l'illusion d'un retour à la normale et d'une reprise de l'économie. La presse et les autorités locales entretiennent soigneusement la flamme maréchaliste. On y apprend que, le 13 mars 1941, 340 portraits du Maréchal ont été vendus par les facteurs d'Amboise [141] et qu'entre les 19 et 26 juin 1941 est organisée une vente de cartes à son effigie[142]. Le 20 mars 1941, *L'Echo d'Indre-et-Loire* nous apprend que le gouvernement va instituer une « *Retraite des vieux travailleurs* » et que le Maréchal a tenu parole ; le quotidien commente ainsi cette mesure en citant quelques propos du vieux chef :

« *Cette réforme était attendue depuis longtemps* : "Je tiens mes promesses, même celles des autres, lorsque ces promesses sont fondées sur la justice" *déclare le maréchal Pétain.* »[143]

Le culte honorant le « Sauveur de la France » s'appuie aussi sur la commémoration du sacrifice consenti par les combattants de mai-juin 1940. *L'Echo d'Indre-et-Loire* du 22 novembre 1942 dépeint une remise de médailles qui associe la glorification des morts à celle du Maréchal :

« *Médaille d'Honneur :*
Remise de médaille Souvenir du Maréchal aux vingt-huit veuves de guerre, mères de héros tombés lors des campagnes de France (10 mai 1940 - 23 juin 1940) :
Mme *veuve Apfeil : 11, rue Manuel - Amboise*
Mme *veuve Boulan remariée Massis : Saint-Martin-le-Beau*
Mme *veuve Doumas : la Noiraie*
Mme *veuve Delétang : Fougère-Civray-sur-Cher*
Mme *veuve Liboureau.* »[144]

---

141. Robert Uhart, *Amboise et sa région... op. cit.*, p. 130.
142. *Idem*, p. 129.
143. *Ibidem*, p. 130.
144. *Ibid.*, p. 141.

Calendrier vichyste de 1942 illustrant l'omiprésence du culte du Maréchal (collection Jack Vivier).

Dans ce cérémonial dédié aux morts au combat, ces femmes sont mises à l'honneur pour deux raisons essentielles : leur fonction de veuve de guerre, dont les maris sont morts au champ d'honneur pendant la Grande Guerre, et leur fonction de mère puisqu'elles ont bien voulu offrir les vies de leurs fils au pays. Ce type de cérémonie prend habilement en compte plusieurs éléments fondamentaux de l'idéologie nationaliste de la France de la fin du XIXe et du début du XXe siècle, perceptibles dans les œuvres de Gobineau, de Vacher de Lapouge, de Maurice Barrès ou de Charles Péguy, ainsi que dans les schèmes du « nationalisme intégral » de l'Action française : la chaîne des générations formant la nation, une nation biologique dont la continuité est assurée par les femmes et qui prend sa source dans la ruralité ; la « terre et les morts », idée que l'on retrouve ultérieurement dans le nazisme (ex. : « *Blut und Boden* »). Toutes ces idées directrices ont été reprises tout ou partie par la République, qui a organisé la construction de nombreux monuments aux morts et multiplié les cérémonies funéraires dédiées aux Poilus de la première guerre mondiale. Elles ont été aussi fidèlement conservées par les associations d'anciens combattants ainsi que par des mouvements « nationaux » de type Croix-de-Feu ou fascisants comme le PPF de Doriot. Ces valeurs politico-morales sont aussi vivaces au sein des cadres de la « Grande Muette » et en particulier au sein des plus hautes instances de la défense nationale dont les figures de proue sont des officiers supérieurs de la Grande Guerre (Pétain, Weygand, Gamelin…). Cette remise de médailles apparemment anodine s'inscrit en fait dans ce dispositif de l'idéologie « nationale », voire nationaliste, dont la IIIe République a transmis partiellement et indirectement le relais à Vichy qui valorise pleinement cet héritage « patriotique » pour mieux asseoir sa légitimité. Ces femmes se voient reconnaître plusieurs vertus patriotiques selon deux archétypes :

Premièrement, l'archétype de la bonne épouse : dans ce premier registre sont mises en exergue, d'une part la fidélité qui amène l'épouse à garder le foyer en l'absence du mari et à admettre, s'il le faut, le sacrifice de l'être qui lui est le plus cher au nom de la sacro-sainte Patrie et, d'autre part, la dignité qui conduit la veuve à demeurer fidèle à la mémoire de son défunt mari pour l'éternité (cependant, il est à noter que l'une des veuves susmentionnées s'est remariée, ce qui peut vouloir dire que la fidélité conjugale post-mortem a ses limites !).

En second lieu, la mère, génératrice de vie dans l'arbre des générations et pleine d'abnégation puisqu'elle consent non seulement au sacrifice du père mais aussi à celui du fils au nom de la défense de la Nation. Dans la doctrine vichyste, la femme n'est pas seulement celle qui attend le guerrier sacrifié sur l'autel de la Patrie mais celle qui accepte ce sacrifice par abnégation. Dans le cadre de l'institutionnalisation de la fête des Mères par l'Etat français, le rôle de la femme procréatrice, garante de la pérennité de la chaîne intergénérationnelle et de la France éternelle, est valorisée dans la presse et s'inscrit dans la logique paternaliste de Vichy, dont la clef de voûte s'identifie à la personne du Maréchal. Un exemple significatif ressortissant de cet argumentaire traditionaliste : *L'Echo d'Indre-et-Loire* du 13 mai 1943 évoque la remise de la *« Médaille d'or de la Famille française à madame Chène de Montlouis, 17 enfants »*.[145]

Maternité et fécondité sont deux thèmes récurrents des doctrines vichyste et fasciste : au sommet de la pyramide sociale, le père protecteur ou chef, guide suprême, puis aux échelons inférieurs la chaîne ininterrompue des générations, dont le flux de vie est transmis par la femme ; une forte natalité dynamise le renouvellement des générations, vivifie une nation qui peut compter dès lors sur plus de jeunes et donc sur plus de citoyens-soldats en armes. La fonction maternelle s'inscrit à la fois dans le fascisme et l'idéologie nationaliste française revigorée par le programme de la Révolution nationale qui met avant tout au premier plan la formation physique et sportive des jeunes. Pour ce faire, le régime de Vichy organise pour les jeunes des camps en plein air (Chantiers de Jeunesse, Jeunesse et Montagne) où l'encadrement et les valeurs dispensées sont à forte dominante militaire en vue d'une régénération de la « race » qui serait en péril car abâtardie par la France républicaine d'avant guerre « décadente ». Autour du culte de la personnalité qui est érigé progressivement par Vichy à grand renfort de propagande radiophonique et cinématographique, c'est le redressement national qui est en jeu, l'aspiration au rétablissement d'une France forte mais dans une Europe allemande. L'instrumentalisation du culte maréchaliste est destinée essentiellement à persuader les Amboisiens, les Français, qu'ils se dirigent dans la bonne voie, celle de la renaissance de la Nation française, et que ce cheminement vers la régénérescence ne peut s'effectuer que par une étroite collaboration avec l'Allemagne. Elle a pour corollaire de leur faire oublier les innombrables maux de la vie quotidienne et l'humiliation que leur infligent en permanence les Allemands.

Un certain reflux du culte maréchaliste

Abasourdis par le choc de la défaite, les Tourangeaux, les Amboisiens sont disposés, dans un premier temps, à croire en la sincérité et l'efficacité de l'action de ce prestigieux dignitaire de l'armée française. Cependant, ils ne sont pas dupes. Très rapidement, le désenchantement les gagne et Vichy s'éloigne de leurs espérances. Dans son étude sur *L'Indre-et-Loire sous l'occupation allemande (1940-1944)* rédigée en 1965, Robert Vivier résume

145. *Ibid.*, p. 159.

bien l'évolution de l'attitude de l'opinion tourangelle face aux forces d'occupation : « *Au lendemain de l'armistice, les Tourangeaux subissent l'occupation avec résignation et aussi avec le sentiment qu'ils viennent d'être libérés d'une épreuve infernale. Ils s'aperçoivent vite que malgré son désir d'être correct, l'occupant multiplie les réquisitions de logements, de denrées alimentaires, de matériel, qu'il édicte toute une série de défenses ou "Verboten", qu'il harcèle l'administration française et qu'il a aussi recours aux menaces et parfois au pillage.*

L'opinion publique se modifie insensiblement. Hostilité aux nazis, hostilité à Vichy, propagande gaulliste témoignent d'une saine réaction des Tourangeaux. Elle se traduit par la force d'inertie des administrations publiques, des maires, en matière de réquisitions. On sabote du matériel allemand (coupure de câbles). On fait une guerre de papillons, d'inscriptions injurieuses contre la Wehrmacht. Les Français répondent ainsi aux slogans de la Propagandastaffel. *Cette guerre de graffiti contribue à détériorer les rapports entre Français et Allemands. Ceux-ci réagissent, arrêtent les suspects et tous ceux qui manifestent une hostilité quelconque à leur égard.*

Le climat devient de plus en plus lourd dans la zone tourangelle occupée après l'invasion, en juin 1941, par la Wehrmacht, de la Russie communiste. Jusque-là en veilleuse, car dissous par le Gouvernement français depuis septembre 1939, le Parti communiste se réveille. Talonné par le Gouvernement de Vichy dans la zone libre, il est surveillé par les Allemands qui enjoignent aux autorités françaises de freiner cette "activité terroriste"... »[146]

Peu à peu, la résignation collective, stimulée par la propagande vichyste, se métamorphose en exaspération puis en révolte qui devient, pour un certain nombre de Français, synonyme de résistance. Le hiatus pays légal/pays réel se profile rapidement du fait de l'accumulation des difficultés quotidiennes, se conjuguant avec la prolifération des actes coercitifs commis par les Allemands. Omniprésentes, les affres quotidiennes ramènent les gens à une dure réalité qui n'a rien à voir avec le monde artificiel façonné par la doctrine pétainiste.

146. Robert Vivier, *L'Indre-et-Loire sous l'occupation allemande (1940-1944)*, Tours, Imprimerie générale de Touraine, 1965, p. 9-10.

La vie scolaire : Multiples difficultés et nécessité d'adaptation

Dès la rentrée scolaire de 1940, les Amboisiens ne tolèrent guère l'occupation des édifices publics par la Wehrmacht. Déjà, dès leur retour de l'exode, ils ont la mauvaise surprise de trouver leurs domiciles personnels squattés par des soldats allemands. Ce premier contact fort désagréable est devenu encore plus gênant lorsqu'ils ont vu leurs écoles envahies par l'occupant.

Une rentrée scolaire difficile

Lettres d'instituteurs de l'époque à l'appui, Jean-Pierre Froger et Jacques Watiez mettent l'accent sur les énormes difficultés rencontrées dans la cité amboisienne et ses environs pour la reprise des cours : « *Officiellement, la rentrée de l'année scolaire 1940-1941 est fixée au 2 septembre. Mais dans quelles conditions ! Des locaux saccagés ou occupés obligent les directeurs à trouver des lieux de remplacement* [...].

Que de soucis pour madame Boutet, directrice de l'école de la place du Commerce *(aujourd'hui place Richelieu) d'Amboise ! Les Allemands ne sont guère pressés d'évacuer les locaux comme en témoigne sa correspondance avec le maire de la ville le 30 août :* "Je n'ai pas pensé de vous redire que l'école maternelle était occupée par un magasin d'habillement ; peut-être le chef de la Kommandantur ne voudra-t-il pas vider l'école ? [...] On pourrait proposer une chose : mettre tout le matériel dans le préau (magasin principal), débarrasser les cours, la classe ; la crèche peut être cédée sans ennuis, elle n'est occupée que par un soldat qui y couche ; celui-ci pourrait s'installer dans une autre pièce à côté du préau ?"

Seulement, la logique de madame Boutet n'est pas celle des autorités allemandes. Le 21 octobre, les occupants sont toujours là : "Je crois devoir vous dire qu'en rentrant à la maison, venant de m'entretenir avec vous au sujet de l'école, un interprète est venu me dire officieusement qu'ils avaient l'ordre de débarrasser immédiatement les salles de classe.

D'autre part, j'ai cherché à me renseigner, combien de temps ce déménagement allait durer ? (car les choses militaires sont parfois longues…). On m'a répondu en 15 jours ! Voilà les renseignements que je crois devoir vous transmettre."

La directrice, le lendemain dans une nouvelle lettre : "Avec la désinfection urgente et le nettoyage de l'école, la réouverture demandera peut-être trois semaines, car tout est à nettoyer sérieusement."

Madame Dutray, institutrice à l'école de filles de la rue de Nazelles à Amboise, a les mêmes préoccupations. Elle informe le maire le 22 novembre 1940 "que le service de désinfection n'a pu désinfecter les deux classes […]. Les Allemands prétendent les conserver à leur disposition pour loger une vingtaine d'hommes. Ils n'abandonneront les classes que sur l'ordre de la Kommandantur."

Le départ des soldats, le 2 décembre, ne résout pas tous les problèmes. Le 2 décembre, madame Dutray écrit : "J'ai l'honneur de vous informer que ce vendredi 29 novembre, les Allemands ont enlevé les lits qui se trouvaient dans les classes de l'école de filles de la rue de Nazelles. Ils les ont transportés au Bon Accueil, rue de Pocé. Ils ont emporté en même temps la bibliothèque qui se trouvait dans la classe de mademoiselle Chidaine."

Dans une lettre du 6 septembre 1941, le directeur de l'école de garçons de la rue de Nazelles se plaint de la disparition de nombreuses fournitures scolaires à la suite de l'exode et de l'occupation. Ont été volés tous les costumes de gymnastique, bérets et sandales, les ballons de cuir et de caoutchouc, la corde à tirer, les jeux de l'intérieur, 4 cartes neuves, un thermomètre mural, une boussole, deux loupes, un sac de cuir, 500 cahiers, des crayons, des plumes, six collections de livres pour les élèves de la première classe. Que peut-on faire alors que les prix des cahiers ont plus que doublé depuis 1939 ? »[147]

La rentrée scolaire à Amboise a donc été sérieusement entravée à l'automne 1940 et a dû être retardée du fait de la réquisition des locaux par les autorités militaires allemandes. Ces perturbations ont concerné aussi les établissements secondaires amboisiens, l'EPS Charles Guinot, devenue en 1940 collège moderne et technique de garçons, et l'Institution privée Sainte-Clotilde qui doivent faire preuve en ces temps de guerre d'une grande faculté d'adaptation face à une situation sans cesse incertaine. Dès septembre 1939, les collèges

147. Jean-Pierre Froger et Jacques Watiez, *op. cit.*, p. 212-213.

L'Ecole primaire supérieure Charles Guinot en 1939-1940 (photographie, collection Jean-Claude Guillon).

Charles Guinot et Sainte-Clodilde sont investis par les fonctionnaires du ministère de l'Air puis, dès le lendemain du déménagement du gouvernement Paul Reynaud vers Bordeaux et de l'exode, c'est au tour des Allemands d'en prendre possession. Le fonctionnement matériel et la scolarité des deux établissements sont compromis. Néanmoins, grâce à la solidarité des Amboisiens et au système D, la vie collégienne peut continuer mais elle s'avère rude et austère. L'organisation des cours et des examens est semée d'embûches et d'impondérables liés aux exigences de l'ennemi, aux événements inattendus de la guerre (l'exode, l'occupation illicite des locaux par l'occupant, les bombardements, etc.) et aux problèmes de l'alimentation, du logement et du chauffage.

La pénurie est telle que certains élèves complètement démunis ne peuvent plus se rendre à l'école. Les instituteurs se démènent alors afin de leur permettre de disposer du minimum vital, notamment de chaussures, dont certains écoliers sont privés tant l'indigence est grande dans certaines familles. Les enseignants prennent l'initiative d'adresser aux autorités une sorte de certificat afin de pouvoir faire chausser les enfants les plus démunis. Ainsi, un maître de l'école de Nazelles, à la suite de la demande d'une famille, rédige le billet en ce sens : « *Je soussigné, certifie que l'enfant X..., fréquentant l'école de Nazelles-Vilvent, ne peut venir à l'école faute de galoches et qu'il s'ensuit des absences répétées contre le gré de ses parents et de moi-même.* »[148] Au collège Charles Guinot, la vie scolaire se déroule dans le dénuement le plus total si bien que, à la rentrée de 1941, les trousseaux des pensionnaires de l'EPS

148. *Idem*, p. 227.

d'Amboise sont revus à la baisse : « *2 costumes, 1 pull-over, 1 imperméable ou blouson, 1 pardessus ou manteau, 2 tabliers ou blouses, 3 chemises de jour ou chemisettes ou pyjamas, 2 gilets de corps, 3 caleçons, 2 chemises de nuit ou pyjamas, 6 paires de chaussettes, 6 mouchoirs, 2 paires de drap, 1 couverture, 1 paire de pantoufles, 1 nécessaire de toilette, et 1 nécessaire à chaussures.* »[149]

Trois jeunes étudiants communistes ont fréquenté l'EPS d'Amboise en 1939-1940. Ici, de gauche à droite : Marcel Douzilly, Max Morin et Roger Convard devant l'EPS d'Amboise (photographie, collection J.-C. Guillon).

La scolarité dépend du bon vouloir des autorités allemandes et vichystes ; le culte du Maréchal y est inculqué de telle façon que les préceptes de l'école laïque et républicaine sont peu à peu effacés des mémoires. Robert Uhart décrit la vie des collégiens de Charles Guinot pendant l'Occupation en faisant parler un ancien élève de l'établissement : « *En 1940, l'EPS redevient collège moderne et technique de garçons Charles Guinot. En 1939, il accueillit le ministère de l'Air très peu de temps, le temps tout de même de mettre en place dans la cour un bâtiment à un niveau, préfabriqué, et derrière dans le jardin du directeur, trois baraquements de bois qui serviront plus tard de cantonnement de prisonniers. Puis il y eut la guerre…*

Pendant l'occupation 1940-1944, les repas étaient maigres et le chauffage réduit à sa plus simple expression. Il y avait des tickets pour à peu près tout. Les élèves étaient en galoches [semelles en bois] *et bien sûr plus d'uniforme, ni de blouse, plus de prix ni de distribution solennelle avec fanfare, ni fête du 14 Juillet, ni* Marseillaise.

Ibidem, p. 228.

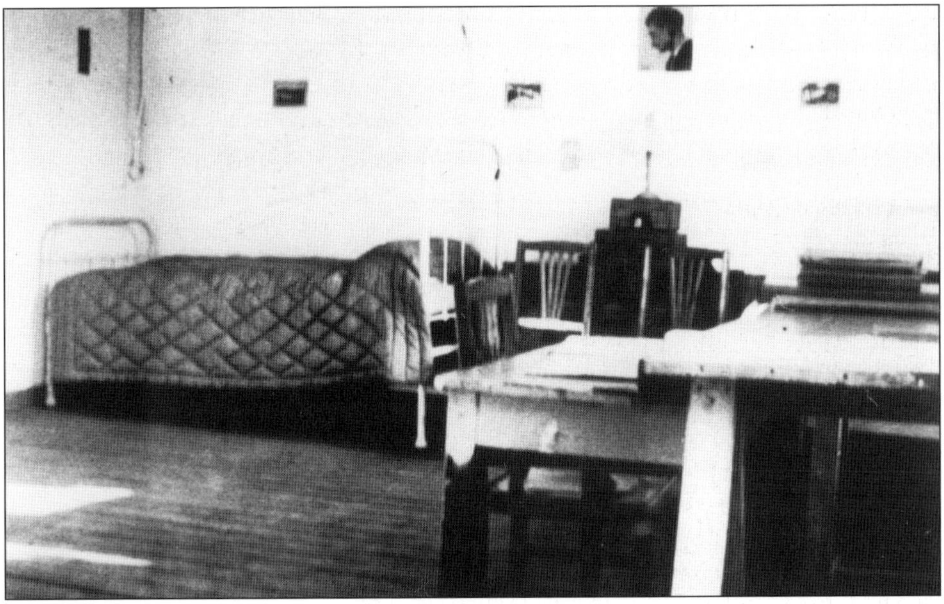

L'intérieur de la chambre de Max Morin et de Roger Convard, à l'EPS Charles Guinot. Sur la photographie de la page 145 (n° 67), la fenêtre de leur chambre est visible au 1er étage, à droite (photographie, collection J.-C. Guillon).

Nous allions chasser le doryphore en chantant Maréchal, nous voilà *dans les cultures de patates du voisinage. Une première expérience dans le jardin du directeur (qui faisait cultiver poireaux, navets, patates, etc., pour arriver à améliorer l'ordinaire un petit peu) se révéla désastreuse, plus de doryphores, mais aussi plus de feuilles de patates.*

Aussi nous partîmes dans la campagne plus loin chasser le doryphore, au plus grand dam des propriétaires des champs de patates mais, peu à peu, nous, les élèves de l'école primaire annexée, nous devînmes experts en chasse au doryphore.

L'année 1944 fut un délice : surtout la fin de l'année, multitude d'alertes aériennes, nous partions à toute allure dans le plus parfait et joyeux désordre, encadrés ou suivis par nos maîtres dans le petit raidillon de la rue Rapin vers des caves où l'on se réfugiait (refuge bien illusoire, d'ailleurs) ceci au milieu d'un cours, d'une journée, matinée ou après-midi. Ou même de nuit pour les internes (heureusement, l'été fut très beau en avril, mai, juin 1944) et nous eûmes des vacances anticipées (dès le débarquement du 6 juin 1944, tous attendaient la Libération). En juin 1940, le collège accueille des prisonniers de la débâcle avant leur transport à la Patte d'Oie.

En octobre [1er octobre], *le collège moderne et technique Charles Guinot reprit son activité normale. En mars, avril, mai 1945 nous assistâmes et accueillîmes les prisonniers et déportés revenant d'Allemagne avec des fleurs au bout de la passerelle.*

Spectacle inoubliable de squelettes marchant et flottant dans des uniformes de bagnards.

Lors de la débâcle allemande de 1944 : juillet-août, les Allemands de la Kommandantur et d'autres en fuite nous offraient des bonbons, des nougats, etc., pour savoir s'il n'y avait pas des bicyclettes, des motos, des autos cachées quelque part, pour aller s'en saisir et fuir au plus vite. Il y en avait certes mais soigneusement démontées et les pièces savamment dispersées ; ils n'eurent guère de succès dans leurs recherches. Malgré nos mères qui prétendaient que leurs cadeaux étaient empoisonnés, nous courions après les camions éparpillant leurs trésors. Nous les envoyions chercher les bicyclettes, mais des bicyclettes parfaitement imaginaires chez des gens qui n'en avaient jamais eues. »[150]

Une existence matérielle très austère pour les élèves amboisiens

Les propos de cet ancien disciple du collège Charles Guinot révèlent une vie scolaire saccadée, rythmée par les incertitudes et les secousses du conflit. Dénuement vestimentaire, « *chauffage réduit* » et extrême frugalité des repas, tickets de rationnement et nourriture à peine suffisante jalonnent une existence collégienne fastidieuse et ascétique où les préoccupations alimentaires prédominent. Elles prévalent à tel point que les collégiens, comme beaucoup de leurs concitoyens, s'adonnent à l'horticulture au sein même de l'école mais les productions légumières obtenues n'atteignent pas les résultats escomptés (« *Une première expérience dans le jardin du directeur* [...] *se révéla désastreuse...* »). Si elle s'avère infructueuse en raison d'une certaine inexpérience, cette tentative de développement d'une activité jardinière est symptomatique du contexte de pénurie dans lequel évoluaient les contemporains. Le fait que les élèves fredonnent spontanément au cours de simples promenades l'hymne du régime (*Maréchal, nous voilà !*) atteste la relative efficacité de l'endoctrinement vichyste dans les écoles. Toutefois, il est fort probable que les élèves aient entonné machinalement cette antienne autant, voire beaucoup plus, par amusement et habitude que par conviction. L'accoutumance consciente ou inconsciente au chant officiel témoigne certes d'une imprégnation vichyste plus ou moins forte des jeunes mais, si elle est synonyme d'activité ludique, elle implique que les effets de la propagande sont limités. Une certaine insouciance permet aux collégiens de vivre les événements de la vie quotidienne et de la guerre comme un moyen d'échapper à la routine de la vie scolaire et comme un jeu : la chasse aux doryphores dans les champs de pommes de terre correspond non seulement pour eux à une

150. Robert Uhart, *Amboise et sa région... op. cit.*, p. 172-173.

nécessité de l'époque liée aux impératifs alimentaires (combattre cet insecte destructeur, c'est pouvoir se nourrir et survivre), mais également à un passe-temps favori : s'égailler dans les champs donne l'occasion de rompre avec la monotonie des cours et avec le cadre cloisonné de la classe ; cela revient sans doute à s'amuser à chaparder quelques pommes de terre (*« chasser le doryphore, au plus grand dam des propriétaires »*). De plus, cette chasse aux doryphores, dont ils deviennent *« experts »*, n'équivaut-elle pas à une lutte symbolique contre l'occupant venu d'outre-Rhin qualifié de tel et connu pour sa voracité en *Kartoffeln* ?

De même qu'elle fait percevoir aux élèves les nombreuses alertes aériennes comme le signal réjouissant d'une grande activité récréative et d'une évasion (*« L'année 1944 fut un délice : surtout à la fin de l'année, multitude d'alertes aériennes, nous partions à toute allure dans le plus parfait et joyeux désordre... »*), de même l'insouciance juvénile rend les collégiens amboisiens oublieux des dangers qu'ils peuvent encourir en détournant avec malice vers de fausses pistes les soldats allemands en quête de toutes sortes de véhicules pour s'enfuir. L'insouciance leur donne une certaine inconscience du danger : désobéissant à leurs mères qui craignent que les Allemands ne cherchent à *« empoisonner »* leur progéniture, ils se précipitent derrière les camions allemands pour obtenir des friandises sans comprendre que, à tout moment, les soldats de la Wehrmacht, en fuite et sur leurs gardes, peuvent devenir de plus en plus agressifs et être enclins à des réactions inattendues qui peuvent dégénérer et se transformer en une violence inouïe. La Touraine a eu aussi son « Oradour-sur-Glane ». Le 25 juillet 1944 à Maillé, une population villageoise a été entièrement décimée. Il n'est rien arrivé de tel à Amboise au moment de la retraite des unités de la Wehrmacht mais, à la veille de quitter la ville, les Allemands sont conduits à tirer dans les environs du cimetière sur des FFI, ce qui signifie que le danger reste omniprésent jusqu'à la Libération. Les collégiens de Charles Guinot ne se doutent pas que les mensonges faits aux Allemands apeurés, qui les sollicitent pour se procurer des bicyclettes ou des automobiles, peuvent leur attirer de graves ennuis, voire des représailles. Cependant, l'insouciance ou l'inconscience qu'ils portent en leur for intérieur, ne leur enlèvent pas l'appréhension du tragique de l'époque ni le sens du civisme : donner de faux renseignements aux soldats allemands pour qu'ils ne puissent s'approprier indûment des moyens de locomotion équivaut pour eux à une forme de résistance et d'acte patriotique. Au printemps 1945, le fait d'offrir des fleurs à des prisonniers et des déportés revenus des camps allemands et le *« spectacle inoubliable de squelettes marchant et flottant dans des uniformes de bagnards »* leur font comprendre l'extrême gravité de l'événement, de la période tourmentée qu'ils ont vécue. A l'insouciance juvénile succède la découverte de l'horreur, le vertige devant l'innommable.

Le fonctionnement des établissements scolaires compromis mais poursuivi tant bien que mal…

A l'Institution Sainte-Clotilde, la vie est tout aussi mouvementée pour le corps professoral et les élèves. Comme le collège Guinot, elle est occupée successivement par les fonctionnaires du ministère de l'Air avant la débâche de mai-juin 1940, puis les Allemands s'y installent, considérant les locaux de l'établissement privé comme une prise de guerre puisque occupés précédemment par l'administration gouvernementale de la défunte IIIe République. Comme le collège Charles Guinot, Sainte-Clotilde sert provisoirement de prison avant l'ouverture du camp de la Patte d'Oie. L'exode de mai-juin 1940 complique la situation car les effectifs augmentent soudainement mais le lycée manque de locaux. Toutefois, grâce à la solidarité des Amboisiens qui prêtent certaines pièces de leur maison pour servir de salles de classe, la vie scolaire se poursuit, mais les changements incessants de locaux supposent une constante nécessité d'adaptation. Comme les Allemands prennent possession de l'intégralité de l'établissement, c'est toute la communauté éducative de Sainte-Clotilde qui doit déménager dans la maison Bardoux, *« la maison bourgeoise d'en face, devenue aujourd'hui l'école d'infirmières »*. Dès la drôle de guerre, en raison de l'implantation du ministère de l'Air à Sainte-Clotilde, des classes et des dortoirs sont aménagés en centre-ville, dans des dépendances exiguës se trouvant, l'une à l'école Saint-Joseph rue Joyeuse, l'autre aux Etablissements Kerbirriou quai des Marais, à l'emplacement de l'actuelle entreprise de menuiserie Jaffredo. Comme à Charles Guinot, les problèmes matériels à résoudre (chauffage, nourriture…) sont immenses et les élèves du privé, comme leurs camarades du public, sont invitées à se rendre dans les champs environnants, où elles peuvent ramasser quelques fruits et pommes de terre. Dans les témoignages, il n'est pas précisé qu'elles aient été mobilisées pour la chasse aux doryphores ! Elles sont soumises aux alertes aériennes et doivent se réfugier au plus vite dans le labyrinthe des caves amboisiennes.

Robert Uhart, retraçant brièvement les grandes étapes du fonctionnement de Sainte-Clotilde pendant la guerre, met bien en relief les avatars subis par l'établissement : *« Dès les grandes vacances de 1939, le ministère de l'Air occupa la majeure partie des locaux de Sainte-Clotilde. Par ailleurs, des élèves venues du Nord, de l'Est, de la région parisienne, grossirent vite les effectifs. On ne pouvait, en ce temps de guerre, ni transformer ni construire. Où trouver asile ?*

Les Amboisiens montrèrent beaucoup de compréhension, et bien des familles mirent une pièce de leur maison à la disposition de la directrice, mademoiselle Camus, pour servir de classe : maisons Charpentier, Fleys, Bonnet, Roche… Des internes couchèrent dans un atelier de menuiserie, quai des Marais, que monsieur

Kerbiriou avait débarrassé pour y loger 14 lits. C'était la dispersion, les allées et venues, l'inattendu ! Ici, chacune devait apporter sa bougie, faute d'électricité ; là, on entretenait le feu avec des bûches que l'on passait prendre rue Joyeuse. Quand les alertes sonnaient la nuit, il fallait gagner un abri désigné sur la route de Chargé : on s'y asseyait sur des poutres de bois et l'on gardait sa bonne humeur en bavardant ou en faisant un bridge...

Puis il y eut l'exode et la signature de l'armistice...

Le ministère de l'Air a alors bien quitté les lieux, emmenant personnel et dossiers par les moyens du bord, ici assez cocasses : 20 fourgons mortuaires des pompes funèbres de Tours ! Mais les Allemands s'installèrent à la place du ministère de l'Air, considérant cette occupation comme une "prise de guerre". Ils logèrent même des officiers français prisonniers dans des baraquements que le ministère de l'Air avait construits pour son usage sur la prairie. La Kommandantur demanda alors de déménager à la maison Bardou, la maison bourgeoise d'en face. Les hivers de guerre ont laissé aux anciennes un souvenir de froid et de faim malgré l'inlassable dévouement de l'économe, mademoiselle Juliette.

En 1941, l'autorisation est obtenue de rentrer à la Duparquetterie. Etant donné le nombre de bombardements et leur violence, beaucoup d'enfants, fuyant le danger, affluent à Amboise et accroissent encore les effectifs. Il faut à nouveau demander l'hospitalité. Un voisin de l'école, monsieur Dutilleul, accepta de leur prêter une aile de sa demeure ancienne qui, au temps de Louix XI, devrait abriter le couvent des Cordeliers. Et la "bonne demoiselle Juliette Coudray", pour ravitailler tout son monde, déambulait avec sa poussette dans les rues d'Amboise où elle devint pour tous [les gens] *une figure légendaire et amie. Cependant, on dormait peu, éveillé souvent par la sirène : on se réfugiait dans une cave voûtée de la maison, qui est maintenant l'oratoire de Sainte-Clotilde.*

En 1943, la Duparquetterie ouvrira ses portes aux Petites Sœurs des Pauvres de Tours et à leurs vieillards. Leur maison à Tours était si proche de l'objectif des bombardiers, qu'on ne pouvait plus y vivre.

Août 1944 : libération d'Amboise ! C'est le terme de la course au souterrain et des descentes à la cave. Mais il faudra encore un certain temps user de patience pour aller d'une rive à l'autre de la Loire : des bacs assurent lentement le passage au cours d'un rude hiver ! puis une seconde passerelle.

En 1945, la paix est signée. Les études vont reprendre leur cours normal. Mademoiselle Bourdon, en 1947, prend la relève de mademoiselle Camus, comme directrice. Elle commence modestement quelques travaux : réfection des classes, installation d'un chauffage... »[151]

---

151. *Idem*, p. 173-175.

Solidarité amboisienne : professeurs, élèves, familles se serrent les coudes...

Pendant cette période sombre de l'Occupation, l'Institution Sainte-Clotilde tente de survivre en dépit du manque de locaux et de l'accumulation des problèmes humains et matériels : afflux de réfugiés et arrivée de jeunes enfants à scolariser, transfert des salles de classe et des dortoirs dans des entreprises ou des maisons particulières, approvisionnement très difficile en chauffage et en denrées alimentaires de la communauté éducative, faim et froid, promiscuité avec les Allemands devenus des locataires indésirables, bombardements aériens proches ou lointains et alertes aériennes incessantes, courses fréquentes aux souterrains rupestres, dévouement altruiste de quelques *« piliers »* de l'établissement pour satisfaire les besoins (*« dévouement inlassable de l'économe, mademoiselle Juliette »*), solidarité de plusieurs familles amboisiennes (solidarité d'autant plus forte que la communauté chrétienne a dû renforcer sa cohésion en ces temps douloureux), coexistence des générations jeunes/vieillards (ces derniers étant soignés par les Petites Sœurs des Pauvres). Après une vie si trépidante, la libération de la ville est perçue par les élèves et les professeurs comme une véritable délivrance et un grand soulagement. L'établissement privé sert comme Charles Guinot à la fois d'annexe administrative et de prison provisoire. La vie scolaire reprend peu à peu ses droits. Et si l'après-guerre marque le retour à la normale, ce n'est pas encore tout à fait la résurgence d'une normalité pleinement retrouvée, les cicatrices matérielles et morales laissées par le conflit subsistant : le franchissement de la Loire demeure hasardeux, une totale réfection de l'établissement s'impose. La réinstallation d'un chauffage met fin concrètement et symboliquement à cette période de camping, voire de nomadisme permanent dans lequel s'est démené le lycée Sainte-Clotilde.

Robert Uhart, dans son ouvrage sur *Amboise et sa région (1939-1945)*, complète son historique par les témoignages très intéressants de deux professeurs, mesdemoiselles Garnier et Blanchard, qui donnent une authentique consistance à l'évolution du mode de vie et de fonctionnement de la communauté éducative de Sainte-Clotilde de 1939 à 1944 :

Témoignages de mademoiselle Garnier et mademoiselle Blanchard, anciens professeurs :

« ***Avant la débâcle de mai-juin 1940***
Sainte-Clotilde terminait en 1939 l'année scolaire dans l'inquiétude partagée par tous, mais elle ne pensait pas que dans un avenir prochain elle devrait quitter ses locaux.

Nous savions bien que, si une invasion menaçait Paris, le ministère de l'Air viendrait s'installer à Sainte-Clotilde, mais nous ne pensions pas que les Allemands descendraient si loin ; notre situation au sud de la Loire nous rassurait.

Brusquement, l'arrivée du ministère de l'Air, et une occupation par lui de presque tous les locaux, nous fit perdre presque nos illusions.

Il fallut en trouver d'autres. Heureusement, la rue Joyeuse nous restait, on y installa quelques classes au rez-de-chaussée et un dortoir au premier étage, mais l'immeuble était très insuffisant, les grandes internes furent installées sur le quai des Marais dans une ancienne menuiserie, le confort était spartiate mais les occupantes en gardent le meilleur des souvenirs.

Les Amboisiens nous ont manifesté une grande bienveillance en proposant des pièces de leur maison pour y installer des classes. Les élèves de 1re étaient logées dans une dépendance et emportaient chaque matin une bougie et une bûche pour pouvoir travailler. Nous sommes heureuses d'avoir ici l'occasion de remercier le docteur et madame Fleys, monsieur et madame Tauvin, monsieur et madame Charpentier, monsieur et madame Roche, monsieur et madame Bordenave, qui nous ont si aimablement accueillies.

Pour les professeurs, la vie fut difficile, l'hiver fut très dur, et ils devaient changer de locaux pour assurer leurs cours plusieurs fois par jour, ainsi se passait l'année 1939-1940.

Puis ce fut l'exode, le ministère de l'Air se replia sur Bordeaux et réquisitionna pour nous les corbillards de Tours pour que nous puissions aller nous réfugier dans la région de Poitiers. Mais il nous fallut trouver de l'essence ; on me demanda d'aller en chercher chez monsieur Camus, le père de la directrice d'alors. Je partis donc pour Pocé avec une petite charrette à bras. Pour y aller, ce fut très simple, au retour, les voitures faisaient la queue aux pompes à essence, depuis Pocé jusqu'au centre-ville d'Amboise. Il me fallut traverser les ponts, les jerricans pleins d'essence recouverts simplement de sacs...

Jugez de mon émotion... J'avais à la fois le sentiment de honte et de peur... Je roulais une roue sur le trottoir, l'autre dans le caniveau. Si quelqu'un allait s'aviser de soulever un sac ! Les avions passaient au-dessus de nos têtes... mais je suis arrivée à bon port.

Le lendemain, nous partions vers la Vienne, où devait nous accueillir une famille amie. Je crois que madame Garbar, d'Amboise, et sa sœur, étaient avec nous. Nous y avions passé tout le mois de juillet, nous organisant au mieux.

Sainte-Clotilde dans Amboise occupée

Au retour, les Allemands occupaient tout le pensionnat. Ils réquisitionnèrent la maison Bardou pour nous y installer. Il fallait donc déménager. Mais, auparavant, nous devions faire le ménage !

C'était lamentable... Tout avait été pillé, les fauteuils éventrés, les glaces brisées, le sol jonché de détritus de toute sorte. Nous comprenions mieux ce qu'était la guerre avec le froid, les restrictions en tous genres et... l'occupation.

A propos de déménagement, je fus invitée à déménager la lingerie de Sainte-Clodilde. C'était une petite pièce avec de nombreux placards remplis de linges, draps, serviettes, etc. Je pénétrai donc dans cette pièce avec des cartons. Mais je n'étais pas seule ! Un jeune Allemand me surveillait. J'avais laissé la porte ouverte sur le couloir, il s'empressa de la fermer, et je commençais à ne pas être rassurée... Il m'installa l'escabeau, se mit au pied avec un dictionnaire, et commença la conversation. Quand tout fut terminé, il m'aida à faire mon déménagement. Il avait donc été correct, ma peur du début était passée.

Nous avions deux dortoirs en ville : l'un à l'école Saint-Joseph, rue Joyeuse, l'autre aux Etablissements Kerbiriou, quai des Marais (aujourd'hui Jaffredo).

Pendant un certain hiver très froid, la neige tombait. Nous avions un chauffage de fortune, des tuyaux de poêles débouchant dans la rue. Une nuit, ces tuyaux s'emplirent de neige et, au matin, nos élèves tombèrent au pied de leur lit. Ce n'était pas très grave, heureusement. Légèrement asphyxiées, elles se sont promenées toute la matinée pour s'oxygéner. Un autre incident se produisit un jour de communion, suite à une alerte, nous fûmes obligées de nous réfugier dans une cave, rue Victor Hugo avec quelques élèves. Les parents n'ayant pu récupérer leurs enfants, il fallut sortir pour chercher du pain à ce petit monde car l'alerte dura longtemps.

La maison Bardou était grande, et nombreuses étaient les fenêtres. Que de fois nous fûmes rappelées à l'ordre pour les rais de lumière qui filtraient. Mademoiselle Juliette Coudray, l'économe, se donnait du mal. En octobre, sitôt après le déjeuner de midi, nous nous régalions des pommes tombées. Cette pauvre économe dépourvue de pommes de terre nous administra des carottes ! Parmentier aux carottes, confiture de carottes qui changeait de couleur selon le colorant !

Un jour, elle fut dénoncée pour avoir acheté un chevreau en fraude. Je ne sais si on en a vu la couleur... On avait quelquefois du lapin, du chat... Quant au camembert, il ressemblait à du plâtre... Il faut dire que la Touraine n'est que jardin de la France, et qu'on était moins riche qu'en Beauce ou en Normandie. Nous avions chacune notre ration de pain, mais tout se passait normalement pour nous, occupées que nous étions par nos élèves. Des bruits circulaient. Une voisine avait dû partager son lit avec un Allemand complètement ivre, et elle en a eu la jaunisse ! Je ne sais plus son nom... Nous avions des semelles de bois que fournissait l'usine Gounin. Monsieur Gounin était le maire et il distribuait du charbon aussi aux écoles... Prédestinée sans doute à rouler la charrette à bras, je me souviens être allée en chercher à l'école Saint-Joseph pour alimenter Sainte-Clotilde. Comme la côte est rapide pour monter à Sainte-Clotilde, je perdis une sandale, et c'est l'abbé Georges Marchais qui acheva la course. Il enseignait à Sainte-Clotilde à cette époque. Ce sont là de petits souvenirs humoristiques, mais il y en avait de plus graves. Les juifs que l'on poursuivait, les Glotz et les Foltz ne sont pas tous revenus des camps de concentration.

On ignorait alors ce qu'étaient ces camps... Il y eut des poursuites jusque sur les toits. On arrêtait ceux qui écoutaient la radio anglaise.

Je me souviens des bombardements sur Saint-Pierre-des-Corps, quand nous nous couchions encore à Sainte-Clotilde. On pouvait dormir jusqu'à 11 heures, ensuite on se mettait à la fenêtre. On percevait les ballonnets rouges dans le ciel rouge et puis les bombes éclataient. »

Témoignage de Marguerite Marchais (sœur de l'abbé Marchais) :

« Mes parents habitaient rue Arland Gazot. Après le bombardement du pont d'Amboise, la mairie demanda des volontaires pour recueillir les enfants abandonnés. Mes parents reçurent une fillette de 4 ans. Tous les soirs, vers la même heure, cette enfant était prise de peur, de troubles nerveux et de pleurs. Papa s'ingéniait à la rassurer. Pendant plus d'un an, la petite resta rue Armand Gazot et, après bien des recherches, on retrouva la famille dont on n'entendit plus parler. Il y eut à Amboise, le passage de Notre-Dame de Boulogne, que l'on promenait dans toute la France... (Dans ces moments-là, la foi se réveille...). Nous l'avons conduite en procession jusqu'à Chargé, d'autres que moi pourraient vous en dire davantage.

En juin 1940

Les élèves de 1re et de philo dispersées vers le sud passèrent leurs examens au hasard du refuge et nous avons su par la suite que cette dure année d'angoisse et d'inconfort s'était quand même terminée par de beaux résultats d'examens. Notons au passage, que lors des alertes nocturnes, nous devions réveiller les internes et les emmener à l'abri dans les greniers de César sur la route de Chargé et j'ai le souvenir d'une nuit où nous avons dû nous y rendre deux fois. Il semblait sage alors de remonter à Sainte-Clotilde mais nous n'avions ni voiture ni essence.

[...] *Du fait de l'installation du ministère de l'Air, les Allemands considérèrent Sainte-Clotilde comme une prise de guerre et l'occupèrent dès leur arrivée. Il ne pouvait être question de conserver quelques chambres. Peu à peu, le pensionnat s'organisa, tout d'abord deux dortoirs, puis les classes, un beau réfectoire, un bel oratoire bleu et or dans le salon. Cet hiver 40-41 fut dur à cause du froid, du manque de chauffage, d'une nourriture insuffisante, le rationnement de pain était pénible. Une note comique quand même, le courrier adressé aux officiers français portait comme adresse Sainte-Clotilde, et le facteur nous l'apportait à la maison Bardou.*

Nous avions le droit d'aller récolter nos légumes dans notre potager à la Duparquetterie et nous disposions le courrier et les paquets dans les haricots à rame. Le jardin était parallèle aux baraquements et les officiers avaient le droit de jouer au ballon dans la prairie à rames et récupéraient le tout au nez des sentinelles allemandes qui faisaient semblant de ne rien voir.

Enfin le printemps apporta l'espoir, puis la certitude d'un retour à la Duparquetterie. Ce retour demanda à chacune temps et force pour redonner aux locaux leur aspect coutumier. Il fallait aussi blanchir les classes et les dortoirs.

Septembre 1941
La rentrée scolaire dut être retardée de huit jours. Malgré la guerre, elle se fit dans la joie, comme pour les Hébreux après l'exil de Babylone. Notre bouche était pleine de rires. Et nos lèvres de chansons.

On est si bien chez soi, même quand on ne s'y sent pas très bien ! Le ravitaillement restait très difficile.

Et cette fois, c'est la vie ordinaire, sans imprévu, on travaille ferme, on passe des examens, on essaie de garder beaucoup de dignité en face de l'occupant. Pourtant, une grande angoisse demeurait au cœur de chacune ; beaucoup d'entre nous avaient des parents prisonniers dont nous ne savions rien ; d'autres avaient des frères, des cousins, entrés dans la Résistance, les uns à Amboise même, ou dans la région, les autres cachés dans le maquis. Chacune pensait aux dangers qui les menaçaient et les affiches qui relataient les exécutions entretenaient cette angoisse.

Nous attendions avec impatience les nouvelles que donnait la BBC, car Amboise était près de la ligne de démarcation qui était le Cher et nous rencontrions quelquefois des hommes jeunes qui nous demandaient où traverser la ligne. Nous leur indiquions la route de la Croix. Le curé d'Athée leur faisait passer la ligne de démarcation. Et puis la France fut tout entière occupée et le Cher ne fut plus une frontière.

Sainte-Clotilde reprit sa vie de travail mais aussi de joie après ces 5 années d'inquiétudes et de privations.

Quelques années passèrent et Sainte-Clotilde vit partir avec regret Mère Camus en 1947. Mère Bourdon la remplaça ; elle était une littéraire et fut un brillant professeur de français et de latin dont les élèves admiraient les cours. »[152]

Dès septembre 1939, la présence des fonctionnaires du ministère de l'Air met donc en question la continuité du fonctionnement de Sainte-Clotilde qui, pendant l'intermède de la drôle de guerre, puis la débâcle de mai-juin 1940, doit de surcroît pouvoir accueillir des effectifs scolaires sans cesse étoffés par le raz-de-marée des réfugiés. Si les premiers occupants des locaux quittent précipitamment l'établissement pour Bordeaux, l'arrivée des Allemands crée un nouveau goulot d'étranglement apparemment insoluble. En effet, les Allemands se montrent peu compréhensifs et sont intransigeants à l'égard de leurs hôtes peu enthousiastes : ils prennent possession de la Duparquetterie comme une « *prise de guerre* » et exigent le déménagement de l'école dans la maison bourgeoise voisine, la maison Bardou. Inévitablement, face à l'urgence qui met en jeu la survie de l'école, c'est l'improvisation qui prévaut pour trouver des solutions immédiates. La solidarité de la communauté chrétienne de la ville joue à plein : l'ouverture des maisons amboisiennes et l'utilisation de la maison Bardou, de l'école Saint-Joseph et de la menuiserie Kerbiriou permet le transfert des classes et des dortoirs et le maintien miraculeux de l'activité scolaire. Heureusement pour l'administration de Sainte-Clotilde, autorisation lui est accordée, à partir de 1941, de réinstaller l'école en ses murs. Par ailleurs, l'on apprend que la Duparquetterie accueille les Petites Sœurs des Pauvres venues de Tours et les personnes âgées dont elles ont la garde : les moins jeunes côtoient les plus jeunes. Face au foisonnement des événements imprévus, la réactivité de l'Institution Sainte-Clotilde s'avère étonnante. Cette faculté d'adaptation s'explique sans nul doute par l'action de soutien conjuguée de l'Eglise et de la communauté des chrétiens d'Amboise, fortement soudées. Les familles ouvrent leurs portes pour l'implantation des salles de classe et l'hébergement des élèves.

Tout le monde s'y met pour la survie de l'établissement qui ne tient qu'à un fil. En l'absence d'électricité et de chauffage central, les élèves sont sollicitées pour apporter une bougie et une bûche afin de « *pouvoir travailler* ». Les enseignantes sont elles-mêmes mises à contribution pour accomplir de rudes tâches qui, en temps de paix, ne relèveraient pas de leur compétence : l'une d'entre elles se voit attribuer la mission, juste avant la débâcle générale, d'aller chercher de l'essence à Pocé-sur-Cisse munie d'une charrette chargée de jerricans ; elle explique que l'aller est simple, le retour de la rive nord à la rive sud s'avère fort périlleux du fait de l'engorgement de la circulation automobile sur la route et le pont. L'économe du collège, mademoiselle Juliette Coudray,

152. *Ibidem*, p. 175-180.

en est réduite, afin d'assurer le ravitaillement de l'établissement, à *« déambuler avec sa poussette dans les rues d'Amboise »*[153] et à acheter au marché noir certains produits (*« Un jour, elle fut dénoncée pour avoir acheté un chevreau en fraude »*)[154]. La nourriture qu'elle parvient à se procurer est de piètre qualité ; un professeur raconte. : *« Cette pauvre économe, dépourvue de pommes de terre, nous administra des carottes ! Parmentier aux carottes, confiture de carottes qui changeait de couleur selon le colorant* [...]. *On avait quelquefois du lapin, du chat... Quant au camembert, il ressemblait à du plâtre »*[155]. En qualité à la fois de maire et d'industriel, monsieur Gounin ne ménage pas non plus sa peine pour entretenir la chaîne de la solidarité ; il fait livrer du charbon aux écoles et lycées et expédie gratuitement des chaussures à semelles de bois aux élèves. Certains ecclésiastiques paient aussi de leur personne : ainsi, l'abbé Georges Marchais, enseignant lui-même, aide sa collègue laïque à tirer la charrette qui lui était confiée pour acheminer des vivres à Sainte-Clotilde. La vie lycéenne à Sainte-Clotilde est donc particulièrement austère et spartiate : dortoirs privés de confort matériel, de chauffage et d'électricité, nourriture insipide et peu digeste...

L'impact de la guerre sur le moral de la communauté scolaire

La guerre est omniprésente et affecte enseignants et élèves au plus profond de leur être. Leur sommeil est morcelé et interrompu en pleine nuit par les bombardements. Ainsi, à partir de 11 heures du soir, depuis la fenêtre de leur chambrée, elles sont témoins des bombardements aériens qui pilonnent au loin le nœud ferroviaire et industriel de Saint-Pierre-des-Corps. Apercevant les ballonnets rouges annonciateurs de l'arrivée imminente des bombardiers alliés et entendant le vrombissement des pilonnages, elles ne peuvent pas ne pas être impressionnées par ce mélange de couleurs incandescentes et de sons stridents[156]. Comme à Charles Guinot, les alertes aériennes fréquentes et inopinées obligent professeurs et élèves à interrompre les cours ou leur sommeil pour aller se réfugier à pied et non sans risques, la nuit ou le jour, dans les caves proches, notamment *« dans les greniers de César sur la route de Chargé »*. Les sirènes hurlantes suscitent l'angoisse et les bombardements certains traumatismes graves comme c'est le cas pour cette petite fille recueillie par la famille Marchais pendant plus d'un an : *« Mes parents reçurent une fillette de 4 ans. Tous les soirs, vers la même heure, cette enfant était prise de peur, de troubles nerveux et de pleurs. Papa s'ingéniait à la rassurer. Pendant près*

153. *Ibid*, p. 174.
154. *Ibid.*, p. 177.
155. *Ibid.*, p. 177.
156. *Ibid.*, p. 178.

d'un an la petite resta rue Armand Gazot, et, après bien des recherches, on retrouva la famille dont on n'entendit plus parler »[157]. Marguerite Marchais, élève de Sainte-Clotilde, évoque aussi le terrible bombardement du 16 juin 1940 auquel elle a assisté et qui a fait « *une dizaine de morts, une cinquantaine de blessés* » et la panique provoquée par cette violence guerrière (« [...] *dix enfants perdus dans la panique furent conduits à l'hôpital* »)[158].

Côtoyant quotidiennement cette tragédie, où bonnes et mauvaises nouvelles alternent très rapidement, les lycéennes surmontent non sans peine leurs appréhensions et réussissent à passer leurs examens dans des conditions particulièrement pénibles. Mais assurément, les innombrables difficultés les amènent à se surpasser : pendant et après la débâcle de juin 1940, « *les élèves de 1re et de philo dispersées vers le sud passèrent leurs examens au hasard de leur refuge et nous avons su par la suite que cette dure année d'angoisse et d'inconfort s'était quand même terminée par de beaux résultats d'examens* »[159]. A partir de 1941, elles éprouvent une grande joie en apprenant qu'elles peuvent enfin revenir dans les locaux de l'établissement, comparant leur retour à celui des Hébreux revenant de leur long exil de Babylone[160]. Tout en s'évertuant à mener à terme leurs études, les lycéennes s'efforcent de garder leur contenance face aux Allemands et songent constamment à leurs proches qui encourent moult risques pour s'être engagés dans la Résistance : « *Et cette fois, c'est la vie ordinaire, sans imprévu, on travaille ferme, on passe des examens, on essaie de garder beaucoup de dignité en face de l'occupant. Pourtant, une grande angoisse demeurait au cœur de chacune ; beaucoup d'entre nous avaient des parents prisonniers dont nous ne savions rien ; d'autres avaient des frères, des cousins, entrés dans la Résistance, les uns à Amboise même, ou dans la région, les autres cachés dans les maquis. Chacune pensait aux dangers qui les menaçaient et les affiches qui relataient les exécutions entretenaient cette angoisse.* »[161]

Les affiches allemandes placardées sur les murs leur rappelant la terrible répression s'exerçant contre les Français accroissent leur profond malaise mais ne leur enlèvent pas leur volonté de réagir et de résister à leur façon : elles ne manquent pas d'indiquer aux jeunes gens en fuite les itinéraires à suivre pour traverser la ligne de démarcation passant par Bléré et le Cher[162].

Leur état d'esprit est fort éloigné de l'attitude de soumission préconisée par le maréchal Pétain au moment de son passage à Amboise le 25 octobre 1940. Elles sont averties de la persécution exercée contre certaines familles juives,

157. *Idem*.
158. *Idem*.
159. *Ibidem*, p. 179.
160. *Idem*.
161. *Ibidem*, p. 180.
162. *Idem*.

et sans connaître encore l'existence des camps, les pensionnaires de Sainte-Clotilde ressentent une profonde révolte intérieure [163]. Dans cette atmosphère délétère où dénonciations et arrestations se succèdent (*« Les juifs que l'on poursuivait, les Glotz et les Foltz ne sont pas tous revenus des camps de concentration ; on ignorait alors ce qu'étaient les camps ; il y eut des poursuites jusque sur les toits »*[164]), les Allemands, avec leurs exactions et leurs exigences toujours plus insupportables, ne peuvent plus s'identifier au soldat de l'affiche de 1940, au soldat *« korrekt »* de la Wehrmacht, tenant un enfant dans ses bras. La supercherie est dorénavant grotesque. Même un Allemand, altruiste, tel que l'officier allemand cultivé et humaniste dépeint par Vercors dans *Le Silence de la mer*, ne peut être un ami, sauf pour les collaborateurs qui peuvent y trouver un intérêt immédiat.

Quelques exceptions existent cependant comme le prouve cette anecdote d'une enseignante de Sainte-Clotilde : *« A propos de déménagement* [en 1940], *je fus invitée à déménager la lingerie de Sainte-Clotilde. C'était une petite pièce avec de nombreux placards remplis de linges, draps, serviettes, etc. Je pénétrai donc dans cette pièce avec des cartons. Mais je n'étais pas seule ! Un jeune Allemand me surveillait. J'avais laissé la porte ouverte sur le couloir, il s'empressa de la fermer, et je commençais à ne pas être rassurée... Il m'installa l'escabeau, se mit au pied avec un dictionnaire, et commença la conversation. Quand tout fut terminé, il m'aida à faire mon déménagement. Il avait donc été correct, ma peur du début était donc passée »*[165].

---

163. *Ibidem*, p. 178.
164. *Idem*. On ne peut pas ne pas songer, en lisant ce témoignage, au film de Louis Malle *Au revoir les enfants*, qui se termine par la déportation de jeunes juifs réfugiés et cachés dans le collège par le directeur de l'établissement.
165. *Ibidem*, p. 177.

Survivre face à la pénurie : Nourritures terrestres et spirituelles

Transports déficients, pénurie et inflation

Cette enseignante, alors qu'elle craint les Allemands, réussit à établir un contact normal avec ce soldat allemand qui, par son attitude avenante et sa gentillesse, fait presque oublier qu'il fait partie de l'armée ennemie. Ce cas de figure est exceptionnel et, au fur à mesure que l'Occupation s'éternise, la présence allemande en France, synonyme de vexations et d'exactions, devient de plus en plus insupportable. Il faut dire qu'en outre les conditions de vie deviennent de plus en plus pénibles, ce qui ne peut guère susciter de la sympathie pour les forces d'occupation.

Qu'ils soient routiers, ferroviaires ou fluviaux, les moyens de locomotion ne fonctionnent pas bien, à commencer comme on a pu le voir par la liaison entre la rive droite et la rive gauche depuis la destruction du pont rive sud. L'insuffisance des infrastructures de transport, conjuguée à la faiblesse de la production et au fardeau des réquisitions allemandes incessantes, compromet le ravitaillement des villes et précarise les conditions de vie des habitants de l'Indre-et-Loire. C'est le cas à Amboise où l'on ne cesse d'évoquer la question de l'approvisionnement, des tickets de rationnement et des prix des denrées alimentaires. Les péripéties auxquelles est confrontée madame B., épicière au n° 2 de la rue Dunan, illustrent les entraves au ravitaillement de la ville, dues en grande partie à la carence des transports : « *Vers 8 heures du matin, madame B. paraît avec son vélo auquel était accrochée une remorque. Suivant un itinéraire immuable, elle passait dans les fermes nombreuses à cette époque pour y recueillir le lait et distribuer le beurre auxquels avaient droit les paysans qui effectuaient les livraisons. Tour à tour, les Platanes, Lussault, Chandon, Grais voyaient passer le trinôme : madame B., le vélo et la remorque. Madame B. terminait par la Gabilière avant de redescendre avec ses bidons de lait, au total une centaine de litres. 10 h 30, il fallait servir les clients, personnes âgées, enfants, puis écrémer le lait pour faire le beurre destiné aux paysans fournisseurs de l'or blanc. Des clients récupéraient le lait écrémé. Madame B. devait ensuite nettoyer l'écrémeuse. Deux fois par semaine, madame B. allait à Blois chercher du textile qu'elle accrochait sur le porte-bagages. Elle allait aussi de l'autre côté de la Loire avec vélo et sacoches pour ramener du ravitaillement. Il lui fallait parfois, en période de crue de la Loire, traverser le fleuve en périssoire dirigée par monsieur Lucien Barthélémy, avec vélo et sacoches abondamment garnis par les produits des fermes de Mesland et de Montreuil... »*[166]

La guerre a installé la pénurie à Amboise. *Tours Soir*, le 30 avril 1941, mentionne une attente de 12 jours pour que les ménagères amboisiennes puissent acheter de la viande et signale que celles-ci ont dû faire la queue au moins deux heures et demie pour n'obtenir qu'un *« petit bout de viande »*[167]. L'inflation sévit à la faveur de la pénurie : les prix des fruits et légumes sont très élevés. *L'Echo d'Indre-et-Loire* du 18 septembre 1941 fait remarquer qu'on en vient même à vendre *« des pommes tombées et véreuses »* à des prix exorbitants[168]. L'inflation sévit, comme le montre cet article de *Tours Soir* du 6 août 1942 : *« On demande des contrôleurs de marchés pour combattre la vie chère. En effet, au marché de dimanche dernier, on a vu des oignons équeutés vendus 3,15 francs la livre, soit 6,30 francs le kg, vendu en magasin, soit 50 % de plus que le prix taxé. Le public ne comprend pas. »*[169] Les familles, en charge d'enfants en bas âge, en vertu de la loi du 18 juin 1941 qui a institué la carte nationale destinée à contrôler l'accès à l'approvisionnement mais aussi à garantir un certain nombre d'avantages, bénéficient d'un certain nombre de passe-droits : *« Les pères de quatre enfants de moins de 16 ans, de trois enfants de moins de 14 ans, de deux de moins de 4 ans, sont dispensés de faire la queue. »*[170]

Les Amboisiens, à l'instar de tous les autres Français de l'époque, reçoivent des tickets d'alimentation et des rations alimentaires, dont le nombre et la quantité varient mensuellement en fonction des aléas du climat et de l'évolution des productions agricoles. Une nomenclature est établie pour classer les Français en différents groupes selon leur âge, leur métier (ex. : les « travailleurs de force » sont censés être mieux nourris) et leur lieu de résidence. Dans son étude sur Amboise pendant la seconde guerre mondiale, Robert Uhart énumère les différents types de cartes nationales en fonction de l'âge et les quantités des rations alimentaires journalières correspondantes[171]. Cette codification rigoureuse et contraignante des quantités de vivres à distribuer, définies par des critères d'âge, de profession et de lieu de résidence

166. *Ibid.*, p. 186-187.
167. *Ibid.*, p. 124.
168. *Ibid.*, p. 132.
169. *Ibid.* p. 142.
170. *Ibid.* p. 120.
171. *Ibid.*, p. 121.

Cartes nationales

De 3 ans à 21 ans

E : enfants de moins de 3 ans
J1 : 3 ans à 6ans
J2 : 6 ans à 13 ans
J3 : adolescents de 13 à 21 ans

De 21 ans à 70 ans

A : cartes ordinaires
T : cartes des « travailleurs de force » : supplément de pain, de viande et de sucre
C : cartes des travailleurs agricoles

Rations alimentaires du mois d'octobre 1941

Pain
E : 100 g/jour
J1 et V (vieillards) : 200 g/jour
J2 et V -------------- : 275g/jour
J3, T et C ----------- : 300 g/jour

Viande
Pour des villes de plus de 3000 habitants dont Amboise : 250g /semaine
Dans les 216 autres communes ------------------------------ : 175 g/semaine

Fromage -- : 50g/semaine
Matières grasses -- : 100 g /semaine
Sucre --- : 1 kg/mois
Riz -- : 200 g/mols
Pâtes alimentaires --- : 250 g/r mois
Chocolat -- : E-J1 et V : 150 g/mois ; J2, J3 : 250 g/mois
Café moulu ou non décaféiné ----------------------------------- : 150 g/mois

Exemple de rations alimentaires journalières et hebdomadaires fixées en fonction de l'âge et de la nature des travaux effectués.

atteste la précarité de la situation alimentaire. Les rations mentionnées sont bien maigres. Un exemple : la ration de pain, qui s'élevait en moyenne à 900 g au début du siècle, atteint 500 g en 1939 et passe, en 1941, à environ 300/350 g, voire une quantité inférieure. Des solutions sont suggérées pour ne pas pâtir de la pénurie. Du fait d'une alimentation insuffisante sur les plans quantitatif et qualitatif, les Amboisiens sont contraints de consommer des topinambours et des rutabagas, dont les prix avoisinent respectivement 55 francs et 45 francs les 100 kg[172]. Le café manque, aussi se contente-t-on de succédané de café, de chicorée et de malt torréfié pour les petits déjeuners.

A une époque où le nombre de véhicules à moteur est restreint, sans la « petite reine » l'économie amboisienne est asphyxiée. Elle s'avère indispensable pour assurer l'acheminement des denrées alimentaires et pour résoudre la question alimentaire qui devient obsédante. Il va de soi que le franchissement de la

172. *Ibid.*, p. 146.

Loire est si crucial que la liaison sud interrompue par intermittence en 1940 et 1941 compromet le bon fonctionnement des marchés de la ville, notamment les marchés des légumes et du poisson. Avec émoi, la presse locale s'en fait l'écho et note la disparition des marchés. L'obsession alimentaire est telle que les autorités exhortent la jeunesse à participer activement à la lutte contre les doryphores : « *La mairie d'Amboise invite tous les enfants de 8 à 14 ans à se rendre à leur école respective les 8 et 9 août 1941 pour se mettre à la disposition de leurs maîtres* » pour mener à bien cette mission de chasse aux doryphores[173]. En effet, les instituteurs et les institutrices sont vivement incités à emmener leurs élèves pour le ramassage des doryphores. Ainsi, madame Legrand, préparant 48 filles au certificat d'études, conduit les enfants à la campagne pour procéder à cette récolte d'un nouveau genre et s'emploie à rapporter les insectes capturés dans de petites boîtes à la mairie, sans doute comme preuve tangible de la réalisation de cet étrange exercice devenu obligatoire sous l'impulsion des Allemands. Ce type de promenade ne s'accomplit pas sans demander au préalable aux propriétaires des espaces cultivés leur assentiment, car ceux-ci redoutent le piétinement et la détérioration des cultures. Mais de telles expéditions champêtres menées par les maîtres et maîtresses d'école ne tournaient pas forcément à leur désavantage car ils encourent une amende de 5 000 francs et huit jours d'incarcération dans le cas où l'on retrouve des insectes nuisibles dans leurs exploitations[174]. Les Allemands ne plaisantent pas avec le règlement. Ainsi, ils ordonnent le ramassage des doryphores à Nazelles pour les 12 et 13 août 1941 et décident d'inspecter eux-mêmes les cultures.

Quelles solutions envisager ?

Devant l'urgence du problème du ravitaillement, les sollicitations ne manquent pas pour inciter citadins et paysans à défricher la terre. En vertu de lois datées des 25 novembre 1940 et 11 février 1941, le gouvernement de Vichy accorde « *une prime de 150 francs à toute personne qui aura défriché 200 m*^{2} *de plus dans une commune de 2 000 habitants entre l'automne 1940 et le 20 avril 1941* ». Le maréchal Pétain en personne s'adresse directement aux paysans par journaux interposés pour signifier que leur mobilisation en faveur d'une productivité accrue engage le salut de la France : « L'appel du Maréchal aux paysans : sauvez la France de la famine »[175]. En avril 1942, les pouvoirs publics locaux manifestent leur vive préoccupation devant l'insuffisance de la production des cultures vivrières. Dans ses colonnes, le quotidien *Tours Soir* du 8 avril 1942 exprime cette inquiétude en mettant en exergue le titre suivant :

173. *Ibid.*, p. 122.
174. *Idem.*
175. *Ibidem*, p. 131.

« Dernier appel aux cultivateurs de Touraine » et en insistant sur les faiblesses de la production céréalière en Touraine : *« Il manque en Indre-et-Loire 30 000 quintaux de blé. Un tableau d'honneur sera dressé dans les communes dont les habitants* [paysans] *auront rempli leur devoir patriotique. Réunion des maires du département autour du préfet pour évoquer ce très grave problème. »*[176]

Certes, cette façon de focaliser l'attention des lecteurs sur l'importance vitale du monde agricole émane du registre argumentaire de la Révolution nationale qui fait le panégyrique de la France paysanne assimilée à la vraie France, la France éternelle d'avant la révolution tout en l'opposant au monde des villes incarnant la décadence. L'article de *Tours Soir* est assurément très imprégné de ce discours vichyste antimoderniste qui idéalise la paysannerie et la terre en tant que substrats du patriotisme *(« devoir patriotique »)*. Néanmoins, il reflète bien une priorité : les déficiences de la production céréalière sont telles que les pouvoirs publics en viennent à redouter une pénurie alimentaire, il faut donc assurer à tout prix l'autosuffisance alimentaire des villes et des régions. Le maire d'Amboise, Emile Gounin, invite ses concitoyens *« à cultiver les jardins »* pour améliorer leur alimentation, agitant le spectre d'années à venir difficiles. L'archevêque de Tours, monseigneur Gaillard, lance aussi un vibrant appel aux agriculteurs de Touraine pour *« qu'ils livrent leurs récoltes »*[177]. A l'instar du stakhanovisme soviétique, les noms des meilleurs producteurs tourangeaux sont inscrits sur un tableau d'honneur : ainsi est citée, en mai 1942, Yvonne Thounay de Chargé qui, en dépit de l'absence de son mari fait prisonnier, cultive 20 ha tout en élevant ses deux enfants[178]. Procédé incitatif pour stimuler les ardeurs de la paysannerie tourangelle. Mais celle-ci n'est pas la seule sollicitée. Les habitants des petites et moyennes villes sont fortement incités à cultiver une parcelle de terre. La tradition des jardins ouvriers, née au XIXe siècle, est encouragée ; comme on l'a observé, le maire Emile Gounin s'en fait l'ardent défenseur. La presse révèle que la Caisse d'épargne locale en favorise le développement : *« A l'initiative de la Caisse d'épargne, sur des terrains qui étaient en friche depuis 30 ans, dans le secteur du Four-à-Chaux, une trentaine de parcelles de 400 m^{2} ont été créées par la Ligue française du coin de terre et du foyer. Les locataires de ces jardins sont invités à organiser un service de surveillance contre les maraudeurs. A l'île d'Or, de l'entrée jusqu'à la chapelle, le côté droit a été labouré et divisé en petits jardins. »*[179] L'institution gouvernementale le Secours national prend l'initiative *« pour aider au ravitaillement de la ville »* de faire cultiver des jardins, en particulier les *« 4 ha de la Verrerie mis à sa disposition par son propriétaire, monsieur Bolognigni »*[180]. La Ligue du coin de terre et du foyer

176. *Ibid.*, p. 143.
177. *Ibid.*, p. 143.
178. *Idem.*
179. *Ibidem*, p. 136-137.
180. *Ibid.*, p. 125.

jardins ouvriers crée des parcelles au lieu-dit du Four à Chaux, soit 30 jardins de 400 m^2 et s'efforce d'en faire défricher d'autres. Pour stimuler la production, cette même Ligue procède à des distributions de « *semences de pommes de terre, haricots, plants de choux, poireaux et tomates ainsi que des engrais* ». Toutefois, les récoltes ne sont pas à l'abri des intempéries. Ainsi, outre les doryphores, les pommes de terre sont soumises aux gelées fréquentes en hiver ou se manifestant au printemps comme c'est le cas en 1941.

La situation alimentaire devient à tel point préoccupante que l'on en vient à demander à la population « *de réduire sa consommation* [de denrées] *au minimum le plus strict* »[181] et que l'on assiste à la prolifération des vols dans les potagers, dans les magasins d'alimentation ainsi que des vols de produits de première nécessité. La presse remarque qu'à Amboise « *des magasins d'alimentation ont été dévalisés, mais aussi les magasins Laudureau, Serpette, Voisin, Pinçon* » *et qu'*« *au château de Malvau, des meubles ont été volés* »[182]. En cette époque où l'on manque de tout, l'heure est au chapardage et au pillage de tout ce que l'on trouve en bien matériels (vêtements, chaussures…) et aussi en denrées alimentaires. En juin 1940, Allemands et rôdeurs, s'introduisant illégalement dans les maisons, ont déjà donné le mauvais exemple. Puis les actes délictueux augmentent. D'où l'intention d'organiser une surveillance régulière afin de dissuader les « *maraudeurs* » de tout acte illicite.

On peut ainsi lire dans *Tours Soir* en 1941 : « *Les vols se multiplient dans les potagers, les vergers, poulaillers, clapiers* ; La Touraine paysanne *propose de rétablir les gardes messiers qui existaient au XIX*e *siècle.* » On ne cesse de déplorer les vols, les actes d'incivilité. Le 25 septembre 1940, la gendarmerie fait savoir aux Amboisiens qu'un « *lot de lingerie provenant du pillage de juin* » a été déposé et invite les personnes spoliées à venir récupérer leurs biens[183]. L'exemplaire de *Tours Soir* du 10 juin 1942 signale une série de vols diurnes et nocturnes : « *Des bicyclettes devant la poste, 30 pieds de pommes de terre chez madame Gibertini, 200 pieds d'ail chez monsieur Blin, épicier place Saint-Denis* » ont été dérobés[184]. Et le chroniqueur de poser ironiquement la question : « *A quand la fin de ces exploits ?* » Alors que les pouvoirs publics réitèrent leurs appels au monde agricole pour mieux organiser le ravitaillement des campagnes et des villes, on en vient à dénoncer dans la presse l'incivisme de certains cultivateurs qui font preuve de mauvaise volonté pour livrer leurs productions. *L'Echo d'Indre-et-Loire* du 22 avril 1943 fait mention « *d'un cultivateur de la commune D., qui ne fournit aucun produit de son exploitation, légumes, œufs, volailles etc., au ravitaillement général* » et qui, pour ce motif, est « *interné pour deux mois au camp de Rouillé* [dans la Vienne] »[185]. Cet exemple parmi d'autres va accréditer

181. *Ibid.*, p. 106.
182. *Ibid.*, p. 106.
183. *Ibid.*, p. 112.
184. *Ibid.*, p. 143.

l'idée dans l'opinion publique qu'un certain nombre de paysans a cherché par cupidité à profiter de la situation, en pratiquant notamment le marché noir. L'extrapolation s'avère dangereuse mais il est vrai que certains agriculteurs peu scrupuleux, surnommés à la Libération BOF (Beurre, Œuf, Fromage), se sont enrichis aux dépens de leurs concitoyens par un trafic illicite de denrées et auraient, selon les rumeurs, engrangé des billets dans des lessiveuses. Un exemple significatif de marché noir ; il s'agit ici non pas d'un agriculteur mais d'un commerçant : le 4 septembre 1941, « *Monsieur X, commerçant à Amboise, a été arrêté par les gendarmes, alors qu'il rentrait vers 23 heures. Dans la remorque de sa bicyclette, les gendarmes ont trouvé 15,500 kg de beurre, 50 kg de blé, 10 kg de petits pois, 6 douzaines d'œufs. Marchandises et véhicule ont été confisqués et le dossier de l'affaire transmis au Parquet.* »[186]

Une compensation morale : « nourritures spirituelles » et dévotion

Pour surmonter le marasme moral qui s'empare des esprits, la population amboisienne se réfugie dans la piété, dans l'espérance de jours meilleurs. Elle baigne en effet dans cette atmosphère générale d'expiation collective distillée par Vichy qui ne cesse de décréter que la défaite n'est que la résultante d'une France coupable qui s'est laissée aller à « *l'esprit de jouissance* » et doit s'amender de ses fautes. Traumatisés par la défaite, beaucoup de Français, d'Amboisiens sont persuadés qu'elle doit être interprétée comme une sorte de châtiment divin et qu'il leur incombe d'exprimer leur contrition vis-à-vis des péchés commis, que le régime de Vichy attribue au régime républicain parlementaire et surtout aux événements de 1936. L'organisation du procès de Riom en 1941-1942, mettant en cause les principaux dirigeants du Front populaire dans la responsabilité du désastre de mai-juin 1940, donne l'opportunité à Vichy de trouver des boucs émissaires et d'entretenir cette illusion de la faute collective. Jacques Duquesnes décrit bien ce climat d'autoflagellation morale qui prédomine dans la France vichyste : « *Car la France a péché. Et c'est parce qu'elle a péché qu'elle a été battue en un mois de combats. Telle est la conviction qui s'est répandue au lendemain de l'armistice. Le maréchal Pétain a donné le ton dans l'un de ses premiers messages, le 26 juin en dénonçant "l'esprit de jouissance". Notre défaite, a-t-il dit, "est venue de nos relâchements".*

Mais fallait-il vraiment que quelqu'un donne le ton ? Quasi spontanément, dans tous les secteurs de l'opinion, l'idée a surgi que la France était coupable, qu'elle a été pour cette raison abandonnée par la Providence, et même qu'elle peut être salutaire.

185. *Ibid.*, p. 158
186. *Ibid.*, p. 137.

De quoi la France est-elle donc coupable ? On dénonce pêle-mêle l'ondulation permanente, les congés payés, le Pernod, la traite des Blanches, le régime des partis, les grèves, le jeu, les mauvais films, les maillots de bain, la démocratie bien sûr, la dénatalité, et l'absence de religion.

Au cours d'un Conseil des ministres, en juin, à Bordeaux, Weygand, commandant en chef, explique que "la France a mérité sa défaite ; elle a été battue parce que ses gouvernements depuis un demi-siècle ont chassé Dieu de l'école".

La rage de battre sa coulpe - ou celle des autres, mais en tout cas celle de la France - n'épargne aucun milieu. [...] *La mode est aux examens de conscience... Deux thèmes dominent : ce sont la République et le relâchement des mœurs dû à l'absence de religion...* »[187]

Dans cette ambiance de morosité et de désespérance, les Français traduisent leur malaise dans leur adhésion à « *des élans de piété populaire qui font penser aux grands mouvements de foule du Moyen Age* »[188]. En ces heures très sombres, la ferveur religieuse, drainant des foules imposantes, bénéficie d'un net renouveau. Nombre d'Amboisiens manifestent leur volonté de repentir par la célébration de la Fête-Dieu, cérémonie témoignant d'une grande dévotion pour l'Eucharistie et conduisant les fidèles à participer à une importante procession de l'hostie consacrée : « *2 500 personnes y ont assisté, soit plus de la moitié de la population. Sur tout le parcours, place Saint-Denis, rue Nationale, rue Jean-Jacques Rousseau, le Petit Mail, le Grand Mail, la quasi-totalité des maisons étaient décoreés* », relate *l'Echo d'Indre-et-Loire* du 31 juillet 1941[189]. Selon cet article, la procession de la Fête-Dieu revêt une grande ampleur puisqu'elle concerne « *plus de la moitié* » des habitants, entraîne ceux-ci dans un parcours initiatique qui passe par les lieux névralgiques de la cité et suscite une ferveur intense. La plupart des maisons sont décorées à l'occasion de cette fête religieuse. L'extraversion du sentiment religieux et la solennité qui se dégagent de l'événement célébré apparaissent comme le besoin vital des citadins amboisiens d'extérioriser leur profonde angoisse, voire l'intense sentiment de culpabilité qui les tourmente intérieurement. A travers cette liturgie collective, c'est toute la mauvaise conscience et l'aspiration au pardon des Amboisiens qui rejaillissent, car s'impliquer personnellement dans cette Fête-Dieu, fête du saint sacrement, revient à vouloir communier avec le Christ sacrifié sur la Croix pour l'humanité tout entière, à faire pénitence pour l'obtention de la rédemption. Ce désir de repentance de la communauté chrétienne amboisienne, voire des citoyens à la foi fébrile mais revivifiée par la tragique noirceur de la période, se mesure dans le culte que les Amboisiens vouent, comme les habitants de beaucoup de villes françaises de l'époque, à

187. Jacques Duquesnes, *Les Catholiques français sous l'Occupation*, Paris, Grasset, réédition 1986, p. 30-31.
188. *Idem*, p. 28.
189. Robert Uhart, *Amboise et sa région... op. cit.*, p. 132.

Notre-Dame de Boulogne. Depuis la fin des années trente, à la faveur du renouveau de la piété populaire, le culte marial, en particulier celui dédié à la Vierge Marie de Boulogne, connaît un nouveau dynamisme, se concrétisant par l'organisation d'impressionnantes processions de fidèles dans des milliers de communes françaises de 1938 jusqu'au lendemain de la guerre. Ce mouvement de ferveur collective, qualifié de « Grand Retour », se diffuse avec une grande célérité et perdure avec une vigueur étonnante, comme le montre ici avec grande pertinence Jacques Duquesne : « *En France même, la manifestation la plus éclatante du renouveau de piété est sans conteste le culte dédié à Notre-Dame de Boulogne. En 1938 avait eu lieu à Boulogne-sur-Mer un congrès marial au cours duquel avait été renouvelé le vœu de Louis XIII mettant sa personne et son royaume sous la protection de la statue de Notre-Dame de Boulogne. Quatre reproductions de la statue de Notre-Dame de Boulogne sur sa barque avaient alors visité quelques centaines de paroisses de la région du Nord. Pendant la débâcle, la statue elle-même avait été déposée dans un monastère de Seine-et-Oise. En 1942, quand il est question d'organiser un pèlerinage au Puy-en-Velay, le R.P. Ranson, qui va être l'animateur principal du Grand Retour, décide d'aller la chercher. Il faut franchir la ligne de démarcation : on cache la statue dans un camion de légumes, et elle arrive au Puy. De là, après le congrès marial qui a réuni soixante mille pèlerins, elle gagne Lourdes. Mais le père Ranson pense qu'elle ne doit plus s'arrêter. Dans une note rédigée le 1er mars 1943, et destinée à l'épiscopat, il cite le message adressé à la France, en juillet 1940, par le pape Pie XII qui lui demandait* "de mettre en œuvre, sans attendre la conclusion de la paix, ses ressources spirituelles, si nombreuses et si puissantes, pour se ressaisir dans son âme et donner au monde le spectacle d'un grand peuple, digne de ses traditions séculaires, qui trouve dans sa foi et sa charité inlassable la force de faire face à l'adversité et de reprendre sa marche sur le chemin de l'honneur et de la justice chrétienne". *Le père Ranson en tire cette conclusion :* "Ces termes si formels, lorsque nous les appliquons à notre cas, nous paraissent constituer un ordre très clair de ne pas retarder le Grand Retour de la Vierge de Boulogne à travers tout le pays - symbole, extension et moyen du Grand Retour de notre peuple à Dieu."

Notre-Dame de Boulogne reprend donc sa route, à partir de Lourdes. Elle va de ville en village, de paroisse en paroisse, suivie par des foules de pèlerins dont beaucoup marchent pieds nus en signe de pénitence. Autour d'elle, on se réunit en longues veillées de prières, on dit le rosaire les bras en croix, on donne des centaines et des milliers de communions. Et les formules de consécration, imprimées sur un papier en forme de cœur, s'accumulent, signées, dans la barque : "Pour bien montrer ma volonté d'être de plus en plus fidèle à mon Dieu et à la Patrie, je me suis consacré au cœur immaculé de Marie." *Environ dix millions de Français se consacreront ainsi à la Sainte Vierge. Beaucoup l'oublieront et certains jeunes n'ont été attirés que par l'exploit sportif que constituent ces kilomètres* [effectués] *pieds nus, mais de nombreux témoignages prouvent que le Grand Retour s'est accompagné de retours individuels, réels et durables.*

De mars 1943 à juin 1946, les missionnaires qui accompagnent la statue de Notre-Dame de Boulogne distribuent cinq millions d'images, un million et demi de chapelets. Les quatre copies de statue ont été appelées en renfort. Le Grand Retour qui traverse en tout cinquante-six diocèses, ne s'arrête pas avec la Libération. A cette époque, la statue elle-même se trouve en Bretagne et elle franchit les lignes sous protection, en échappant de peu à la mitraille. Le Grand Retour se termine alors en actions de grâce.

Il avait commencé sous le signe de la pénitence. Les pèlerins du Puy répétaient : "Notre-Dame des Douleurs, priez pour la France qui souffre, Notre-Dame des Douleurs, priez pour la France qui a péché." »[190]

La ville d'Amboise est elle-même traversée par cette lame de fond de religiosité pénitentielle, ce « Grand Retour » qui souligne l'aspiration mystique de millions de Français à une rencontre fusionnelle avec Dieu par l'intercession bénéfique du culte marial. Pour ces fidèles, la dévotion à Notre-Dame de Boulogne signifie la reconnaissance de leurs fautes passées, la volonté d'expiation des péchés et de montrer leur fidélité à la bienveillante protection de la Vierge Marie afin d'obtenir à la fois le salut individuel et le salut de la France. La dynamique du culte marial se diffuse rapidement à Amboise et ses alentours et donne lieu à ce genre de processions. Le témoignage de Marguerite Marchais, élève à Sainte-Clotilde et sœur de l'abbé Georges Marchais, est éloquent : *« Il y eut à Amboise le passage de Notre-Dame de Boulogne… Nous l'avons conduite en procession jusqu'à Chargé, d'autres que moi pourraient vous en dire davantage… »*[191] Dans son ouvrage sur Amboise, Robert Uhart fait allusion à l'enracinement du culte de Notre-Dame de Boulogne dans la ville et aux processions qui se sont déroulées en son honneur :

« Notre-Dame de Boulogne

Notre-Dame du Grand Retour de Prisonniers construite à quatre exemplaires a parcouru, à partir de mars 1943, 6 000 paroisses de France, soulevant un mouvement extraordinaire de prières et de conversions. Accompagnée de ville en ville et de village en village par des fidèles marchant souvent pieds nus. La statue, représentant la Vierge et l'Enfant Jésus, reposait sur un socle en forme de bateau (port de Boulogne oblige).

190. Jacques Duquesnes, *op. cit.*, p. 29-30.

191. Robert Uhart, *Amboise et sa région… op. cit.*, p. 178.

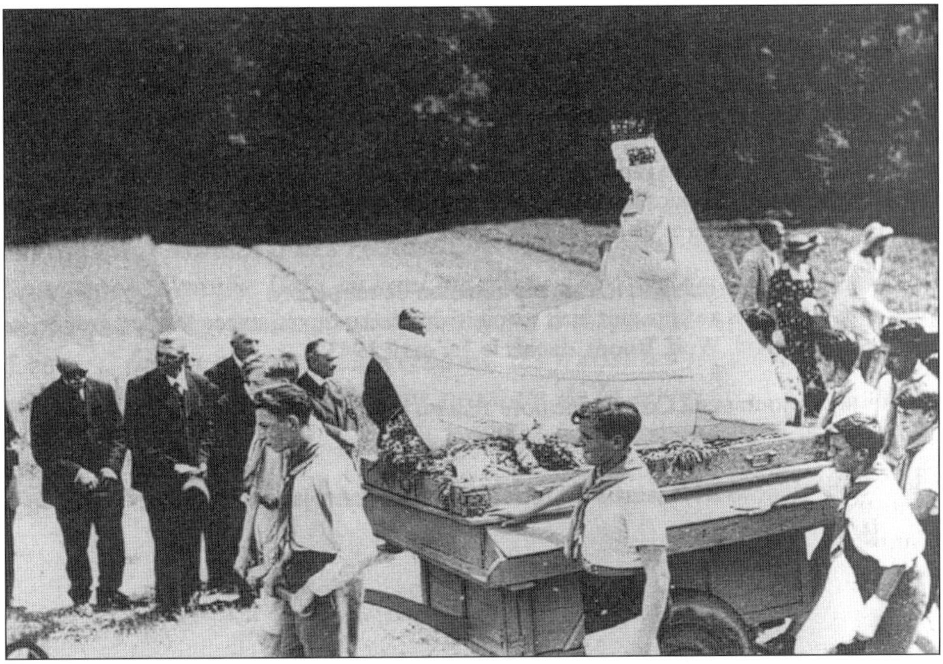

Procession de Notre-Dame de Boulogne à Amboise. Photographies tirées du livre de Robert Uhart, Amboise et sa région (1939-1945), *Nazelles-Négron, 1995, p. 358 et 359.*

Notre-Dame de Boulogne à Amboise

Le 12 juillet 1944, venant de Nazelles, accompagnée par trois religieux et les paroissiens du village, la statue est accueillie par les paroissiens d'Amboise à l'extrémité du pont. Elle passe la nuit à Saint-Denis.

Le 13 juillet : cérémonie à Saint-Denis, puis l'après-midi départ pour Chargé. La jonction avec les Chargéens se fait à la Briquetterie. Abel Anjorand, enfant de chœur à Chargé, a gardé le souvenir de paroissiens à genoux sur le chemin pierreux de l'Arsenderie. Cérémonie à Chargé puis retour à Amboise où Notre-Dame passe la nuit à la chapelle de la maison de retraite de Saint-Joseph. L'entrée dans la chapelle pose quelques problèmes car l'ensemble statue-socle est volumineux. L'abbé Lehoux se souvient de la crainte des prêtres accompagnateurs : "Vous allez la casser."

Le 14 juillet à 9 heures, la statue prend la direction de Lussault, puis de Saint-Martin-le-Beau où elle arrive à midi. Dans ce village, la cérémonie sera perturbée par le mitraillage anglais sur des wagons en attente près de la gare. »[192]

Les pérégrinations successives de la Madone à l'Enfant, juchée sur une barque et un socle, prouvent l'extrême vitalité des Amboisiens qui se transmettent la statue comme si ce passage de relais signifiait le devoir de propager le souffle divin protecteur de la Vierge Marie et de son fils, le Christ, à l'ensemble de leur canton. Ce cheminement incessant s'inscrit dans le projet de l'Eglise catholique d'entreprendre la reconquête spirituelle du pays, d'une France déchristianisée, châtiée par la défaite et vouée aux plus grandes souffrances, voire à la damnation, à moins d'être sauvée. Ce transport itinérant de la Vierge à travers la contrée d'Amboise et de toutes les autres régions de France est porteur de plusieurs messages symboliques. Le voyage de la Vierge Marie à travers toute la France, la Touraine, la région d'Amboise et de commune à commune est à la fois synonyme de démarche pénitentielle et de quête spirituelle : d'une part, profond repentir et demande de pardon pour les fautes commises dans le passé, qui a pour corollaire l'acceptation de la souffrance et de l'humilité (beaucoup de paroissiens marchent « *à genoux* » sur un chemin pierreux, le chemin de « *l'Arsenderie* », dans l'attente d'une rémission des péchés) ; d'autre part, aspiration à une régénérescence spirituelle et morale de la Nation, qui suppose une quête mystique, autrement dit la recherche spirituelle d'un amour fusionnel avec Marie et son fils, le Christ, ainsi qu'une nouvelle évangélisation qui soit salvatrice pour Amboise, la région amboisienne et pour la France dans son ensemble. La piété mariale est donc considérée par les ecclésiastiques et les pénitents comme le vecteur d'une véritable activité missionnaire, d'un prosélytisme essentiel dont dépend le devenir de la France, en proie jusque-là à un déclin irrémédiable.

192. *Idem*, p. 352-353.

Le régime de Vichy entre religiosité pénitentielle et propagande

Le régime de Vichy exploite subtilement ce climat général de repentance par l'entremise de son idéologie doloriste et détourne à des fins politiques le culte marial en y greffant une religiosité plus prosaïque destinée à drainer les foules vers les mots d'ordre de la Révolution nationale : le culte de la Patrie et le culte du Maréchal doivent interférer avec la dévotion mariale. Cette habile confusion des genres, du laïque et du religieux, est activement diffusée par la doctrine maréchaliste s'appuyant sur le double legs politique et éthique de la IIIe République : la glorification de la Patrie liée au culte des morts, soigneusement entretenue par les associations d'anciens combattants ; la transfiguration dithyrambique du maréchal Pétain en surhomme, voire en « Sauveur » providentiel, s'est amorcée avant guerre à l'initiative de thuriféraires comme Gustave Hervé, auteur d'un panégyrique sur le dernier maréchal survivant de la Grande Guerre *(C'est Pétain qu'il nous faut)*.

Cette religiosité politique et laïque trouve comme canal de diffusion le chemin des écoles. Le régime de Vichy ne ménage pas sa peine pour endoctriner la jeunesse et exige des maîtres et professeurs une stricte discipline pour une présentation édifiante des vertus et des pensées du vieux maréchal. Le gouvernement organise des retransmissions radiodiffusées des messages du Maréchal à l'intention des écoliers. En Indre-et-Loire, l'inspecteur d'académie Robert Vivier, mis à pied ultérieurement en 1942 par les autorités vichystes pour son appartenance à la franc-maçonnerie et futur préfet de la Libération, écrit dans un rapport de la fin de l'année 1941 : *« Le message du maréchal Pétain aux écoliers a été lu et commenté dans toutes les classes ; partout où la chose a été possible, l'audition de la TSF a eu lieu, mais dans l'ensemble les conditions d'émission ont été défavorables. Le texte du message est affiché dans chaque classe et les cahiers des élèves en portent la trace sous forme d'une ou deux maximes. »*[193]

Consigne a donc été donnée aux instituteurs de faire écouter à leurs élèves les leçons de morale du Maréchal portant sur la continuité de la Nation, l'attachement à la Patrie, les valeurs familiales, l'ordre, l'autorité, la justice ; la fidélité à l'Etat, son chef : en d'autres termes est déployée une propagande véhiculée sous couvert de leçons de morale et d'instruction civique. N'ayant guère la possibilité de refuser à moins d'entrer en résistance et de quitter leurs postes, les enseignants s'exécutent mais sans enthousiasme.

C'est le cas de monsieur Davau, directeur de l'école de la Noiraie, contraint *« d'aménager sa classe pour permettre à une classe de Sainte-Clotilde de venir écouter un message du maréchal Pétain »* et d'accrocher au mur de celle-ci deux portraits du chef de l'Etat français pour qu'ils soient *« bien en vue »*[194].

193. Jean-Pierre Froger et Jacques Watiez, *op. cit.*, p. 216.
194. Robert Uhart, *Amboise et sa région... op. cit.*, p. 170.

L'EXEMPLE DU CHEF

Le vrai chef est celui qui sait à la fois se faire obéir et se faire aimer.

★

La vertu maîtresse de l'exemple, c'est la présence ; l'exemple du chef constitue, à lui seul, un ordre qui n'a pas besoin d'être formulé.

★

L'ordre écrit ou téléphoné ne vaut jamais celui qu'accompagnent à l'origine le geste, le regard, la voix, le port, la tenue.

★

Le chef est celui qui a le sens des possibilités et qui, dans l'action, sait prévoir les réactions.

★

Le chef est celui qui est capable de vouloir et de persévérer, car vouloir, c'est vouloir toujours jusqu'à ce que le succès dispense de vouloir davantage.

Fascicule de propagande vichyste : « L'exemple du chef ».

Robert Uhart, dans le témoignage de monsieur Davau, qu'il fait parler au style direct ou indirect, révèle la faible réceptivité des paroles lénifiantes du Maréchal au sein du public scolaire : *« Enseignants, enseignantes, laïques et libres, garçons et filles, tous prêts à communier dans une même ferveur ? Pour écouter les paroles "divinisées". Au début, tout se passa bien, mais on attendit, en vain, les augustes propos et la radio informa les chers auditeurs que pour des raisons… les propos du maréchal seraient diffusés le lendemain. Le maire Emile*

Gounin qui était présent se retire sans faire de commentaires. Le lendemain, à l'heure indiquée, les Allemands effectuèrent les patrouilles pour vérifier que les Amboisiens écoutaient bien Pétain et non pas Londres. En 1940, la religion prit une grande place "Dieu et le maréchal". Carcopino, ministre de l'Education nationale, fit passer une circulaire indiquant que les institutions devaient accompagner les enfants catéchisés à 13 heures puis aller les chercher à 14 heures. Le jour venu, je tins [c'est monsieur Davau qui parle] *à accompagner moi-même les enfants à l'église. Le curé descendit les marches de l'église Saint Denis, pour le* [me] *saluer et lui* [me] *déclarer :* "Je tiens à prendre contact avec vous comme on me l'a demandé, mais je tiens à ce que vous sachiez que je ne suis pour rien dans ce service supplémentaire qui vous est infligé." *Ainsi, avec l'utilisation du mot infliger, monsieur Davau comprit que l'abbé Sainson, car c'est de lui qu'il s'agissait, n'était pas pétainiste.* »[195]

La mauvaise retransmission de certains messages du maréchal Pétain déjoue les desseins prosélytes de l'Etat français. Toutefois, des mesures sont prises pour pallier les incidents techniques et pour faire parvenir du mieux possible les paroles lénifiantes du vieux chef : « *Le directeur de l'EPS d'Amboise demandait au maire de faire réviser l'installation de TSF et d'installer des haut-parleurs.* »[196] Néanmoins, l'indocilité d'un certain nombre de maîtres, voire de prêtres, associée à l'incrédulité des élèves, a assurément limité l'efficacité et la portée du message maréchaliste.

Par ailleurs, il convient de noter que la dévotion mariale, objet de tant de ferveur, si elle a pu servir indirectement de support aux desseins idéologiques de Vichy, favorise aussi le développement de l'esprit de résistance, puisqu'elle vise à un retour des prisonniers et à une véritable renaissance de la France impliquant assurément pour beaucoup de fidèles l'espoir de voir partir les forces d'occupation de plus en plus détestées. De plus, il est significatif que l'abbé Lançon, véritable maître d'œuvre de cette diffusion du culte marial, fait transporter clandestinement la statue de Notre-Dame de Boulogne à travers la ligne de démarcation.

Angoisse, tradition et dévotion pragmatique : le culte de saint Fiacre

Pour conjurer le sort de la pénurie alimentaire, paysans et citadins amboisiens en appellent également à la protection du patron des jardiniers, saint Fiacre. Ermite irlandais du VIIe siècle, venu comme ses compatriotes évangéliser la Gaule du haut Moyen Age, il est connu des fidèles pour avoir réussi à

195. *Idem*, p. 170-171.
196. Jacques Froger et Jacques Watiez, *op. cit.*, p. 216.

RELÈVEMENT MORAL

L'esprit de jouissance a détruit ce que l'esprit de sacrifice a édifié.

★

On a revendiqué plus qu'on n'a servi. On a voulu épargner l'effort; on rencontre aujourd'hui le malheur.

★

La faveur ne distribuera plus de prébendes. Le gain restera la récompense du labeur et du risque. Dans la France refaite, l'argent ne sera que le salaire de l'effort.

LA TACHE DE L'ÉDUCATEUR

L'école fera de tous les Français les servants d'une même foi, les chevaliers d'un même idéal, symbolisé dans ce mot unique : FRANCE!

TOUS LES FRANÇAIS SERVAN

Fascicule de prograngande vichyste : « Relèvement moral », « la tâche de l'éducation ».

La vie n'est pas neutre ; elle consiste à prendre parti hardiment. Il n'y a pas de neutralité possible entre le vrai et le faux, entre le bien et le mal, entre la santé et la maladie, entre l'ordre et le désordre, entre la France et l'Anti-France.

★

Il est beau d'être libre, mais la « Liberté » réelle ne peut s'exercer qu'à l'abri d'une autorité tutélaire que nous devons respecter, à laquelle nous devons obéir.

★

L'Égalité est une belle chose, sur certains plans et dans certaines limites; les hommes sont égaux devant la mort, ils sont égaux devant Dieu; il appartient à une société civilisée de les rendre égaux devant la loi et de leur accorder, devant la vie, des chances égales.

★

Il ne saurait y avoir de fraternité véritable qu'à l'intérieur de ces groupes naturels que sont la famille, la cité, la Patrie.

D'UNE MÊME FOI

transformer le lopin de terre qu'il avait reçu de l'évêque de Meaux en une parcelle de terre fertile en légumes de toutes sortes et féconde également en plantes médicinales. On lui attribue l'édification d'un petit oratoire dédié à Marie qu'il aurait orné de fleurs, *« ces sourires de la terre »*, et d'un hospice pour les malades. Son action bénéfique aurait permis de nourrir les pèlerins indigents et aurait conduit jusqu'à lui des malades sans cesse plus nombreux. Patron des jardiniers, il est souvent représenté en paysan ou ermite tenant d'une main une bêche et de l'autre le livre ouvert des Evangiles. Associé au culte marial, saint Fiacre implique une double symbolique, celle d'un intercesseur de la Parole divine permettant de vaincre la faim et la maladie. En invoquant saint Fiacre, les Amboisiens expriment des préoccupations matérielles immédiates et obsédantes dans leur quotidien : les carences alimentaires les tenaillent et c'est pour eux une question de survie. Leur pessimisme est si prononcé qu'ils en viennent, comme les fidèles du Moyen Age empreints d'une grande ferveur religieuse, à implorer le saint et s'attirer sa bienveillance. La célébration de la fête par laquelle ils honorent ce saint patron des jardiniers ne doit pas être minimisée et réduite à une simple coutume festive vidée de son contenu religieux, à un rituel qui aurait été purement sécularisé. Par exemple, le 30 août 1941, la Saint-Fiacre est célébrée à Amboise. A cette occasion est donnée une messe, suivie d'un dépôt de gerbes au monument aux morts. Au cours de cette cérémonie solennelle, Jeanne d'Orliac, femme de lettres connue pour son anglophobie et ses sympathies pour l'occupant, lit en public un poème. Cette fête, même si d'aucuns y participent davantage par tradition que par ferveur religieuse, trahit une profonde angoisse collective, omniprésente dans les colonnes des journaux locaux *La Dépêche d'Indre-et-Loire* et *Tours Soir*. Le besoin de spiritualité se fait donc nettement sentir ; il compense la déchirure de l'anxiété qui meurtrit à l'époque la plupart des consciences. Survivre et surmonter son angoisse supposent aussi des dérivatifs ludiques qui font oublier la tragédie du quotidien.

Etre jeune à Amboise sous l'Occupation

L'organisation d'un tissu associatif et d'activités culturelles et sportives génère un climat de pseudo-normalité : le sport, la culture, les spectacles font oublier pour un temps les avanies de la guerre et créent pour tous une ataraxie éphémère. L'oisiveté comme prophylaxie d'une désespérance omniprésente, obsédante, c'est ce dont a besoin assurément la population amboisienne pour survivre. Si le ravitaillement en denrées et produits de première nécessité s'avère indispensable, les « nourritures » spirituelles et culturelles apparaissent également comme un besoin vital : sans stimulation de l'esprit, l'être au corps déjà affaibli se laisse choir dans un refus de l'existence, dans un renoncement de soi et des autres, dans un refus de résistance.

Vie frugale et sociabilité juvénile

Etre jeune à Amboise dans cette sombre période revient à mener une vie monotone et frugale. La morosité tourne au tragique dès lors que l'on apprend l'arrestation, l'exécution ou le trépas de proches, d'amis ou de connaissances ou tout simplement de compatriotes que le malheur a frappés subitement. Les discours moralisateurs condamnant *« l'esprit de jouissance »* et louant *« l'esprit de sacrifice »* ne poussent guère à l'optimisme. Certes, des structures d'encadrement sont proposées par l'armée d'armistice, tels les Chantiers de Jeunesse destinés à régénérer les jeunes garçons dans l'esprit de la Révolution nationale. Dans la région amboisienne, peu de distractions s'offrent à la jeunesse qui prend cependant l'initiative d'organiser ses propres loisirs afin de pouvoir échapper momentanément à cette triste ambiance et à la pression de l'occupant qui multiplie les interdits. Jean Millasseau, jeune Amboisien de l'époque et excellent héraut de la mémoire amboisienne des années quarante (en tant que fils du gardien du château et guide du château lui-même), témoigne du maintien hasardeux d'une sociabilité juvénile axée sur l'activité

10 NOVEMBRE 1940

QUELQUES
SUCCÈS

CRÉÉS AU

THEATRE DU CAMP
D'AMBOISE

FRONTSTALAG 180

Quelques succès créés au théâtre du camp d'Amboise, Fronstalag 180. (Document de Jean Millasseau.)

DANS DEUX OU TROIS JOURS...

de René Langrand dit « **LA BÉCASSE** »

Air : LE CHAPEAU DE NOEL-NOEL

Créé au Camp par **Lucien AUDE**

1er COUPLET

Je vais vous raconter l'histoire
Qui est bien simple en vérité,
De pauvres gars qui sans histoire
Se sont faits prendre en toute beauté
Par quelques mots maintenant notoires
Et surtout si bien prononcés
Car on s'est bien foutu d'notre poire :
« Deux ou trois jours vous serez lachés. »

2e COUPLET

Nous nous sommes trouvés dans une gare
Et puis dans le « dûr » on est monté
On s'demandait : oú est-ce qu'on s'barre
Où donc qu'on va bien se r'trouver
Mais avec un coup d'œil complice
Le chef de train bien informé
Nous à lancé pour pas qu'on s'trisse :
« Deux ou trois jours, vous serez lachés. »

3e COUPLET

Le voyage à duré trois jours
On était contents d'arriver
Puis on nous a donné d'la paille
Des sabots et même des souliers
Cela nous inquiétait quand même
Qu'on s'occupe de nous rhabiller
Mais le brave type qu'était d'semaine :
« Deux ou trois jours, vous serez lachés. »

4e COUPLET

Puis les jours passèrent, même les s'maines
On commençait à s'désoler
Mais pan ! v'là un ordre qui s'amène
On change de coin, c'est arrivé
Le cœur content ; enfin la vie
Car là ce n'est pas du « chiqué »
Ca vient du cuistot de compagnie :
« Deux ou trois jours, vous serez lachés. »

5e COUPLET

On fait du chemin, on est en nage
Mais ça n'fait rien on est pressé
On n'sent même plus le poids des bagages
C'est la classe, tout paraît léger
Mais v'la le revers de la médaille
Cabanes en bois, fils barbelés
Et dans ma pauvre tête qui déraille :
« Deux ou trois jours, vous serez lachés. »

6e COUPLET

Mais on ne marche plus pour la p'tite phrase
« Mise en boîte » t'as assez duré
On fait les « marles », on rit, on jase
On a été trop possédés
Mais en douce, on tend les oreilles
Car ça commence à nous manquer
Que ce ne soit plus à l'oseille
« Q'dans deux ou trois jours on soient [lachés.

Imp. H. PINÇON, Amboise

Dans deux ou trois jours, *paroles de P. Langrand, créé au camp par Lucien Aude sur l'air de* Le Chapeau *de Noël-Noël.*

théâtrale et le sport : « *Quoique le scoutisme fût interdit par les Allemands ainsi que la JOC (Jeunesse ouvrière chrétienne), les activités ont continué au moins jusqu'en 1941 où les dirigeants tourangeaux donnèrent l'ordre de faire très attention (de fait, un chef et un aumônier de Tours furent arrêtés et moururent en déportation). Scouts et Jocistes se regroupèrent et firent du théâtre salle Saint-Joseph. Certains d'entre eux furent contactés par la commune de Saint-Denis-Hors pour jouer au théâtre de la ville* [Le Vinci] *au profit des prisonniers de guerre.*

Dans la commune, il y avait également, parmi les sociétés sportives, le Ping-Pong Club d'Amboise (PPCA) qui était très actif : les entraînements ou tournois avaient lieu dans la salle des fêtes du café de la Renaissance ou dans la grande salle Montebello à l'emplacement du théâtre actuel, on jouait également au café du Château (Guergua), au café de l'Hôtel de Ville (Brault) et au bout des Ponts (Saint-Vincent)... »[197]

Les activités des sociétés de jeunes d'avant guerre, quoique interdites pour certaines, se maintiennent donc tant bien que mal sous l'œil hostile de l'occupant, au risque pour certains de leurs cadres d'être emprisonnés et déportés, ce qui fut le cas de deux dirigeants de la JOC qui périrent en camp de concentration. Cette continuité des activités des clubs de jeunes est une manière de résister, de dire à l'occupant que la jeunesse amboisienne, bien qu'étouffée dans sa vie associative et dans sa volonté d'expression, ressent le besoin de survivre, de vivre tout simplement et de ne point courber l'échine. Que des adolescents aient accepté de payer de leur personne en donnant des représentations théâtrales au profit des prisonniers de guerre qui croupissaient depuis 1940 dans les baraquements en bois du camp de la Patte d'Oie illustre l'aspiration des jeunes Amboisiens de l'an 40 à ne pas tomber dans le piège d'une indifférence coupable et à faire preuve d'un esprit solidaire avec des soldats vaincus et humiliés. Les loisirs des adolescents amboisiens se poursuivent au gré des aléas de la guerre et des décisions arbitraires des Allemands. A Bléré, une association de jeunes, Cercle Artistique, fondée et animée avant guerre par d'anciens dirigeants de la JOC, reçoit l'autorisation de poursuivre ses activités en 1942. En 1943, une autre association du même type, Art et Jeunesse, n'a pas la même chance : elle se voit interdire toute activité sous prétexte qu'il en existait déjà une. A l'exemple de la censure rigoriste pesant au même moment sur la création littéraire et cinématographique, ce procédé dilatoire permet aux pouvoirs publics d'imposer une orthodoxie morale et politique. A Amboise même et à moins de 10 km à la ronde, l'Etoile, société de sports et d'éducation, prend en charge les loisirs des enfants de moins de 12 ans ; installé au café du Château, un club de ping-pong occupe les adolescents de plus de 14 ans tandis que les jeunes âgés de plus de 16 ans peuvent adhérer à un club cycliste dont le siège se

197. *Témoignage de Jean Millasseau*, septembre 2004.

trouve au café Belle Vue. Clubs et organisations, fonctionnant sous le patronage laïc de la municipalité ou sous l'égide de l'association Saint-Denis chargée d'encadrer les activités des écoles chrétiennes, remplissent un rôle primordial : rassemblant plus de 200 élèves, ces structures associatives tournées vers la culture et le sport soustraient les jeunes à la rue et leur donnent une nouvelle raison d'être en ces temps troublés où l'absurde et le tragique semblent l'emporter sur l'existence. L'école municipale de Musique d'Amboise représente pour 36 hommes, 1 femme et 19 enfants une autre forme d'évasion vis-à-vis d'une réalité glauque et décevante[198].

Importance du sport : ressourcement physique et moral

A l'époque, le sport est sans doute, d'une part, le meilleur vecteur de canalisation des énergies juvéniles, d'autre part, un excellent outil d'amnésie collective provisoire, donnant l'impression à tous, le temps d'une rencontre sportive, que la vie continue comme avant et que les jeunes s'affrontent dans l'instant non pour une logique guerrière et meurtrière mais simplement pour un idéal d'émulation et de fraternité. Un match de football joué un dimanche au stade de l'île d'Or devient un répit, un îlot de paix momentané dans un univers de feu et de sang. Les courses cyclistes rappellent aux Amboisiens les passions collectives du passé, l'engouement populaire pour les champions adulés d'avant guerre et stimulent les jeunes d'Amboise dans la même dévotion pour ces joutes pacifiques.

On oublie, dès lors, l'environnement sombre et hostile pour une durée limitée mais, très vite, malheureusement, la guerre fait à nouveau irruption. Dans un résumé qu'il fait d'un article extrait d'un journal tourangeau de l'époque, Robert Uhart révèle cette dualité du sport, à mi-chemin entre une paix recréée artificiellement et un conflit omniprésent : *« Le Vélo Club Amboisien compte six prisonniers de guerre : Reverdy (de Tours), Chenève, Lhéritier, Fournier, Beccard et Méal, mais n'en continue pas moins son activité et participe avec succès à de nombreuses compétitions. Premier prix Dunlop avec Mazeau, Trémine, Decelle, Lamy, Moisillon ; à Bourges, Tessier, à Vierzon, Tessier.*

Championnat d'Indre-et-Loire sur route : 112 km à la moyenne de 35 km 1er : Lévêque. 2e : Royer de Montrichard. 5e : Bidault. 10e : Henri Tessier de Château-du-Loir. [Lévêque a participé au Tour de France].

Poursuite olympique contre la montre par équipes de 4, remportée par Bidault-Royer-Lévêque-Bernard. »[199]

198. Robert Gildea, *Marianne in Chains. In Search of German Occupation*, Londres, MacMillan, 2002, p. 136.
199. Robert Uhart, *Amboise et sa région… op. cit.*, p. 135.

Malgré ceux qui manquent à l'appel (car faits prisonniers en Allemagne), la vie sportive perdure. L'imprégnation de la « petite reine », objet de tant de ferveur depuis notamment le lancement du Tour de France en 1903, reste forte. La course cycliste très réputée Paris-Tours est maintenue : « *La course cycliste Paris-Tours traverse Amboise* [en mai 1942]. *Victoire de Paul Maye. La caravane passe le pont métallique à 15 h 58. Maye conduit la danse, Gauthier attaque sec dans la côte de la Pagode. Le train s'accélère. Blum, lâché, recolle après une chasse de 2 km* »[200] Les fêtes viticoles permettent la tenue de courses cyclistes à l'échelon local : ainsi, le 15 août 1942, « *Henri Tessier du V.C. d'Amboise enlève le Grand Prix des Vins de Vouvray ; les 92 km en 2 h 42 min 20 s : moyenne 34,70 km/h.* »[201] De même que les courses cyclistes, les matches de football donnent l'occasion aux Amboisiens de revivre intensément des sensations d'avant guerre, où le patriotisme de clocher (soutien fervent à l'équipe amboisienne) se mêle à l'amour du sport et de la compétition. Les joueurs de l'équipe locale inspirent le respect, voire l'admiration. A travers eux, les supporters de l'ACA d'Amboise retrouvent une fierté perdue, compensent inconsciemment le traumatisme de mai-juin 1940 et les humiliations successives par un investissement affectif dans l'adulation de l'équipe locale et des joueurs en vue. A plusieurs reprises, *Tours Soir* laisse transparaître cette atmosphère particulière et réconfortante qui permet de se couper d'un monde ambiant décevant : « *décembre 1941. Coupe de France : Touraine contre Nivernais. Match nul 1 à 1. Boulogne a été le meilleur. Quel travail accompli par l'athlétique Amboisien. C'est Bossard qui a permis à Boulogne d'égaliser. Mais pourquoi Bossard réclame-t-il la balle alors qu'il est marqué... Qu'il attende l'occasion favorable pour tenter l'essai !* (Tours Soir *du 30 décembre 1941*).

Dimanche 5 avril 1942 : AC *Amboise bat Choisy-le-Roi par 7 buts à 2. Le trio offensif Vaslin, Janesckzec, Bossard fit merveille, Boulogne et Iffly sans reproche. Quant à Paillet, il ne pouvait vraiment rien contre les deux buts qui lui furent marqués. Goupy à l'arrière devrait travailler ses reprises de volée. Vaslin avait retrouvé la vivacité de ses 20 ans. Parlons des trois juniors nouveaux promus dans l'équipe. Serge Maral n'a pas montré la forme que l'on espérait. Verrier à l'arrière gauche a marqué un très joli but. Jean Laissu se révéla joueur de grande qualité. Il lui faudra cependant discipliner sa fougue. Excellent arbitrage de monsieur Bernard.*

Dimanche 12 avril 1942 : Coupe du Centre : A.C. Amboise et Tours Etudiant Club (TEC) font match nul : 1 à 1 après deux prolongations. "Mon cher Bossard, un but a été marqué quand vous étiez inter, pourquoi êtes-vous revenu au centre ? Gounin remplaçait Goupy au pied levé. Les demis Boulogne et Tassard furent irréprochables, Iffly fut transcendant ; c'est un grand arrière

200. *Idem*, p. 150.
201. *Ibidem*, p. 151.

gauche, Segré André ne nous fit pas oublier son frère Marcel trop jeune pour jouer aujourd'hui, F. Métrivier." »[202]

On distribue les bons et mauvais points aux joueurs, on exalte les actions d'éclat de certains pour leur vision du jeu et leur efficacité, leur habileté, le nombre de buts marqués. Si certains se voient reprocher leur maladresse ou leur manque de forme, d'autres sont portés aux nues et atteignent quasiment le statut de héros local : certains passent pour « *irréprochables* », à l'exemple de Boulogne et Tassard, loués pour leur talent, d'autres sont qualifiés de « *transcendant* » à l'image du joueur Iffly considéré comme « *un grand arrière gauche* ». Le nom de Georges Boulogne revient souvent ainsi que ceux de quelques autres : « *Boulogne a été le meilleur. Quel travail accompli par l'athlétique Amboisien.* » Dans les colonnes de *Tours Soir*, on juxtapose, dans le numéro du mardi 20 octobre 1942, deux titres dont les sujets ne revêtent ni la même dimension, ni la même signification, comme s'il s'agissait d'un télescopage incongru : en première page du quotidien, on peut découvrir, à côté de la mention « Heures décisives à Stalingrad », l'annonce d'un « Derby tourangeau à Amboise ». Juxtaposition fortuite sans doute mais tout de même surprenante : deux événements d'inégale importance, l'un constituant l'un des grands tournants de la seconde guerre mondiale et mettant aux prises dans un choc frontal de grande envergure la Wehrmacht à l'Armée rouge pendant plusieurs mois, et l'autre comparativement anodin, relatif à une rencontre sportive locale et de faible audience. Dans le compte rendu du match opposant Amboise à Tours, le journaliste use d'un langage guerrier comme si, par capillarité, la violence ambiante s'insinuait dans cette confrontation pacifique : « *Devant la furie des locaux, les footballeurs de Tours n'ont pas su réagir. Amboise a joué le match de sa vie. Très rapide, le trio Segré, Raison, Bossard jetait la perturbation dans le camp tourangeau. A Tours, Bedel, Sacome, Savary maintinrent les buts inviolés sauf un penalty. Finalement, le score était de 2 à 1 en faveur de l'ACA dont le but de Bossard.* »[203] La compétition sportive devient sans doute une forme de succédané aseptisé de la violence de l'époque, un réceptacle affectif où se reportent frustrations et humiliations, aspirations à retrouver une identité bafouée et un honneur perdu. La mise en parallèle - certainement involontaire - de la bataille de Stalingrad et du combat footballistique et la valorisation des qualités « agonistiques » des joueurs tendent à ériger le sport de façon subliminale en vecteur de ressourcement moral, de réveil et de sursaut des consciences. L'énergique soutien que l'on apporte aux footballeurs de sa cité apparaît comme un subterfuge, une évasion mentale dans l'exploit sportif pour mieux surmonter le marasme quotidien et se relancer dans une existence dépourvue de sens. Si le sport est l'une des rares

202. *Ibid.*, p. 148-149.
203. *Idem.*

formes de sociabilité qui prospère à l'échelle d'une petite ville comme Amboise, c'est que l'activité sportive est perçue par Vichy, à l'exemple des régimes fascistes, comme l'instrument de régénérescence de la « race », de renaissance morale et physique d'une jeunesse « amollie » par les mœurs décadentes de la IIIe République. *« Si la France a été défaite en 1940, n'est-ce pas parce que la* "race" *française a été affaiblie par une alimentation trop copieuse, des apéritifs quotidiens, une sédentarité malsaine, ou les excès de tabac ?* C'est ce *que proclament les hommes de Vichy, maréchalistes ou collaborationnistes ? »*[204]

Le sport instrumentalisé par Vichy comme vecteur de la régénération de la « race » française

Le régime pétainiste se garde bien d'interdire les festivités sportives, car elles impliquent la régénération morale, politique et militaire d'une nation humiliée, d'où l'organisation des Chantiers de Jeunesse et des groupes Jeunesse et Montagne pour faire des adolescents de vigoureux soldats, porte-étendards d'une Révolution nationale qui doit faire renaître de ses cendres une France complètement affaiblie. Le régime de Vichy, pour pallier les déficiences supposées de la défunte IIIe République et de son école, a ressenti le besoin de créer une structure qui puisse encadrer efficacement la jeunesse et lui inculquer des valeurs « viriles », synonymes de resourcement moral : activités sportives mêlées étroitement à la symbolique du patriotisme et du militarisme sont alors stimulées par les pouvoirs publics. Ainsi est mise en place par le gouvernement l'Education générale et sportive animée par un commissariat général dépendant tout d'abord du secrétariat à la Jeunesse et à la Famille puis, à partir de septembre 1940, du ministère de l'Instruction publique. Le fait que les dirigeants successifs de l'EGS aient été recrutés parmi des notabilités du sport et de l'armée révèle dans la politique de la jeunesse de Vichy une démarche idéologique proche de celle des régimes fascistes : les succès des sportifs de haut niveau redorent le blason du régime en place, la mobilisation sportive et militarisée des jeunes renvoient à l'idée qu'un Etat-Nation promis à un avenir radieux équivaut à une nation de jeunes athlètes en armes et que le devenir de la Patrie passe par le culte de la force virile et physique, de l'ardeur juvénile. L'EGS est dirigée tour à tour par l'ancien champion de tennis Jean Borotra jusqu'en avril 1942, puis par le colonel Pascot, sportif lui aussi et ancien international de rugby. Jean Borotra, l'un des valeureux mousquetaires de la France tennistique qui a permis pour la première fois aux Français de remporter la coupe Davis dans les années vingt, ne peut être soupçonné de sympathie collaborationniste : il est pétainiste mais

204. Jean-Pierre Froger et Jacques Watiez, *op. cit.*, p. 251.

antiallemand, ce qui lui vaut d'être arrêté en novembre 1942 et d'être déporté alors qu'il est en partance pour l'Afrique du Nord. En revanche, son successeur, le colonel Pascot, met au diapason le maréchalisme avec la politique de collaboration[205]. A l'échelle de l'Indre-et-Loire, l'Education générale et sportive est dirigée par les commandants Perro et Carré : transposer les valeurs morales de la Grande Muette dans la sphère scolaire et universitaire, tel est le dessein du Maréchal et de son gouvernement. Les instituteurs sont conviés par les inspecteurs primaires à des *« démonstrations d'éducation physique et de secourisme dès la rentrée 1941 à l'occasion de conférences pédagogiques »*. Sous l'égide du commissariat général à l'EGS, des efforts sont menés pour développer les équipements sportifs. Aussi aménage-t-on six baignades à Amboise, Bléré, Chinon, La Haye-Descartes, Le Louroux et Vouvray[206].

Pour les autorités vichystes, la moralisation de la jeunesse dévoyée par l'esprit « décadent » de la IIIe République est primordiale. On met donc en place le secrétariat général de la Jeunesse, dont l'orientation première est incontestablement maréchaliste, puis à partir d'avril 1942, avec le retour de Pierre Laval, de plus en plus collaborationniste. A la tête de cet organisme, qui dépend successivement de plusieurs ministères, l'on trouve d'anciens militaires et sportifs ainsi que des partisans déclarés de la Révolution nationale : le général d'Harcourt, Jean Ybarnegaray, champion de pelote basque connu pour ses prises de position pro-franquistes avant guerre, et l'ingénieur Georges Lamirand, tous du 25 septembre 1940 au 24 mars 1943, qui donnent au SGJ une inflexion « nationale » et « chrétienne » ; Félix-Olivier Martin, professeur de droit administratif et créature d'Abel Bonnard, qui leur succède en mars 1943, accentue l'infléchissement collaborationniste qui s'était esquissé depuis le printemps 1942, avec un Lamirand obligé d'accepter ce changement de cap et secondé par un ultra de la Collaboration, Georges Pellorson. Le SGJ est représenté à Tours par une délégation départementale, qui occupe d'abord des locaux de la préfecture pour s'installer ensuite au 76 rue Nationale à partir du 15 novembre 1940. Les buts affichés par le SGJ sont exprimés ainsi en 1942 dans le journal de la délégation *Tous les Jeunes* : *« Il s'agit prioritairement, de juguler le chômage en dotant les jeunes de la formation professionnelle qui leur fait défaut. Il s'agit, ensuite, de coordonner et de contrôler l'action éducative des différents mouvements de jeunesse. Et il s'agit enfin d'assurer la formation des cadres chargés de couler les jeunes dans le moule de la Révolution nationale. »*[207]

205. *Idem.*
206. *Ibidem*, p. 255.
207. *Ibid.*, p. 232.

Priorité aux formations techniques, anti-intellectualisme et abnégation au service des valeurs « nationales »

Placer les organisations de jeunesse sous le boisseau, former les émissaires de l'endoctrinement vichyste, dispenser une formation technique aux jeunes sortis trop tôt du cadre scolaire, tels sont les desseins de la délégation départementale du SGJ. Aucun écart à l'orthodoxie vichyste à destination des têtes juvéniles ne devait être possible. Des disciplines trop intellectuelles, dispensées à l'école républicaine, sont malvenues : ne sont-elles pas trop dangereuses pour le gouvernement en place car ne donnent-elles pas trop d'arguments contradictoires aux sceptiques ? Les matières professionnelles présentent l'avantage immédiat de l'éventualité d'un métier pratique et « utile », de ne pas poser les problèmes politiques en suspens et ne peuvent susciter que la reconnaissance des jeunes bénéficiaires envers le régime en place. La conscience civique et politique s'évanouit devant la nécessité de survivre. Ainsi le SGJ prend l'initiative de créer deux types de « centres de jeunesse » destinés pour les premiers à préparer les jeunes à des *« métiers techniques comme la menuiserie ou la chaudronnerie, dans les seconds* [à] *l'agriculture,* [au] *jardinage, aux travaux forestiers,* [à] *l'artisanat »* avec des régimes de demi-pensions ou d'internat pour les stagiaires[208]. Quatre centres d'apprentissage ouvrent à Tours dès l'hiver 1940-1941 : celui de Tours, place Rabelais puis avenue du Canal à Saint-Pierre-des-Corps et Grandmont (Centre Péguy). *« Outre une formation technique, les apprentis y reçoivent une culture générale et une éducation physique. Une fois par semaine, ils sont employés à un service social.* [...] *Vingt-sept cadres s'occupent alors de 97 jeunes répartis dans les équipes France Nouvelle, Mermoz, Lyautey et Vaillants Cœurs, stagiaires en menuiserie, ajustage, électricité, forge, tôlerie, bourrellerie, maçonnerie et jardinage. Chaque équipe doit faire le même travail et les efforts de chacun sont enregistrés sur une fiche qui suit les jeunes dans tous les ateliers. Elle permet de voir le métier pour lequel ils ont le plus de capacités... »*[209] L'enseignement technique s'accompagne d'une totale immersion des jeunes dans l'esprit de la Révolution nationale. Vingt-sept cadres comme des commissaires politiques veillent au bon ordonnancement des séances de cours et du rituel maréchaliste auxquels sont conviés les apprentis. Les noms attribués aux équipes dénotent bien l'atmosphère maréchaliste porteuse de valeurs guerrières, sportives et « nationales ». La culture générale dispensée aux élèves ne doit pas être impartiale. En plus de ces quatre pôles urbains sont mis en place des centres ruraux, dont celui de Saint-Règle dans la région d'Amboise, comprenant 6 cadres et 36 équipiers, où l'on cultive un vaste potager[210]. Mais à l'intérieur

208. *Ibid.*, p. 234.
209. *Idem.*
210. *Ibid.*, p. 235.

de ce centre d'apprentissage rural, la mésentente est telle entre chefs et équipiers qu'il doit fermer le 1er décembre 1942. En juin 1941, le délégué du secrétaire général à la Jeunesse exprime dans son rapport son inquiétude quant à la désunion qui règne au centre de Saint-Règle : « *Le chef du centre, Cassegrain, arrivé le 15 mai, signale la division regrettable des chefs et équipiers en deux clans, pour et contre l'ancien chef du centre. Il regrette qu'on ait négligé le côté éducatif du centre (il y avait alors 8 cadres et 45 équipiers).* »[211] Dans le courant de l'année 1943, le SGJ cesse son activité et plusieurs centres d'apprentissage ont fermé. Cependant, deux centres provisoires fonctionnent encore, l'un à Amboise à partir d'octobre 1943 et l'autre à Vernou, après avoir été transféré de Nantes[212]. Afin d'affermir l'endoctrinement des jeunes recevant une formation dans les centres d'apprentissage, le délégué de l'antenne locale du SGJ, Marcel Bocquet, prend le soin d'organiser des stages destinés aux enseignants et aux cadres de centres d'apprentissage pour mieux faire comprendre la profession de foi maréchaliste.

A la *Dépêche du Centre*, Marcel Bocquet déclare que la nécessité de consolider la cohésion de la communauté nationale autour du Maréchal suppose de la part des « *écoles de cadres* » l'organisation de réunions didactiques, dispensatrices des vraies valeurs nationales auprès de « *ceux qui toucheront la jeunesse* »[213]. Deux stages de formation sont ainsi organisés à partir de septembre 1941 au château de Grandmont à l'attention d'instituteurs et de professeurs (1er stage du 16 au 20 septembre 1941 avec 48 participants, un second pour « *94 enseignants du primaire du public, 14 du privé, 4 professeurs* »), d'autres suivent en direction d'autres groupes socioprofessionnels : on y inculque les valeurs fondamentales de la Révolution nationale (Travail, Famille, Patrie, réconciliation des Français et unité de la nation autour de la personne du Maréchal, mystique du chef[214]). Dans cette logique moralisatrice impulsée par Vichy, les jeunes Tourangeaux sont sollicités lors de la « Quinzaine des jeunes » pour œuvrer utilement en faveur des sinistrés, des prisonniers et travailleurs partis en Allemagne et ainsi témoigner de la solidarité de la jeunesse de France. Cette éthique régénératrice de la Révolution nationale suppose l'accomplissement de tâches pleines d'abnégation : mettre en état dans chaque commune un berceau dans le cadre de l'action « Relais des berceaux », invitations d'enfants orphelins ou réfugiés, de fils et filles de prisonniers ou de volontaires du STO dans les familles lors du « dimanche familial »[215], visites de malades, mobilisation d'une vingtaine de garçons pour suppléer les « *dames bénévoles des cuisines d'entraide du Secours national* »[216], parrainage dans chaque commune du troisième enfant né

211. *Ibid.*, p. 236.
212. *Idem.*
213. *Ibidem*, p. 239.
214. *Ibid.*, p. 239.
215. *Ibid.*, p. 240.
216. *Ibid.*, p. 241.

pendant la quinzaine et appel à la bonne volonté des jeunes filles pendant la « Journée de repos de la Mère de famille », pour qu'elles effectuent des tâches ménagères en lieu et place de leur mère[217]. Maternité et propagande nataliste accompagnent cette formation morale de la jeunesse tournée vers « l'esprit de sacrifice ». Adolescents et enfants sont incités par la Croix-Rouge et le Secours national à entreprendre sous l'égide de leurs enseignants des actions de solidarité envers les prisonniers et les indigents. *« En novembre 1941, quatre journées de solidarité sont organisées. Dans toutes les écoles, les enfants sont chargés de collecter de l'argent en échange de "bons de solidarité" pour les prisonniers. Cette campagne s'ouvre par un rassemblement de jeunes à Tours, Chinon et Amboise. Dans cette dernière localité, la cérémonie se déroule au théâtre-cinéma. Le maire y prononce quelques mots d'introduction et présente les orateurs, dont le docteur Fleys, prisonnier de guerre, qui fait ressortir le sentiment de captivité du prisonnier. Après lecture d'un message du maréchal, le Centre rural de Saint-Règle interprète un sketch :* Le Retour à la terre *et sa chorale exécute de vieux chants français. On note dans l'assistance la présence de l'archiprêtre, du directeur de l'Ecole primaire supérieure et d'un certain nombre d'instituteurs. »*[218]

Les « gardes-voies » : mobilisation des jeunes pour la protection des voies ferrées

Les jeunes d'Amboise faisant partie des générations nées entre 1884 et 1925 se voient aussi imposer du 25 février 1943 au 25 août 1944 la fonction de gardes-voies, c'est-à-dire de sentinelles chargées de surveiller les voies ferrées devenues la cible favorite des résistants, qui s'emploient à multiplier les actes de sabotage à l'encontre des chemins de fer afin d'entraver l'acheminement des convois allemands. Il ne s'agit pas seulement des jeunes mais aussi de tous les hommes âgés de 18 à 60 ans, *« à l'exception des maires, chefs de gare, lieutenants de pompiers, employés d'usines électriques, prsionniers libérés, agents SNCF, etc. »*. Ainsi, le préfet d'Indre-et-Loire fait connaître au maire de Saint-Martin-le-Beau les dipositions prises par le gouvernement de Vichy en ce sens le 4 mars 1943 : *« Afin de permettre un meilleur fonctionnement de la garde des communications, j'ai l'honneur de vous demander, si vous ne l'avez pas déjà fait, d'envisager la réquisition d'un local de poste aux requis. Ce local devra être choisi aussi rapproché de la gare que possible et rendu habitable, de façon à pouvoir abriter le personnel chargé de la surveillance de votre secteur. Les frais entraînés par sa location ou sa réquisition, le chauffage, l'éclairage, le couchage (sur paillasse, matelas, paille, foin) sont à la charge de l'Etat ; les factures devront être envoyées à la préfecture pour règlement dans les conditions suivantes : en un exemplaire sur*

217. *Idem.*
218. *Ibidem*, p. 231.

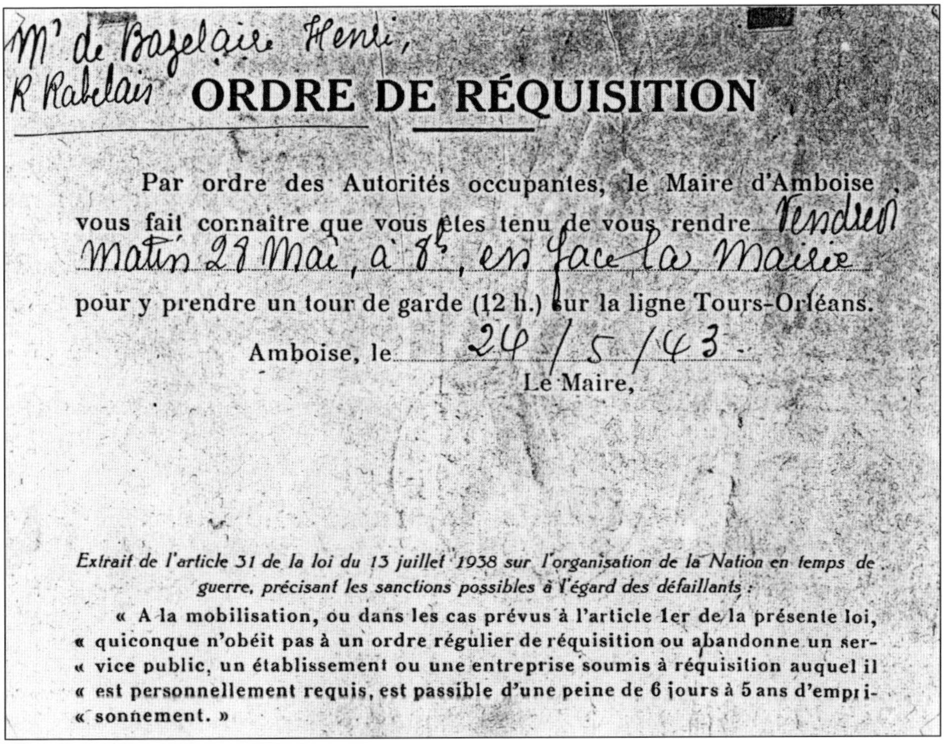

Mr de Bazelaire Henri,
R Rabelais

ORDRE DE RÉQUISITION

Par ordre des Autorités occupantes, le Maire d'Amboise vous fait connaître que vous êtes tenu de vous rendre Vendredi matin 28 Mai, à 8h, en face la Mairie

pour y prendre un tour de garde (12 h.) sur la ligne Tours-Orléans.

Amboise, le 24 / 5 / 43

Le Maire,

Extrait de l'article 31 de la loi du 13 juillet 1938 sur l'organisation de la Nation en temps de guerre, précisant les sanctions possibles à l'égard des défaillants :

« A la mobilisation, ou dans les cas prévus à l'article 1er de la présente loi, « quiconque n'obéit pas à un ordre régulier de réquisition ou abandonne un ser- « vice public, un établissement ou une entreprise soumis à réquisition auquel il « est personnellement requis, est passible d'une peine de 6 jours à 5 ans d'empri- « sonnement. »

Ordre de réquisition pour les gardes-voies (24 mai 1943).

papier libre pour les sommes ne dépassant pas 500 francs ; en deux exemplaires, dont un sur papier timbré, lorsque le montant de la facture est supérieur à 500 francs. Je vous prie de vous mettre immédiatement en rapport avec le chef de secteur de la garde des Communications intéressé en vue de rechercher ce local. Afin de loger le chef de la brigade de la garde des communications qui se trouve dans votre commune, je vous demande également de l'aider à trouver, par réquisition ou location, une chambre meublée où il puisse habiter, à proximité du poste de garde. »[219]

Ce système de surveillance des voies ferrées n'a pas donné les résultats escomptés par Vichy. En 1943 et 1944, les attentats à l'explosif contre les voies ferrées se multiplient ; les jeunes requis pour cette tâche ingrate de garde-voie n'ont pas fait montre d'un zèle ardent pour l'accomplir. A preuve, ce témoignage de Georges Jolivet, garde-voie à Amboise : « *Il y avait un poste de garde au passage à niveau de Nazelles-Négron. Un poste à la gare de Limeray. Certains effectuaient Amboise-Limeray, d'autres Limeray-Monteaux. En fait, je n'ai jamais patrouillé le long de la voie ferrée, on se contentait pour la majorité*

219. Cité par Robert Uhart, *Amboise et sa région… op. cit.*, p. 222.

d'entre nous de signer le cahier en gueuletonnant au café Mahé à Limeray avec Joulin du Tout Va Bien et Bruzeau le commis de Folz. Un jour, celui-ci, qui était allé remplir une citerne à la cave coopérative de Limeray, est venu la ranger le long du café Mahé et, tout naturellement, on a installé un tuyau. C'était bon pour le moral. »[220]

Morale pénitentielle, national-catholicisme, sport et militarisme

La démarche doloriste de Vichy surgit dans cette liturgie mi-laïque mi-politique comme une litanie sans cesse renouvelée : le sentiment de culpabilité collective, la demande d'expiation, de contrition qui passe par les « bonnes œuvres » envers les pauvres et les prisonniers, quête mentale d'une vraie France qui n'aurait pas été contaminée par la décadence d'avant guerre - sous-entendu d'une France républicaine socialiste et rouge, athée, Front populaire -, aspiration à une France de l'âge d'or qui est une France du passé (« vieux chants français ») et de la ruralité, non corrompue par la civilisation urbaine et industrielle. La France des campagnes (*« la terre ne ment pas »* selon l'adage vichyste) et d'un passé mythifié et la France de la tradition catholique sont mises en scène en vue d'une purification morale. Catholicité est synonyme aussi d'identité française : le maréchal Pétain, d'une foi pourtant peu ardente, n'a pas manqué de se montrer souvent à la messe, de s'afficher fréquemment aux côtés des autorités ecclésiastiques et de multiplier les œuvres bienveillantes en faveur de l'Eglise catholique et de l'enseignement libre. Au même moment, tous les éléments considérés comme allogènes et impurs sont victimes d'une épuration administrative et politique ou ethnique : ainsi Robert Vivier, inspecteur d'Académie, comme tant d'autres, parce qu'il est franc-maçon, est mis à pied, tandis que la chasse aux juifs, aux « mauvais Français », aux supposés « terroristes » (les résistants) prend toute son ampleur pour atteindre son paroxysme en 1942-1943 en Touraine et en France. Il convient de signaler que ce n'est pas toute la communauté catholique qui s'est engagée dans la voie de la « réaction » politique et de la Collaboration (cf. Jack Vivier, *Prêtres de Touraine dans la Résistance*, Chambray-lès-Tours). Plusieurs ecclésiastiques, refusant cette logique infernale de l'intolérance et de l'antisémitisme, ont payé de leur vie leur altruisme envers les persécutés. De même, un certain nombre de gendarmes, qui auraient pu servir de bras séculier à la répression vichyste, pour s'être engagés dans l'action clandestine de la Résistance, ont subi la déportation dans les camps de la mort[221]. A l'instar

220. *Idem.*
221. Jack Vivier, *Gendarmes de Touraine dans la Résistance*, Chambray-lès-Tours, CLD, 1998.

d'une Espagne franquiste, c'est bien une France national-catholique, une France de l'antimodernité, de la tradition nationale pluriséculaire dont les piliers régénérateurs seraient constitués par l'Eglise et l'Armée, que le maréchal et son entourage souhaiteraient bâtir.

Le gouvernement de Vichy s'appuie ainsi volontiers sur les mouvements de jeunesse traditionnels d'obédience catholique, qui se situent dans la mouvance de l'Action catholique de la Jeunesse française et Scouts de France[222]. L'ACJF, outre les mouvements spécialisés comme la JOC, la JEC ou la JIC qui s'évertuaient à mobiliser les énergies juvéniles dans les milieux ouvriers et estudiantins, peut compter sur le réseau des associations Scouts de France présentes dans les principales communes du département, à Tours, Amboise et Chinon. Selon le commissaire central de la police de Tours, les Scouts de France au nombre de 400 à 500 dans le département d'Indre-et-Loire pratiquent « *la culture physique, jeux divers, chants, cercles d'études, etc., tout ce qui peut concerner la formation du corps et de l'esprit* »[223].

Dans cette perspective, sport rime avec militarisme et tout ce qui relève des choses de l'esprit devient suspect, comme en Italie ou en Allemagne où les jeunes gens sont transformés en légionnaires devant sacrifier leur vie pour leur chef et leur patrie. Si les activités intellectuelles sont contrôlées, tout ce qui relève du champ sportif est encouragé. Ainsi, le préfet Tracou, officier de carrière proche de Darlan et de Pétain, inaugure à Château-Renault le premier stade scolaire du département d'Indre-et-Loire le dimanche 26 avril 1942[224]. Il partage pleinement les valeurs de la Révolution nationale et sert fidèlement Vichy et, conscient de la désaffection d'un certain nombre de Français pour celle-ci, il mise cependant sur « *des hommes de tous les milieux sociaux, généralement jeunes* » capables de devenir les « *cadres nouveaux* » du régime à des « *postes de responsabilité et d'influence* » [225]. Tracou est de ces vichystes qui se trouvent dans une position médiane mais auquel l'on ne peut imputer une adhésion à la Collaboration. Il n'est pas non plus vraiment résistant, ce qui le place dans une situation ambiguë. En bon représentant de la Royale attaché à la tradition patriotique, il est anticommuniste, n'aime ni les Anglais (Mers el-Kébir et la vieille animosité des marins français pour la Royal Navy y sont pour beaucoup !), ni les Allemands mais écoute cependant la radio de Londres. Il applique la politique de Vichy mais s'emploie à faire libérer des prisonniers[226] ; il s'efforce de sauver le secrétaire général de la préfecture, Aubert, « *condamné et déporté pour ne pas avoir informé les autorités allemandes qu'un aviateur séjournait à Tours* »[227]. Il est sans aucun doute persuadé que le gouvernement de Pétain peut contribuer au relèvement du pays sans se

222. Jean-Pierre Froger et Jacques Watiez, *op. cit.*, p. 241.
223. *Idem*, p. 242.
224. Robert Uhart, *Amboise et sa région… op. cit.*, p. 148.
225. Jean-Pierre Froger et Jacques Watiez, *op. cit.*, p. 31.
226. *Idem*, p. 33-34.
227. *Ibidem*, p. 34-35.

compromettre avec les nazis. Un tel positionnement est fort inconfortable, car il aboutit quelque peu à une impasse politique. Il fait partie de ces nombreux gradés légalistes qui ont préféré le devoir d'obéissance plutôt que la rébellion et se sont fourvoyés dans l'impuissance de l'attente ou dans la compromission, à l'exception de ceux qui ont rejoint les Alliés au lendemain du débarquement en Afrique du Nord de novembre 1942.

Le général de Witkowski, qui préside à l'île d'Or, le dimanche 23 août 1942, *« une grande fête sportive, musicale et artistique »*[228], a le même profil et la même posture. Claude Croubois, dans sa contribution au livre de C. Morin, écrit à son sujet : « *A la tête de la Défense passive dès avant la guerre, le général de Witkowski se comporta en travailleur infatigable. Homme de terrain, sa silhouette maigrichonne était extrêmement populaire. Chargé en outre du service départemental de l'envoi des colis aux prisonniers de guerre, présent à toutes les manifestations officielles, il devint l'une des personnalités les plus en vue de la ville pendant l'Occupation.*

Outre ces personnalités incontestables, le général de Witkowski fut-il un résistant ? Certains n'hésitent pas à l'affirmer, sous prétexte qu'en utilisant un câble téléphonique miraculeusement épargné après la destruction de deux arches du pont Wilson le 22 août 1944, il entretint une liaison clandestine avec les FFI et les Américains, permettant à Tours d'être libéré sans bataille... Mais d'autres se gaussent de cette conversion tardive. Il semble bien qu'André de Witkowski fut un pétainiste convaincu, tout en se gardant de toute compromission avec les Allemands. Il resta d'ailleurs à la tête de la Défense passive après la Libération et fut élevé au grade de commandeur de la Légion d'honneur le 11 juillet 1950. »[229]

Ce que doit être l'éducation des jeunes selon Pétain et le régime de Vichy

Définir l'attitude du général de Witkowski s'avère délicat et il ne convient pas de s'installer *a posteriori* dans le positionnement confortable du procureur qui prononce un réquisitoire moralisateur. Telle n'est d'ailleurs pas la fonction de l'historien qui ne juge pas mais s'évertue à comprendre l'attitude des uns et des autres à un moment donné. Comme beaucoup d'officiers de carrière, le général de Witkowski est profondément imprégné d'une culture spécifique, celle de la Grande Muette, conservatoire de valeurs traditionnelles parfois en opposition ou en décalage avec celles de la République : hiérarchie, ordre, autorité, discipline, goût du sacrifice, patriotisme, fidélité au chef et obéissance, autant de principes procédant d'une « *culture de guerre* » qui n'a pas toujours fait bon ménage avec la culture politique de la IIIe République

228. Robert Uhart, *Amboise et sa région...*, p. 151.
229. Claude Morin, *1940-1944 : la Touraine sous les bombes*, Chambray-lès-Tours, 2000, p. 10.

axée sur les libertés individuelles et fondamentales, la pluralité des opinions et des partis, la souveraineté populaire, l'esprit critique, le droit de grève... Pendant l'entre-deux-guerres comme au cours d'expériences précédentes (l'affaire Dreyfus, l'affaire des fiches...), le malaise de l'armée s'avère profond, surtout au cours de la dépression des années trente : mal payés et mal considérés, un certain nombre d'officiers d'active se sentent bien souvent marginalisés et ne se reconnaissent pas dans le régime parlementaire, synonyme à leurs yeux d'anarchie et de dilution de la cohésion nationale. Ils acceptent mal le pacifisme, condamnent l'antimilitarisme des partis de gauche (SFIO et PCF) et vouent le communisme aux gémonies. Ils soupçonnent le PCF de tramer un complot pour s'emparer par la force du pouvoir : certains officiers comme le vieux maréchal Franchet d'Esperrey sont tentés de soutenir la Cagoule, d'autres prennent l'initiative, à l'instar de Loustaunau-Lacau avec l'organisation Corvignolles, de créer des réseaux clandestins pour empêcher tout noyautage des régiments par les communistes. La tentation du divorce officiers d'état-major/République atteint son paroxysme au moment du Front populaire et de la guerre d'Espagne. Bien souvent, les cadres militaires se sont trouvés en porte-à-faux avec le régime républicain mais ont préféré rentrer dans le rang malgré leur détestation du parlementarisme. Un officier supérieur aussi patient et roué que Pétain attend son heure, ronge son frein mais ne désespère pas de voir un jour l'avènement d'une République autoritaire, dont l'organisation et les principes seraient fortement inspirés des préceptes de l'institution militaire. La jeunesse, avenir du pays, doit à ses yeux - il en est persuadé dès les années trente - recevoir une éducation complètement différente de celle dispensée dans une école publique, laïque et obligatoire dont la faute première selon lui est d'être sous l'emprise d'*« instituteurs communistes »*. Au lendemain du 6 février 1934, sombre journée au cours de laquelle les ligues d'extrême droite ont fait trembler la République, le Maréchal, avant d'entrer dans le gouvernement d'Union nationale de Gaston Doumergue, sollicité pour exercer le poste de ministre de la Guerre, affiche également l'ambition de prendre en charge le ministère de l'Education nationale. L'historien Rémy Handourtzel, dans son ouvrage *Vichy et l'Ecole*, montre clairement le dessein éducatif déjà mûrement pensé de Philippe Pétain : *« La plupart négligèrent le fait que, pendant l'entre-deux-guerres, Pétain caressait dans une semi-retraite un projet politique pour la France qui lui était propre, calé sur le bonapartisme dans sa version antidémocratique. Il rêvait, parmi bien d'autres, d'une revanche sur la "Gueuse" dans le cadre d'un régime autoritaire probablement proche de l'expérience Mac-Mahon des années 1870 - antisémitisme institutionnalisé, technocratie modernisatrice et satellisation autour des fascismes en plus. En 1940, il avait adopté depuis des lustres, avec l'habileté du haut fonctionnaire carriériste puis du hiérarque prestigieux, une mentalité d'opposant rentré. [...]*

Appelé comme ministre de la Guerre dans le gouvernement Doumergue d'union nationale (né après la crise du 6 février 1934), il avait aussitôt revendiqué une double tutelle sur l'Education nationale avec ce programme prometteur : "Je m'occuperai des instituteurs communistes." *La manœuvre avait échoué mais il avait développé la même année ses idées dans le domaine éducatif dans plusieurs tribunes et multiplié les prises de contact avec les élites à ce sujet. Comme dans d'autres domaines mais prioritairement celui de l'éducation, le séisme de 1940 lui permit de mettre ses idées en application.* »[230]

Ce qui vient des « hussards noirs » de la République est foncièrement mauvais pour de nombreux officiers du haut commandement, car ceux-ci sont, dès les origines, non seulement les principaux hérauts du républicanisme mais aussi du pacifisme et de l'antimilitarisme au lendemain de la première guerre mondiale. Les instituteurs sont d'autant moins pardonnables à leurs yeux qu'ils sont étroitement impliqués avec leur puissant syndicat dans l'aventure du Front populaire. Le SNI commet l'erreur de se laisser bercer jusqu'en 1939 par les sirènes de l'ultrapacifisme. Ce qui scandalise encore un peu plus les chefs militaires, c'est que l'encadrement de bon nombre d'unités de l'armée française ait été assuré par des officiers de réserve, dont beaucoup sont des instituteurs.

Le régime de Vichy, cherchant des boucs émissaires comme dans le cadre du procès de Riom qui est celui des dirigeants du Front populaire, met clairement en avant la responsabilité des instituteurs : « *Rejet préexistant d'une République déliquescente, manipulation d'une opinion effondrée dans le sens d'un complot communiste, tous les ingrédients sont réunis pour la désignation des coupables. L'offensive contre les instituteurs part donc des chefs de l'armée vaincue, d'abord parce que les maîtres constituent le plus gros noyau de l'encadrement militaire et ensuite parce qu'ils forment un groupe social de boucs émissaires en réserve, depuis le Front populaire. On fait rapidement le procès concurrent de leurs actes et de leur discours : les 26 000 instituteurs mobilisés en 1939 sont directement accusés d'avoir failli, par lâcheté à leur devoir militaire. Le haut commandement va même jusqu'à insinuer publiquement que les instituteurs ont mal combattu, voire qu'ils ont carrément abandonné, par antimilitarisme, les soldats placés sous leurs ordres.*

En outre, les commandants en chef de l'armée, Gamelin puis Weygand, insistent pour que les instituteurs, qui n'ont pu imposer à la jeunesse l'esprit du sacrifice et du patriotisme, soient sanctionnés avant les chefs militaires… »[231]

L'école républicaine est vouée aux gémonies. L'heure n'est plus à l'encyclopédisme, qui éveille trop l'esprit critique, mais aux matières appliquées et au sport : les ministres de l'Education successifs du régime de Vichy « *Chevalier, Carcopino et Bonnard se retrouvent… pour insister sur le caractère pernicieux et subversif de la culture encyclopédique (l'instruction) à*

230. Rémy Haudourtzel, *Vichy et l'école*, Paris, Noésis, 1997, p. 18-19.
231. *Idem*, p. 61-62.

laquelle ils opposent les bienfaits des connaissances du concret et de la matière (l'éducation). Entre 1941 et 1944, les instructions ministérielles vantent périodiquement les mérites du travail manuel : le dessin et le sport en tête de ces activités salvatrices »[232]. Dans l'esprit de la Révolution nationale, l'éducation doit être synonyme de « virilisation » d'une jeunesse qui s'est laissé aller à l'esprit de paresse et qui doit assurer pour l'avenir dans une nouvelle Europe, certainement allemande, le redressement du pays. Pétain souhaite transposer les valeurs militaires ancestrales qui rejoignent par nombre d'aspects celles d'une France traditionaliste (obéissance à l'autorité, discipline, respect de la hiérarchie, « esprit de sacrifice », sens du devoir et de l'honneur, patriotisme), à l'ensemble de la nation française et les inculquer à la jeunesse. Dans cette perspective, le sport apparaît comme le vecteur privilégié de la « militarisation » de la jeunesse : *« L'éducation patriotique est portée à son paroxysme jusqu'aux soupçons d'une relative militarisation de la vie scolaire : si elle est à peu près négligée en zone occupée, la cérémonie du salut aux couleurs épouse en zone libre une fréquence hebdomadaire régulière jusqu'à l'invasion de novembre 1942. »*[233] La *« grande fête sportive, musicale et artistique »* présidée par le général de Witkowski le 23 août 1942 au stade de l'île d'Or, de même que l'inauguration d'un stade par le préfet Tracou à Château-Renault le 26 avril 1942, participent de cette aspiration au redressement moral. Pour le général de Witkowski, ce genre de grande fête sportive ne s'inscrit pas dans la politique de collaboration de Vichy, elle signifie au contraire la renaissance de la France qui ne doit pas s'effectuer nécessairement dans une Europe allemande : à l'instar du général de La Porte du Theil ou du général Juin, promoteurs des Chantiers de Jeunesse, il s'agit de préparer une jeunesse au relèvement de la patrie et d'attendre son heure, celle d'une éventuelle revanche. C'est le raisonnement d'une poignée d'officiers de l'armée d'armistice qui camouflent des armes, en violation de l'armistice franco-allemand, et créent un noyau de résistance d'origine militaire, l'ORA. C'est le raisonnement des « vichysto-résistants » qui sont peu nombreux et dont beaucoup sont giraudistes. Mais l'ambiguïté demeure car de Witkowski et Tracou, tout en s'efforçant de limiter les conséquences néfastes de l'occupation allemande sur la population, n'en continuent pas moins de servir Vichy : le devoir d'obéissance les conduit à une impasse éthique et politique relative, voire intenable. Tracou s'est efforcé de sauver de la déportation certains de ses compatriotes jetés dans les geôles allemandes, de Witkowski s'est dévoué pour la cause des prisonniers et serait entré en contact clandestinement avec la Résistance. Mais la cause des prisonniers a été dévoyée par le gouvernement de Pierre Laval, qui a présenté le STO (institué de septembre 1942 à début 1943) comme un moyen de faire libérer de nombreux prisonniers de guerre incarcérés outre-Rhin.

232. *Idem*, p. 122.
233. *Ibidem, p. 125.*

Le STO et la jeunesse réfractaire

Un certain nombre d'Amboisiens n'ont pas été dupes face à ce chantage déguisé destiné à leur donner mauvaise conscience s'ils ne partaient pas en Allemagne. Au péril de leur vie, ils ont choisi de ne pas obtempérer à cet appel pernicieux de Laval, qui promettait que l'envoi massif de jeunes pour travailler en Allemagne permettrait la libération d'un nombre important de prisonniers de guerre. D'après Jean Millasseau, le nombre de réfractaires au STO à Amboise a été au minimum de 73, voire plus : *« Pour Amboise et Saint-Denis-Hors, il y en a eu 73 qui ont obtenu la carte de réfractaire et maquisard (en 1947) et peut-être d'autres qui ne se sont pas manifestés. »*[234] C'est en deux étapes qu'a été mis en place le Service du travail obligatoire par le gouvernement de Laval : le 4 septembre 1942, il promulgue une première loi qui prévoit la mobilisation de la main-d'œuvre masculine de 18 à 55 ans pour le travail forcé en Allemagne et qui est suivi d'un autre texte visant plus particulièrement les jeunes classes, remplaçant le Service militaire par le STO. Pour les jeunes Amboisiens, le refus du STO équivaut à un acte de rébellion contre l'occupant qui prévoyait la dépor-tation des jeunes réfrac-taires dans des camps d'internement allemands. Ils risquent gros ; le Gauleiter Friedrich Sauckel, chargé de réquisitionner la main-d'œuvre à l'échelle de toute l'Europe occupée, n'a-t-il pas déclaré avec une cruauté implacable : *« Les réfractaires seront traqués, nous emprisonnerons leurs femmes et leurs enfants et nous brûlerons leurs maisons. »*[235] Les mesures coercitives prises

ÉTAT FRANÇAIS

COMMISSARIAT GÉNÉRAL
AU SERVICE
DU TRAVAIL OBLIGATOIRE

MOD. 3

CARTE DE TRAVAIL

SERVICE DU TRAVAIL OBLIGATOIRE
(LOI DU 16 FÉVRIER 1943)

DÉLIVRÉE PAR LA
PRÉFECTURE DE ……

N° ……

Nom du titulaire. . ……
Prénoms . . . . ……
Profession. . . . . . . ……

Carte de travail du STO (loi du 16 février 1943).

234. Témoignage de Jean Millasseau, Amboise, septembre 2004.

en 1942 et 1943 par les autorités allemandes et vichystes ont précipité moult adolescents dans la clandestinité, voire dans les réseaux de Résistance, car elles les acculaient à un véritable cas de conscience, à un choix existentiel crucial : la sujétion, l'acceptation de la légalité vichyste qui n'était autre que la lâche résignation devant la loi du plus fort, autrement dit la voie de l'asservissement au joug nazi, ou la rébellion en apparence illégitime qui marquait le début d'une entrée en résistance. Les hors-la-loi de circonstance venaient grossir les rangs des premiers résistants qui n'étaient qu'une poignée. Mais comment ne pas être tenté à un moment ou à un autre, de rejeter l'insupportable, dès lors que l'on est soi-même spectateur de l'instauration d'un ordre nazi suspensif non seulement des libertés fondamentales mais tout simplement de toute dignité humaine ?

Liste des réfractaires d'Amboise au STO

Lesain Charles, rue du Gazomètre ; Picot Charles ; Porcher Jacques ; Orillard Lucien ; Rigate Yvon ; Robin Constant ; Tournat Pierre ; Tremblay Jean, 1 rue Nationale ; Talon Lucien, rue Victor Hugo ; Thibault André, rue Victor Hugo ; Tassard Roger, rue Destouches ; Thierry Lucien, 107 rue Nationale ; Verrier Jacques, 109 rue Nationale ; Giraud Bernard, rue de Nazelles ; Jacquemin Edouard ; Jollet René, rue Victor Hugo ; Lepage Bernard, 42 rue de Tours ; Laurent Jean, 106 rue Victor Hugo ; Le Boudec Simon ; Martin Jean, rue Newton ; Mangeant Jean, rue de la Caillette ; Nourtier Guy, rue Victor Hugo ; Biaune Claude, 7 rue de Chenonceaux ; Schavo André, rue de Tours ; Ferrier Yves, rue de Nazelles ; Boisgiraud Claude, rue Victor Hugo ; Flumeau Maurice, 11 rue Rabelais ; Gaucher Fernand, Entrepont ; Gault Jean ; Gay Camille (coiffeur) ; Gaston Pierre, rue Victor Hugo ; Brutus Robert ; Bezeau Paul, 6 rue Mirabeau ; Cazenave Camille, rue Victor Hugo ; Chappron Georges, 20 rue Chaptal ; Chassigny Albert ; Herman Marcel ; Millasseau Jean, 43 rue Victor Hugo ; Pincon Jean, place du Château ; Beaudiment Auguste ; Thomas Raymond, 44 rue Nationale ; Andos Jean, 52 rue Nationale ; Buron Bernard ; Berton Albert, rue de l'Isle ; Bardet Henri, 10 rue Newton ; Bestaux André, La Pierre-qui-Tourne ; Beaudouin Victor, Entrepont ; Barthélemy Lucien, rue de Nazelles ; Dansault Edmond, rue Beaubrun ; Doidis Baptiste, route de Tours ; Dumont Henri ; Dupont Didier, rue Victor Hugo ; Sabard Bernard ; Colin André, 16 rue Voltaire ; Doron René, La Commanderie ; Delépine Roger, La Bouquetterie ; Bandichon Léon ; Breussin Marcel ; Poupault Maurice ; Petitbon Henri à Chandon ; Régnier Maurice ; Soret Robert à Chandon ; Thénon Raymond, La Commanderie ; Wampouille Victor, route de Bléré ; Jamin Raoul à Chandon ; Lambert Jean ; Le Quellec Alain, route de Bléré ; Lemarchand Roger ; Meunier Henri, rue de Choiseul ; Meunier Louis ; Marchand Robert à La Truye ; Cormier Raymond ; Bruneau I.

235. « *Des hors-la-loi dans la seconde guerre mondiale* », GNRM, mai 1991.

La captivité à Amboise : Camps de prisonniers et évasions

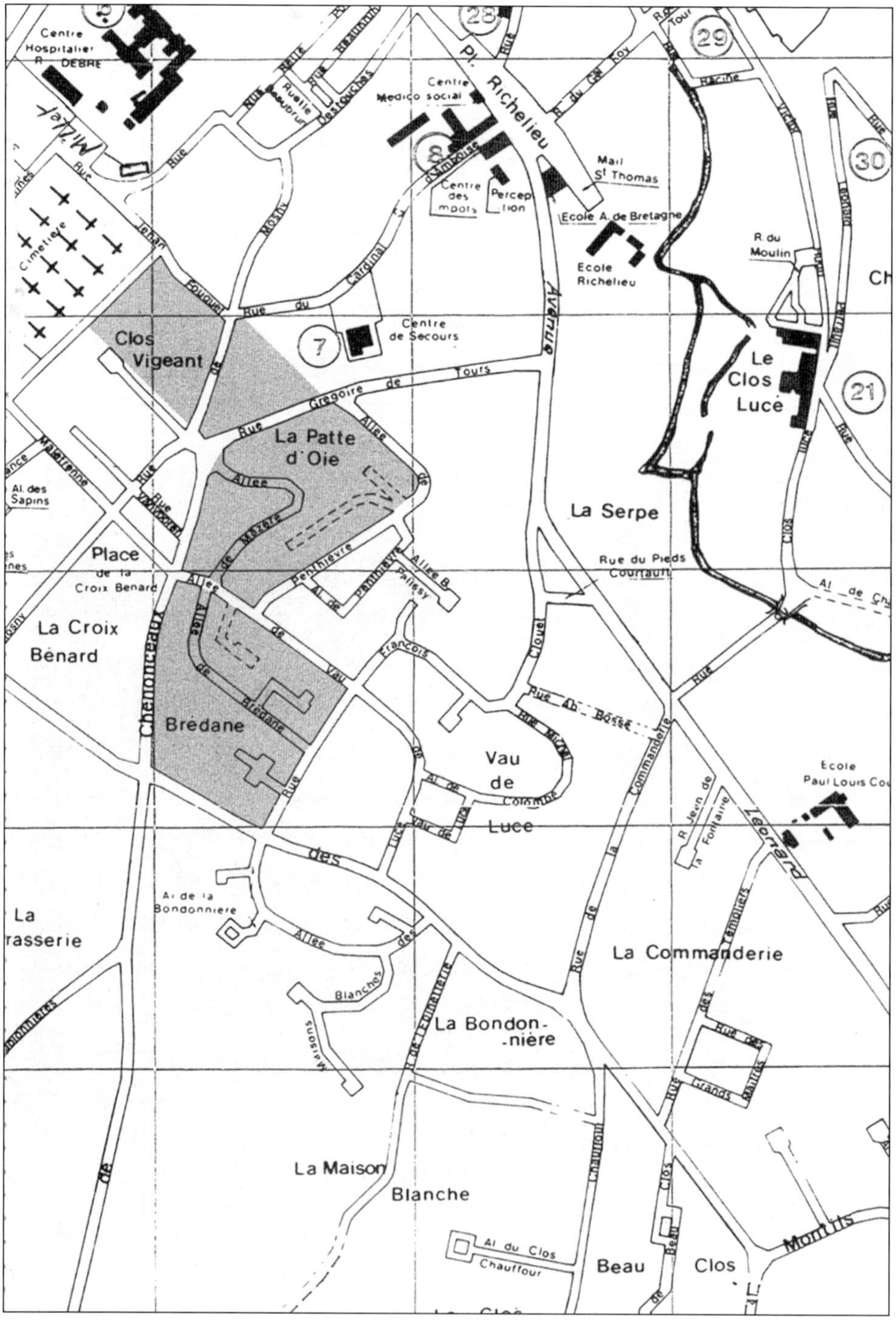

Plan du Fronstalag 180 (source : Robert Uhart, op. cit.*).*

L'installation du camp de la Patte d'Oie

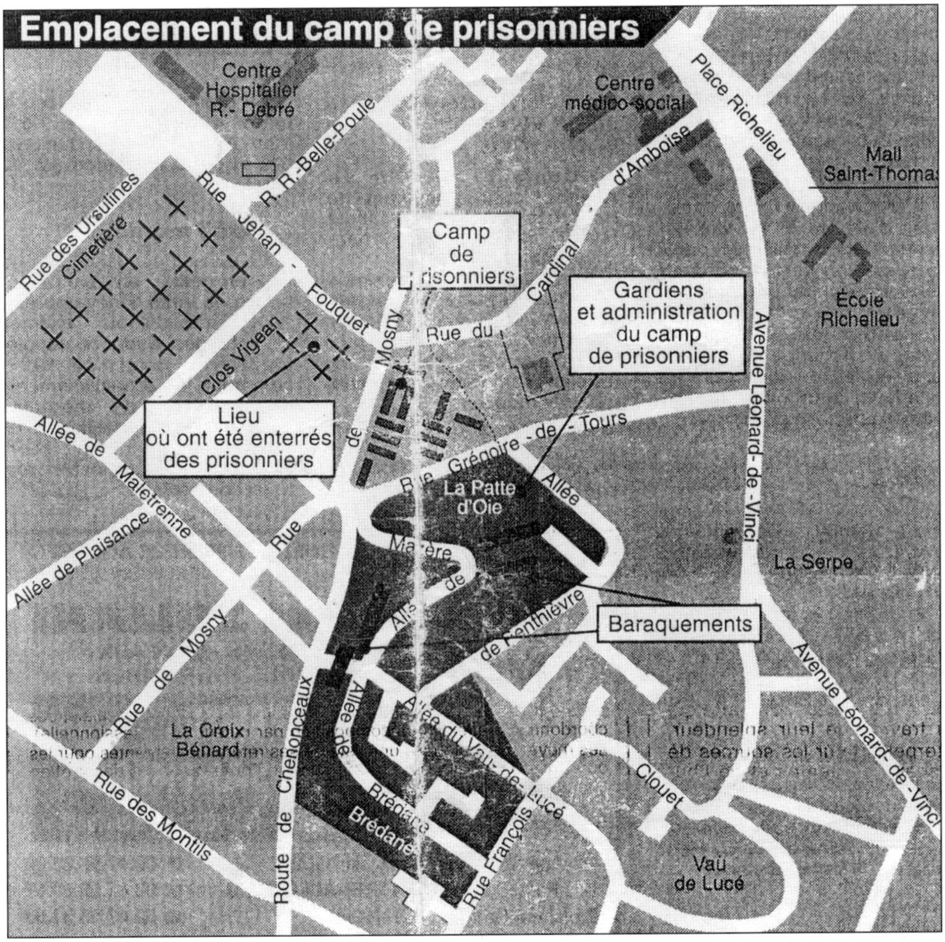

Plan du Fronstalag 180 (source : La Nouvelle République *du 2 novembre 1997).*

Premiers aménagements et construction du camp de la Patte d'Oie

Signe des temps, la guerre ne peut passer inaperçue dans la cité amboisienne. A l'exemple du vieux continent happé par le système concentrationnaire national-socialiste, Amboise se couvre elle aussi à sa modeste échelle de barbelés et de miradors : dès 1940, un camp de prisonniers s'ouvre pour incarcérer les 600 soldats français capturés à l'issue de la bataille de Montlouis et d'Amboise. Il est aménagé empiriquement par les Allemands qui, dès les premiers mois, installent provisoirement les combattants de l'armée vaincue dans les quelques locaux disponibles qu'ils peuvent réquisitionner. Emile Gounin décrit les préliminaires de l'installation du camp : « *Les baraquements aménagés pour les boches sur la droite de la route de Chenonceaux, à la Patte d'Oie et sur la route de Saint-Martin-le-Beau, derrière l'église Saint-Denis, pour les Belges, servirent effectivement d'amorce au futur camp de prisonniers, mais le collège* [l'EPS Charles Guinot] *également, dont les fenêtres avaient été obturées par des réseaux de barbelés et qui abritait quelque 2 000 prisonniers dont la plupart couchaient dehors, à même le sol, sous des tôles ondulées ou des plaques de fibrociment.* »[236] Tandis que les officiers sont placés dans l'Ecole primaire supérieure (place Richelieu), les soldats de la troupe sont regroupés dans les baraquements situés aux 21 et 32 rue Saint-Denis, qui ont servi à héberger l'armée de l'Air pendant la drôle de guerre. La Wehrmacht ne perd pas de temps en procédant au montage rapide de deux camps. Le petit camp, se déployant sur une superficie de 1,5 hectare rue Grégoire de Tours, va héberger le commandement allemand, les services administratifs, la cuisine et les postes de gardien. Le grand camp, plus en hauteur « *sur des prés et des vignes réquisitionnés* », comprend « *46 baraquements de bois destinés aux prisonniers* »[237]. Connu sous le nom de camp de la Patte d'Oie par les Amboisiens, le Frontstalag 180, comprenant ces deux sous-ensembles (dans la partie inférieure, bâtiments réservés aux Allemands, dans la partie supérieure, baraques servant de logements aux prisonniers), rappelle par sa consonance germanique la présence obsédante de l'ennemi. La cité amboisienne comporte alors trois structures carcérales : le petit camp de la rue Saint-Denis, derrière l'église du même nom, se trouvant sur la route de Saint-Martin-le-Beau ; le petit camp et le grand camp de la Patte d'Oie situés sur la route de Chenonceaux, dans le ressort administratif de la commune de Saint-Denis-Hors. Pourtant, c'est au maire d'Amboise que vont essentiellement incomber les charges logistiques exigées par l'occupant.

236. Robert Uhart, *Amboise et sa région… op. cit.*, p. 366.
237. Cf. La Nouvelle République, 2 novembre 1997.

Camp de prisonniers d'Amboise : le Frontstalag 180 du 23 juin à la fin de février 1941. (Source : Robert Uhart, op. cit.)

Le camp d'Amboise voit affluer de nombreux prisonniers faits dans les environs et parfois venus d'autres régions. En une phrase remarquablement synthétique, Emile Gounin fournit un témoignage précis, d'une part sur les origines et l'histoire du camp et d'autre part sur le sort réservé aux prisonniers : « *Ces malheureux* [prisonniers] *qui vivaient dans un état de promiscuité révoltant, étaient par surcroît fort mal nourris et il fallut toute la générosité de la population d'Amboise, qui passait chaque jour, par les fenêtres, des centaines de kilos de pain, pour qu'ils ne mourussent pas de faim. Dès le mois d'août, le grand camp, avec 55 baraquements et non 80, abritait quelque 6 500 prisonniers ; cela dura jusque vers la fin de l'année, date à laquelle les prisonniers furent progressivement évacués vers l'Allemagne, les autres sur Saumur.* »[238]

238. Robert Uhart, *op. cit.*, p. 366.

Juin 1940 : premiers jours de captivité (photographies de Robert Uhart, op. cit., *p. 62).*

Le maire Emile Gounin s'efforce d'améliorer le sort des prisonniers

La description du maire d'Amboise doit être prise au sérieux. Il était le premier observateur averti de la cité et le premier concerné, puisque les Allemands lui demandaient de faire participer sa commune à l'aménagement du camp et d'intervenir à plusieurs reprises pour résoudre les problèmes matériels. Ce camp va être l'objet de sa constante préoccupation pendant toute l'Occupation. Son témoignage plein de pudeur et de dignité occulte le rôle essentiel qu'il a pu jouer pour atténuer les souffrances infligées aux prisonniers et à ses concitoyens. Robert Uhart, dont le premier objectif historique a été d'exhumer le souvenir du camp de la Patte d'Oie quelque peu effacé de la mémoire collective locale, met en exergue le comportement exemplaire d'Emile Gounin qui, en contact permanent avec l'autorité allemande, a réellement tout fait pour limiter les rigueurs d'une domination brutale sans se compromettre avec l'ennemi : « *Emile Gounin gère au mieux le fait d'avoir un camp de prisonniers sur sa commune. En effet, bien que le camp soit situé sur la commune de Saint-Denis-Hors c'est au maire d'Amboise que l'occupant s'adresse. Pour avoir lu de très nombreux documents concernant cette très difficile période, je peux tranquillement affirmer que le comportement d'Emile Gounin fut exemplaire, et que ceux qui ne furent pas avares de critiques à son égard au lendemain de la Libération n'auraient pas fait mieux. Faisant preuve à la fois de souplesse et de fermeté, il put protéger la ville d'Amboise contre les excès des occupants, et faciliter la vie de prisonniers et leur évasion entre juin 1940 et mars-avril 1941 date du départ des prisonniers pour l'Allemagne et l'Autriche (prisonniers français métropolitains, direction Allemagne et Autriche, le 6 janvier 1941). Le Fronstalag Saumur en mars, avril 1941 pour les autres prisonniers.* »[239]

Le comportement exemplaire d'Emile Gounin se mesure à l'aune de son humilité et de son abnégation. En faisant le panégyrique du dévouement de ses concitoyens, il passe sous silence la place essentielle qu'il a tenue. Il n'a eu de cesse de chercher à améliorer la condition des prisonniers, voire de favoriser leur évasion dès lors que l'occasion se présentait. Lorsque les prisonniers du camp de la Patte d'Oie reçoivent, le 25 octobre 1940, la visite du Maréchal, Emile Gounin, qui accompagne le chef de l'Etat français, ne manifeste, en aucune manière, une attitude complaisante envers son hôte et ses idées. Il se compose un personnage comme un acteur devant son public, non pour adhérer au discours maréchaliste mais pour mieux agir clandestinement en faveur des détenus et de ses administrés. Lors de sa venue, le Maréchal, soucieux de l'état de santé des prisonniers, s'adresse à eux en leur prodiguant des paroles lénifiantes de réconfort, d'incitation à la patience et en leur faisant miroiter la promesse d'une prochaine libération. Sans

239. *Idem*, p. 60.

enthousiasme, Emile Gounin tient un langage identique s'apparentant à l'instillation d'un peu de baume adoucissant à la misère présente de son auditoire. Constamment sollicité, il s'évertue à satisfaire les demandes allant dans le sens du soulagement du sort des prisonniers, en dépit des nombreuses embûches et des risques encourus. Ainsi, intercédant auprès de la Wehrmacht, il s'emploie dès juillet 1940 à faciliter la sortie d'un clerc de notaire nommé Bélard à la demande du notaire amboisien maître André, puis au mois d'août de la même année celle d'un lieutenant, pharmacien de métier, pour que celui-ci puisse aider le pharmacien Girard. Il s'efforce également d'exaucer le vœu d'agricultrices qui, restées seules dans leur exploitation, réclament l'élargissement de leur époux prisonnier.

En cette époque de pénurie, une telle doléance devait pouvoir être satisfaite, car les autorités allemandes et vichystes menaient une propagande intensive à destination des agriculteurs pour un redressement significatif de la production agricole. Le retour à la terre participait pleinement de l'un des registres de prédilection de la Révolution nationale : l'idéalisation d'une France rurale. Le bourgmestre amboisien ne ménage pas non plus sa peine pour protéger un corps de métier qui suscite la suspicion car trop lié au républicanisme d'antan : celui des enseignants. Le 24 juillet 1940, il demande la libération de l'instituteur monsieur Lhomme. Il révèle aussi un esprit de tolérance et d'ouverture lorsque le docteur Mahoudeau le sollicite pour permettre à des prisonniers algériens de célébrer les funérailles de l'un des leurs selon le rite musulman : il intervient aussitôt en ce sens. Répondant aux besoins de main-d'œuvre exprimés par différents professionnels (fermiers, artisans, commerçants...), il fait en sorte de satisfaire ces demandes afin que le plus grand nombre de prisonniers soit en mesure d'aller travailler à l'extérieur et ainsi échapper à la faim qui les tenaillait à l'intérieur du camp. En effet, travailler chez un particulier procurait aux détenus le double avantage de recouvrer partiellement leur liberté et surtout d'être nourris correctement. Emile Gounin n'est pas sourd aux appels de femmes supportant mal l'absence de leur mari et en proie à de profondes frustrations sentimentales : *« Le maire d'Amboise prie l'officier, chef de la Kommandantur et le commandant du camp n° 1 de permettre aux prisonniers originaires de Pithiviers de sortir pendant 1 heure avec leurs dames qui sont venues les voir et qui seraient heureuses de pouvoir passer un moment avec eux. D'avance, il les remercie de ce qu'il pourra faire. »*[240] Le 6 janvier 1941, le maire d'Amboise est informé de l'imminent transfert des prisonniers métropolitains d'Amboise vers l'Allemagne et l'Autriche ; il en appelle alors au commandant allemand pour que les captifs du camp de la Patte d'Oie en partance pour la gare de la Croix-Bléré puissent être ravitaillés par la Croix-Rouge le jour même[241].

240. *Ibidem*, p. 60-61.
241. *Ibid.*, p. 64 et 87.

Le double jeu d'Emile Gounin, interlocuteur obligé des Allemands et résistant

L'action entreprise par Emile Gounin va bien au-delà d'une simple sollicitude envers les prisonniers et leurs familles ; il prend lui-même de très gros risques pour faciliter les évasions et la fuite en zone sud. Ainsi, il lui arrive de transmettre des vêtements du Secours national à madame Bigot qui les fait teindre de façon à permettre aux prisonniers de s'évader avec des habits normaux[242]. A un jeune soldat, William Frideloux, hospitalisé à Amboise, de concert avec le docteur Mahoudeau, il conseille vivement le 20 juin 1940 de fuir pour échapper à la captivité. A l'instar du « Père Tranquille » incarné au cinéma par Noël-Noël, Emile Gounin pratique à l'insu des Allemands, en toute discrétion, une forme de résistance qui lui est propre : il se voit confier par Charles Dehaëne, chargé du courrier à la préfecture de Tours, des sceaux préfectoraux qui permettent de faire confectionner par sa secrétaire, madame Baron, de fausses cartes d'identité au bénéfice des prisonniers de guerre évadés, des juifs et des clandestins traqués par les nazis. Injustement inquiété à la Libération, Emile Gounin a fait montre d'une extrême modestie qui aurait pu lui être fatale, alors que d'autres personnalités, résistants timorés aux heures cruciales ou résistants de la dernière heure, se sont targuées de leurs actes héroïques et ont pris le devant de la scène au moment de l'épuration. Entre l'occupant et des populations soumises, il a joué le rôle incommode d'interface, ligne de faille où se concentrent tensions vives et haines inextinguibles. Sa présence aux cérémonies officielles auprès des autorités allemandes a bien été un véritable double jeu à l'échelon local, ce qui n'a pas été le cas du régime de Vichy qui s'est enfoncé complètement dans la fuite en avant de la Collaboration. Le regard qu'il porte *a posteriori* sur la dureté de la vie quotidienne dans le camp de la Patte d'Oie est le regard lucide de quelqu'un qui s'est trouvé aux premières loges, qui a côtoyé les prisonniers et a été toujours proche d'eux. Le camp d'Amboise n'a, par ailleurs, aucun secret pour lui : au lendemain du départ des prisonniers, le camp, laissé à l'abandon, est nettoyé à partir de juillet 1943 par les Allemands qui s'adressent aux maires de Saint-Denis-Hors et d'Amboise pour les aider à la remise en état des infrastructures. Le service d'hébergement de l'armée allemande fait savoir au préfet qu'il convient de *« charger le maire de la ville d'Amboise d'exécuter ces travaux ».*[243] Emile Gounin obtempère en faisant appel aux services des entreprises *« Mardelle, Corpechot, Clairo, Gagneux, Thébault, Moreau »* pour effectuer les travaux de réfection supervisés par le capitaine allemand Wagner[244]. Jusqu'au bout, le premier des Amboisiens est impliqué directement

242. *Ibid.*, p. 61.
243. *Ibid.* p. 90.
244. *Idem.*

dans l'entretien du camp, il en connaît les moindres recoins et peut se faire sans peine l'historien des lieux : « *Dès le début de 1941, fin février 1941*, dit-il plus précisément, *le camp était entièrement vide, il fut gardé d'abord par des civils, embrigadés par la préfecture, qui assurèrent la surveillance nuit et jour... Celui-ci fut occupé par un groupe de volontaires que j'avais constitué, qui se tenait tout prêt et entra en fonction le 31 août* [1944] *avant minuit, c'est-à-dire dès que je fus informé vers 22 h 30, par mon service de surveillance de l'évacuation du camp par les Allemands.* »[245] Jusqu'à la Libération, le maire d'Amboise veille sur ce camp qui a servi de dépôt à l'armée allemande. A l'heure de la délivrance, il en prend possession au nom de l'autorité municipale qu'il représente et fait procéder à une distribution de vivres, entreposés dans le petit camp, à la population.

245. *Ibidem*, p. 366.

Vivre au camp :
S'alimenter, travailler...

Amboise 1940. Le camp de prisonniers français, Fronstalag 180 (collection Jean Chauvin).

Intérieur d'une cantine du camp (collection Jean Chauvin).

Une entrée en captivité douloureuse, placée sous le signe de l'improvisation

Avant que le Fronstalag 180 ne devienne réalité, les prisonniers de guerre sont placés dans les rares endroits disponibles, dans des baraquements rue Saint-Denis ayant servi à l'armée de l'air et au collège Charles Guinot. Ainsi, le témoignage de l'officier Gustave Hodebert, retranscrit par Robert Huart, illustre les innombrables vicissitudes de l'entrée en captivité : « *Le 24 juin 1940, nous arrivons au collège Charles Guinot d'Amboise, où sont déjà présents plusieurs centaines de prisonniers. Rassemblement, appels se succèdent à longueur de journée. Je suis affecté à l'épluchage des pommes de terre dans les caves du château. Les pommes de terre sont bouillies dans de grandes lessiveuses neuves en zinc* [sans doute récupérées dans une quincaillerie amboisienne]. *Le zinc s'est-il décomposé ? Toujours est-il que beaucoup de prisonniers* [on dit internés durant les premiers mois de capture] *sont victimes de très graves dysenteries.* [...] *Le mois de juillet est passé. Début août, c'est le déménagement au camp de la Patte d'Oie. Affamé (un pain de 3 livres par jour et pour 25), affaibli, Hodebert se fait porter malade et se voit remettre des pilules blanches par le major allemand.* »[246]

Dès le début, la vie de prisonnier est rude : l'alimentation est nettement insuffisante et les premiers maux apparaissent. Un autre officier français, le capitaine Bonnafous, interné à Amboise à partir du 25 juin 1940, dans une lettre adressée le 15 juillet 1940 à son supérieur hiérarchique, décrit les premiers balbutiements de l'incarcération des soldats français à Amboise tout en s'imaginant à tort que sa libération est imminente. Fait prisonnier à La Roche-Posay, il arrive avec ses camarades en camion le 25 juin 1940 dans la cité amboisienne. Officiers et sous-officiers sont séparés des hommes de troupe, l'heure est apparemment à l'improvisation.

Les Allemands les incarcèrent dans les rares locaux disponibles en attendant l'aménagement des camps de la Patte d'Oie et dans des conditions matérielles assez précaires : « *L'ensemble du détachement est interné à Amboise dans différents camps, les officiers, sous-officiers et quelques hommes sont logés à l'Ecole primaire supérieure, les autres sont répartis dans des baraquements des camps 2 et 3. Sont avec moi à l'EPS, le capitaine Prudhomme, les aspirants Germain et Biot, le médecin auxiliaire Richet, les adjudants-chefs Tordo et Niault, les adjudants Lallement et Trébuchet. Nous ne connaissons pas encore malheureusement la date de notre libération, que nous souhaitons proche. Je vous serais reconnaissant, mon colonel, de bien vouloir m'indiquer l'endroit où une fois libres, nous pourrons retrouver le régiment. La vie que nous menons ici n'est pas très active et le luxe du logement n'est pas éblouissant. Les muscles de notre estomac ne sont pas trop éprouvés par le régime de l'unique repas qui nous est imposé.* »[247]

246. *Ibidem*, p. 37-38.
247. *Ibid.* p. 45.

Un autre ancien prisonnier d'Amboise, Georges Henri, confirme la médiocrité quantitative et qualitative des rations alimentaires qui étaient distribuées et l'affaiblissement des organismes qui s'ensuivait : « *Nous étions mal nourris : des feuilles de chou bouillies et des taupines bouillies, un morceau de pain comme pour un chien. Beaucoup comme moi ont eu mal à l'estomac. Moi, je suis reparti à l'hôpital le 17 décembre 1940 avec 40 °C de fièvre, avec beaucoup d'autres comme moi.* »[248] Dans ces descriptions, les souffrances morales et physiques accablent les détenus : ils sont dans l'incertitude du lendemain, espérant en vain leur libération et, ne recevant qu'une maigre pitance, sont tenaillés par la faim. C'est le début d'une longue et pénible captivité. Très vite, les nouveaux arrivants prennent conscience qu'ils sont de véritables prisonniers harassés par de longues marches, des nuits sans sommeil et quasi affamés, ils n'ont qu'une idée : se reposer et dormir. Les paillasses qui leur sont offertes sont en nombre insuffisant si bien que beaucoup sont contraints de dormir à même le sol. Peu à peu, la vie s'organise, des chefs de baraque sont désignés, l'hygiène est très rudimentaire ; peu ou pas d'eau pour se laver, les feuillées « classiques » sont à leur disposition. La nourriture est constituée de choux, de rutabagas, de navets. Malnutrition et hygiène déficiente favorisent la propagation des maladies : nombre de prisonniers sont atteints de dysenterie. A leur arrivée, ils sont d'autant plus désemparés qu'ils sont accueillis dans un climat de désordre et d'improvisation total, comme l'atteste très bien le témoignage de Jean Ortiou, fait prisonnier le 24 juin 1940 à Ciré-d'Aunis en Charente-Maritime : « [...] *Nous remontons vers le nord, par des chemins détournés car, plus on avance, moins il y a de ponts. Vers 16-17 heures, le 26 juin, nous tombons sur un barrage allemand qui arrête tous les véhicules et contrôle les papiers ; comme nous sommes encore en tenue (nous, en bleu horizon !), nous sommes parqués dans un pré et le soir emmenés dans les hangars de la papeterie de La Haye-Descartes pour y passer la nuit.*

J'ai froid au cours de cette nuit ; dans notre précipitation au moment de notre arrestation, j'ai laissé mon paquetage dans le camion ; c'est un Annamite [ils sont très nombreux parqués eux aussi dans le hangar] *qui me couvre avec un coin de la sienne* [sa couverture] ; *le lendemain, départ à pied, destination inconnue. Il fait très chaud ce mois de juin, la colonne, dont je ne distingue ni la tête, ni la queue, s'étire de plus en plus, les coups de feu claquent en l'air, très certainement pour rameuter tout ce monde qui, pour des raisons diverses, s'égaille dans les champs ou les vignes ; les habitants des villages traversés nous donnent à boire, mais surtout du vin, alors qu'il nous faudrait de l'eau fraîche.*

Je me rappelle avoir traversé Bléré et être entré dans un magasin (d'habillement, je crois) et m'être entendu proposer des vêtements civils pour m'évader ; j'ai refusé puisque, depuis ce matin, le bruit court qu'on nous emmène pour nous démobiliser et que si l'on retourne chez soi sans être en règle, nous aurons les pires ennuis...

248. *Ibid.*, p. 51.

alors nous nous remettons en route et nous arrivons en fin de journée, harassés, à l'entrée d'Amboise, c'est le 27 juin.

Nous sommes poussés dans des baraques vides, les premiers auront droit à quelques paillasses [tout le monde en aura plus tard], *les autres coucheront à même le plancher ; nous sommes dans un camp qui servait à la base aérienne, un camp non clôturé, c'est inutile, puisque dans les jours à venir, nous serons démobilisés ; oui, mais quelques jours après, une corvée va être désignée pour poser des barbelés. Je ne sais quel jour les Allemands sont arrivés à Amboise, ni s'il y avait des occupants avant nous dans le camp ; comme nous arrivons très tard le soir, épuisés après cette longue marche, nous ne pensons qu'à nous allonger ; peut-être y a-t-il des soldats ramassés plus près que nous. De toute évidence, les Allemands ne sont pas ici depuis bien longtemps puisque rien n'est organisé et le camp même pas fermé. Je ne sais pas le nombre de prisonniers qu'il y a pu y avoir, mais je porte le n° 1684 (tout dépend à combien le numérotage a commencé).* »[249]

Vivre au camp : faim, promiscuité et hygiène déficiente

Pour ces jeunes soldats ballottés d'un village à un autre, sans connaître la destination et sans savoir quelle va être la durée de leur captivité, ces péripéties les situent dans l'imprévisibilité du lendemain, dans l'incertain. L'atmosphère de chaos et de panique générale du mois de juin 1940 accroît cette incertitude, les rumeurs les plus folles circulent, d'où la crédulité du capitaine Bonnafous et du combattant Jean Ortiou, qui sont prêts à croire à une délivrance proche. Le camp d'accueil d'Amboise (ici il s'agit indéniablement du camp situé derrière l'église Saint-Denis) ne ressemble pas encore à une véritable prison, puisqu'il n'est pas encore entouré de barbelés et gardé par des sentinelles allemandes, qui semblent sur le moment invisibles. Mais l'illusion d'une libération immédiate est de courte durée car, quelques jours plus tard, des détenus sont mobilisés pour installer des barbelés. Ce qui devait être une situation provisoire va durer. La fatigue extrême s'abat sur ces nouveaux arrivants qui ne songent qu'à dormir et les empêche dans l'immédiat de réfléchir. Les conditions de vie sont, dès à présent, très pénibles : pénurie de denrées alimentaires, hygiène déficiente et absence de conditions sanitaires décentes, promiscuité, coupure avec le monde extérieur, tel est le lot quotidien des prisonniers qui commencent à comprendre que la fin de leur captivité n'est pas pour demain. La vie de camp s'organise : l'ivresse de liberté les incite à s'évader et en même temps la faim les taraude.

Quelles solutions pour s'en sortir ? Comment survivre avec des rations alimentaires qui sont portions congrues, comment ne pas rester isolé du reste du monde, comment tuer le temps et l'ennui qui s'installe dans le quotidien ?

249. *Ibid.*, p. 46-47.

Toutes ces questions fourmillent dans l'esprit de ces jeunes captifs désœuvrés, en proie à une sorte de vague à l'âme.

Des Amboisiens compatissants apportent des vivres ; par ailleurs, des prisonniers allant accomplir un certain nombre de corvées à l'extérieur sont autorisés à effectuer des achats en ville. La débrouille, le système D prévalent. Les détenus ne peuvent recevoir du courrier, à l'exception de quelques plis acheminés clandestinement dans le camp grâce à la complicité d'une poignée d'Amboisiens pleins d'abnégation. La visite des parents ou des épouses est autorisée à l'entrée du camp mais étroitement surveillée. Chacun s'efforce de pallier l'oisiveté qui est grande : on joue aux cartes, on bavarde, on chante, on bricole, on réalise des chœurs et des spectacles musicaux comme le montre un programme du Frontstalag 180.

Un moyen de se ressaisir : travailler à l'extérieur du camp

Par ailleurs, pour les plus chanceux, une solution pour échapper à l'enfermement est de participer aux travaux des kommandos de prisonniers envoyés dans les fermes du voisinage pour aider les paysans, dont la main-d'œuvre a été mobilisée. Bonne aubaine pour ceux qui sont désignés pour les kommandos : ils travaillent, mais sont bien nourris et espèrent une prochaine libération. Le récit de Jean Ortiou met bien en relief la dureté de la captivité à Amboise et les échappatoires possibles pour contourner les entraves et le carcan qui sont imposés à lui-même et à ses camarades : « *Au camp, on essaie de s'organiser ; des corvées qui vont en ville ramènent un peu de ravitaillement (il y en a encore dans les magasins, mais seulement pour ceux qui ont de l'argent sur eux), car la nourriture distribuée est insuffisante ; nous touchons un peu de pain le matin, celui-ci fabriqué par les boulangers d'Amboise est bon, sachant que c'est pour le camp, ils le font de très bonne qualité, il est distribué par baraques ; un chef de baraque a été désigné, en principe un sous-officier ; celui-ci reçoit sa part à l'entrée du camp, mais il a intérêt à se faire escorter, car les Nord-Africains, qui n'ont pas encore été évacués, sont organisés ; au moment où le responsable touche un pain, il y en a un qui s'en saisit rapidement au passage, le donne immédiatement à un autre et ainsi de suite ; ils font une véritable chaîne, si bien que lorsque vous vous en prenez au premier, le pain est déjà à l'abri dans une baraque.*

Au niveau hygiène, rien, peu d'eau pour se laver, pas de sanitaires ; pour les besoins, un trou de quelques dizaines de centimètres de profondeur, une branche d'arbre d'environ 2 mètres posée sur deux piquets enfoncés en V retourné et débrouillez-vous avec ça.

Donc, nous sommes désœuvrés toute la journée, il y a bien quelques corvées en ville ainsi qu'une équipe de bûcherons qui va faire du bois en forêt ; ceux-ci rendront de grands services, car ils approcheront des civils, pourront faire passer du courrier pour ceux qui, comme moi, ont des parents aux environs, de même ils pourront ramener quelques vivres apportés par ces personnes qu'ils rencontreront dans les bois. Par la suite, la visite des familles sera autorisée, elles doivent s'adresser au bureau allemand, à l'entrée du camp, qui envoie un Alsacien chercher le prisonnier à sa baraque. C'est ainsi que plusieurs fois, je pourrai déjeuner sur l'herbe, avec mes parents [...]. La majorité d'entre nous est donc inactive, nous essayons de nous occuper de diverses façons : des talents se révèlent : dessinateurs, graveurs, sculpteurs, etc. On commence à démonter les faux plafonds en contreplaqué pour bricoler ; on voit rarement les Allemands venir aux baraques ; ils envoient les Alsaciens qui servent d'interprètes et qui ne sont pas avec nous. On passe son temps aussi, bien sûr, aux traditionnelles parties de belote, à l'abri des baraques. Fin juillet, nous aurons une table de ping-pong et une baraque servira de théâtre, mais que voulez-vous faire sans accessoires ?

Et puis, petit à petit, les Allemands vont nous envoyer travailler dans les villages et lieux qu'ils occupent. C'est ainsi que je serai envoyé, début août, à Esvres, au château de la Dorée, où s'est installée une batterie d'artillerie. Nous sommes une quinzaine ; on nous emploie à toutes sortes de choses : jardin, nettoyage, maçonnerie, électricité, etc. C'est la commune qui est obligée de nous nourrir et de nous héberger. Nous couchons sur des paillasses dans la salle des fêtes, enfermés solidement tous les soirs. Deux femmes s'occupent à nous faire la cuisine, et quelle cuisine ! Merci à la commune d'Esvres. Rien n'est trop bon pour nous, nous nous remplumons. Et voyez comme le hasard fait bien les choses, moi, Saint-Avertinois, je me trouve à une quinzaine de kilomètres de chez moi. La population d'Esvres a fait preuve d'une très grande générosité. Après quelques jours passés à la salle des fêtes, nous avons été hébergés dans un restaurant situé au milieu du bourg. Nous avons appris dans la plus totale indifférence l'entrevue Pétain/Hitler, pas loin de chez nous, le 25 octobre ; pour nous, ce qui compte, c'est que l'armistice étant signé, l'on nous libère. Nous ne savons pas encore ce qui nous attend.

Quelques jours avant Noël, brutalement, en rentrant à la Dorée, on nous annonce que nous rentrons au Stalag le lendemain matin ; plusieurs d'entre nous réussiront à s'évader avant que l'on nous boucle. Nous revenons donc au camp, mais pas à celui de la route de Saint-Martin-le-Beau, à celui de la Patte d'Oie, beaucoup plus grand ; je ne sais combien nous pouvons être. Tous les kommandos rentrent, l'ambiance est très mauvaise, il fait très froid, les baraques sont peu chauffées, nous grelottons la nuit, surtout ceux qui, comme moi, couchent au "3e". Les fêtes se passent dans une tristesse profonde et ce que nous pressentions arrive le matin du mardi 6 janvier 1941. De bonne heure, rassemblement dehors, fouille complète du corps et pendant que nous gelons sur place, les Allemands s'occupent de nos sacs et paquets restés à l'intérieur. Ils visiteront les plafonds et puis ce sera l'arrivée au Stalag XVII à Kaiserteinbuch (à l'est de Vienne) à quelques kilomètres de la frontière hongroise. »[250]

250. *Ibid.* p. 47-49.

Solidarité amboisienne et évasions

L'univers carcéral à Amboise

Cette narration d'une vie, d'une pluralité de vies carcérales, constitue une fresque précieuse de la communauté humaine amboisienne pendant l'Occupation, de « l'ambiance » tout à fait particulière d'une petite ville provinciale bâillonnée par la botte allemande. Au cœur de la cité a fait irruption un abcès purulent, symptôme d'une maladie qui suppure, gangrène la société amboisienne et dont tous les habitants aimeraient se débarrasser au plus vite : le camp de prisonniers qui leur renvoie comme un miroir réfléchissant l'image de la médiocrité de la condition des « internés », leurs compatriotes réduits à l'état de pauvres hères et l'image de leur propre humiliation, celle d'êtres assujettis à une Wehrmacht omnipotente. Bien que non entourés par une enceinte de barbelés, les Amboisiens se sentent en prison, cernés par des uniformes vert-de-gris, sortes de geôliers qui les épient, réquisitionnent, exigent sans cesse et réduisent leur liberté de circulation par le couvre-feu, les contrôles fréquents, les perquisitions de la Gestapo. La Kreiskommandantur, sise au 35 quai des Violettes, est devenue le centre névralgique du pouvoir local. Trois camps de prisonniers ont surgi de terre avec grillages, baraquements sinistres et tours ; la ligne de démarcation a été dressée à moins d'une dizaine de kilomètres au sud, à Bléré, le long du Cher. Le monde est désormais semé de barrières. Les Amboisiens, à la suite de l'arrivée triomphale des Allemands, ont perdu une grande partie de leur âme : de citoyens, ils sont passés à l'état de sujets. Ils aspirent à recouvrer leur dignité. Un certain nombre le font en apportant une aide concrète aux prisonniers comme ils le peuvent : distribution de vivres ou de vêtements, transmission de courriers (ici par l'intermédiaire des prisonniers venus effectuer des corvées dans la ville ou dans la forêt), soutien logistique pour s'évader.

L'émergence d'une chaîne de solidarités

A Bléré, Jean Ortiou et ses amis sont sollicités pour s'évader : par excès de légalisme et par naïveté (l'illusion d'une proche délivrance), ils ne saisissent pas l'occasion inouïe qui leur est offerte. A Esvres, les prisonniers du kommando, partis travailler au château de la Dorée, peuvent aussi compter sur l'altruisme des habitants, qui sont soucieux de les bien nourrir. A Amboise, même solidarité : les mitrons de la cité royale s'échinent à fabriquer un pain de qualité pour les détenus qui représentent, malgré la sévérité de la défaite, l'honneur d'une France combattante, meurtrie mais restée digne.

Emile Gounin, qui est l'un des premiers à manifester cette philanthropie, mentionne le comportement exemplaire d'un grand nombre de ces concitoyens : *« Pendant tous ces longs mois, la population rivalise de générosité et d'ingéniosité pour procurer aux prisonniers tout ce qui leur manquait. Quant aux évasions, que l'on a évaluées à 1 700 environ et dont quelques-unes mériteraient d'être contées, elles furent l'œuvre de l'ensemble des Amboisiens, dont certains cependant se distinguèrent tout particulièrement et, pour ne citer que ceux qui sont disparus : madame Adam, sage-femme et adjointe au maire, monsieur le docteur Gautier, en eurent une large part. Des stocks de vêtements civils provenant du Secours national et entreposés à la mairie furent d'un précieux usage. »*[251] Un nombre non négligeable d'Amboisiens s'impliquent en effet dans l'aide aux prisonniers et font preuve d'un grand courage puisque leur contribution personnelle va jusqu'à la mise sur pied de filières d'évasions. Nombreux sont les exemples à citer. Ainsi, la famille Michel achète du pain chez le boulanger Bougard pour le donner à des prisonniers indochinois souffrant de dysenterie et ferme les yeux quand plusieurs « internés » décident de s'évader début 1941 pour éviter d'être déportés en Allemagne. Plusieurs Amboisiens servent de boîte aux lettres clandestine pour permettre la circulation du courrier entre les camps d'internement et l'extérieur. Tel est le cas par exemple de Gatien Legrand qui, après avoir été démobilisé et avoir trouvé un travail chez un menuisier amboisien, monsieur Barthélémy, sert de facteur clandestin assurant l'acheminement du courrier entre les camps d'Amboise *via* la ligne de démarcation sur le Cher. Après s'être évadé, venant de la région nord d'Angers, il arrive à Amboise le 23 ou 24 juin 1940, où il aperçoit les soldats allemands qui, *« fêtant leur victoire…, plus ou moins ivres, titubent dans les rues tandis que, le lendemain, tout rentre brutalement dans l'ordre avec un décret stipulant que tous les hommes doivent être fichés et justifier de leur emploi. En un mot, c'est la chasse aux évadés »*[252].

Pour régulariser sa situation, il se fait employer par le père de (son ami) Lucien Barthélémy *« qui ayant été désigné pour fabriquer des lits* [ou caissons] *pour le camp en cours d'installation le tire d'embarras en l'embauchant pour la*

251. *Ibid.* p. 366-367.
252. *Ibid.* p. 83.

fabrication de châlits [lits à 3 plans superposés] »[253]. Cela l'amène à entrer en contact avec des prisonniers du camp mobilisés pour cette tâche : « *Ce travail ne nécessitait pas de connaissances spéciales en menuiserie. Au bout d'une semaine, l'affaire étant sur les rails, monsieur Barthélémy, afin de récupérer ses ouvriers, demanda qu'il me soit adjoint quelques prisonniers avec lesquels je continuerai ce travail. Quatre prisonniers me furent confiés, quatre copains qui venant de Saint-Georges s'étaient fait ramasser à Bléré dans un petit bois précédant le cimetière. Une amitié fraternelle et durable se créa aussitôt entre nous et c'est ainsi qu'une seconde tâche périlleuse fut pour moi de devenir le facteur de mes amis et de bien d'autres. Mes parents habitant Saint-Georges, en tant que propriétaire "bidon" d'un laissez-passer, je passais la ligne de démarcation à Bléré, première difficulté. Il fallait ensuite l'introduire au camp avec les risques que cela pouvait comporter. Je faisais ces déplacements à vélo, le courrier étant roulé dans une toile de sac avec quelques outils qui émergeaient sur mon porte-bagages. Je posais mon vélo près de la sentinelle et je rentrais au poste pour la fouille, présentant mon laissez-passer. Mais cela ne suffisait pas, l'on me demandait aussi mon portefeuille qui, après examen, était jeté à terre, arrogance plus humiliation. Certaines fois, l'on me faisait déshabiller complètement. Abrutie par la discipline et n'exécutant que des ordres, ne prenant aucune initiative, la sentinelle n'eut jamais l'idée de regarder ce qui était sur mon porte-bagages.*

La seconde performance, bien osée elle aussi, était de rentrer le courrier au camp. Différents corps de métier travaillaient à l'aménagement du camp. La rentrée avait lieu à 7 heures le matin et 2 heures l'après-midi. Elle était contrôlée par un lieutenant parlant très bien le français. L'ayant mis au courant que des Sénégalais ayant appartenu à ma formation me demandaient de leur apporter du pain, cela me permit d'ajouter caché sous le pain le contenu de colis expédiés à Saint-Georges. Quant au courrier, il naviguait entre ma peau et ma chemise. J'eus beaucoup de chance d'autant plus que ce trafic devint de plus en plus important.

Si l'évasion fut facile au début à condition de prendre une décision instantanée sans réfléchir aux conséquences possibles, elle devint par la suite pratiquement impossible. Deux tentatives se soldèrent par deux morts criblés de balles après avoir essayé de franchir les barbelés. Il y avait d'ailleurs des miradors aux quatre coins du camp dont les projecteurs en illuminaient la surface la nuit. Au réveil, les deux cadavres de ces malheureux étaient restés afin que leurs camarades, les voyant, puissent méditer sur les risques de cette entreprise. »[254]

Témoignage édifiant qui montre les risques énormes encourus, la fraternité et la complicité naissantes entre prisonniers et Français du dehors, les relations tendues et méfiantes entre occupants et occupés, entre geôliers et prisonniers dont la vie ne valait pas bien cher s'il venait à l'esprit de ces derniers de vouloir tenter l'évasion. L'« *arrogance* » des gardes allemands entraînés dans l'engrenage infernal de la discipline et de l'inhumanité est soulignée.

---

253. *Ibidem.*
254. *Ibid.* p. 83-84.

Un autre souvenir concordant est fourni par une Amboisienne restée anonyme, remarquable par son humilité : « *J'habitais alors dans une petite maison située en face de l'église Saint-Denis. Je vivais là avec ma mère, et travaillais chez Pezon et Michel depuis la mort de mon père en 1935.*

Les premiers prisonniers français arrivèrent fin juin 1940, mourant de faim et mal vêtus. Une petite sœur des pauvres et ma mère, prises de pitié, leur firent de la soupe dans de grandes lessiveuses et les malheureux furent mis dans des camps situés route de Saint-Martin-le-Beau, dans le haut de la côte. Le terrain où ils étaient, on l'appelait le Terrain des Scouts. Combien étaient-ils ? Je ne m'en souviens pas mais je sais que maman réussit à entrer dans le camp et alla aider à la cuisine, qui était faite par des prisonniers français. Un côté du camp n'était pas clôturé et l'on pouvait passer par le parc de la Duparquetterie qui dépendait de Sainte-Clotilde.

Un prisonnier du bord, appelé le "Diable Bleu", passait souvent par là et venait à la maison chercher du courrier pour les autres prisonniers. Il est même arrivé que quelques femmes retrouvent leur mari chez nous pour une ou deux heures. Quelle joie c'était pour tous ! Ce garçon si dévoué fut mis dans un autre camp car il avait été dénoncé et, paraît-il, fut tué un peu plus tard.

Je me souviens aussi que nous allions avec une ou deux amies, dans une maison située à côté du camp où se tenait le PC allemand. Nous arrivions à faire sortir ceux qui venaient dans la cour et discutaient avec nous pour nous demander différentes choses. Nous leur passions quelques lettres en douce. Ce manège dura quelques mois, les sentinelles autrichiennes nous laissaient passer sans histoire, jusqu'au jour où elles furent remplacées par les SS. Lorsque je voulus faire sortir mes amis prisonniers, comme j'en avais l'habitude, je fus mise en joue par les sentinelles et je n'insistai pas. Quelques prisonniers allaient en ville faire quelques courses sous bonne escorte. Ma pauvre maman, fatiguée par le travail qu'elle faisait au camp, par le courrier que nous recevions, et qu'elle portait aussitôt, tomba malade et fut hospitalisée. »[255]

Le témoignage de cette personne, jeune femme à l'époque, atteste la spontanéité de la réaction d'un certain nombre d'Amboisiens qui n'ont pas pu demeurer impassibles face au malheur d'autrui ; avant tout réflexe patriotique, c'est sans nul doute la solidarité du cœur, la charité chrétienne qui s'exprime dans les gestes généreux de cette religieuse et de cette mère qui, sans rien demander en contrepartie, apportent nourriture et réconfort moral aux prisonniers du camp de la route de Saint-Martin-le-Beau. Cette prison improvisée et aménagée rapidement reste ouverte sur le monde extérieur puisqu'elle n'est pas totalement entourée de barbelés, contrairement au camp de la Patte d'Oie où les conditions de détention s'avèrent beaucoup plus dures. Toute communication n'est pas rompue entre le « *Terrain des Scouts* » et l'extérieur : certains détenus comme le « Diable Bleu » peuvent sortir et transporter, à l'insu des gardes autrichiens, du courrier, retrouver un moment

255. *Idem.*

leur épouse dans la maison adjacente de cette mère amboisienne si dévouée ; cette mère de famille est elle-même en mesure de se rendre dans la cuisine du camp pour épauler les prisonniers affectés à la préparation des repas. La jeune fille qui relate ces faits se lie d'amitié avec ces détenus qui sont tous pour la plupart de son âge. Néanmoins, cette relative tolérance des autorités allemandes a ses limites. Le détenu surnommé le « Diable Bleu » est intercepté dans son acheminement clandestin des lettres après délation et déplacé dans un autre camp où il trouve la mort dans des conditions mystérieuses. Dès lors que les gardes autrichiens sont remplacés par des SS, il ne s'agit plus de prendre des risques : la perméabilité du camp cesse, la jeune Amboisienne ne peut plus aller converser avec les soldats captifs.

Au camp de la Patte d'Oie, comme le montre Gatien Legrand dans sa narration, les contrôles sont beaucoup plus sévères : le camp est beaucoup mieux « bouclé » avec miradors et barbelés et les tentatives d'évasion peuvent coûter la vie, comme c'est le cas pour ces deux malheureux dont les corps sans vie ont été délibérément exposés afin de dissuader leurs camarades d'infortune de faire de même ; les sentinelles sont beaucoup plus zélées dans leur contrôle, se comportent comme des automates *« abrutis par la discipline »*, se complaisant à humilier ceux qu'ils contrôlent et à afficher une morgue provocatrice. Toutefois, le contournement des entraves s'avère possible : à preuve le camouflage des lettres, sous les outils et les vêtements, permet à Gatien Legrand de franchir les obstacles. Ce que ne relate pas Gatien Legrand, sans doute par pudeur, certainement par modestie, c'est qu'il tente de faire évader quelques prisonniers avec la complicité de son ami Lucien Barthélémy. Monsieur Jacquet, maire d'Yvoire près d'Evian, rapporte les faits : *« Avec mes camarades, nous avions été faits prisonniers en juin 1940 en Normandie. [...] Un soir, nous étions presque à Amboise et, là, une compagnie allemande de garde sur la grande route nous a arrêtés, nous étions six et on nous a conduits à Amboise où nous avons couché dans une cour d'école. Le lendemain, nous étions au camp d'Amboise* [...] *Ils ont été de suite gentils avec nous, nous apportant un peu de nourriture bien entendu discrètement ; ils transmettaient notre courrier à nos familles. Et puis un jour, on leur avait dit qu'on voulait s'évader. Alors, un soir, en quittant leur travail à leurs risques, ils nous ont fait sortir du camp avec eux comme si on les aidait à sortir du matériel, et on a gagné une vigne assez proche pour se coucher entre les lignes en attendant la nuit.*

Mais, avant la nuit, les Allemands qui faisaient l'appel des prisonniers tous les soirs se sont aperçus de notre absence et sont partis à notre recherche et évidemment, en passant au sommet de la vigne, ils nous ont vus et cernés, nous avons sous leur menace regagné le camp. Donc, nous avons retrouvé Lucien et Gatien, les Allemands ne s'étaient pas rendu compte comment nous étions sortis, ils n'ont pas été inquiétés. »[256]

256. *Ibidem*. p. 41.

Evasions et complicités amboisiennes

Des Amboisiens osent aller au-delà du simple geste de solidarité ; ils prennent eux-mêmes le risque d'être arrêtés, voire déportés, en portant assistance aux internés tentés par l'évasion. Comme on a déjà pu le remarquer, le nombre d'Amboisiens impliqués dans l'organisation d'évasions n'est pas négligeable. Ainsi, madame Lejoux et son père, le notaire maître Gourdon : elle raconte comment ils ont pris l'initiative de faciliter l'évasion de plusieurs prisonniers : « *Nous avons pu aussi servir pour faire évader des prisonniers, ils entraient par l'étude, ils se déshabillaient dans le sous-sol. Les uniformes alimentaient la chaudière du chauffage et ils ressortaient par le jardin en civil à bicyclette. Nous les amenions à Bléré à une personne qui les faisait passer en zone libre… les bicyclettes revenaient dans la camionnette du laitier… Cela se faisait l'hiver 1940-1941.* »[257]

Robert Uhart, dans son précieux ouvrage d'où émanent tous ces témoignages, cite des exemples significatifs illustrant l'engagement courageux d'une partie de la population amboisienne qui, agissant ainsi, traduisait non seulement sa fibre humaniste mais aussi son refus de la loi du plus fort, et ceci dès l'arrivée des premiers prisonniers à Amboise : « *En fait, c'est sur les routes conduisant aux camps d'Amboise que les prisonniers ont été incités à s'évader ; les colonnes de prisonniers provenant du sud du département s'étalaient entre les 22 et le 27 juin 1940, sur plusieurs centaines de mètres et les sentinelles étaient insuffisantes. Au passage dans les rues de Bléré, leur proposant des vêtements, mais en vain :* "Ils ne vont pas nous garder longtemps." *Ce n'est que courant juillet, et quand ils comprirent qu'ils étaient prisonniers, et pour longtemps, que les évasions se produisirent. Il fallut pour cela qu'un certain nombre d'Amboisiennes et d'Amboisiens d'abord, puis des personnes de La Croix-Bléré, Saint-Martin-le-Beau, Athée-sur-Cher, etc., s'impliquent dans les multiples opérations. Opérations passives parfois : des "clients" rentraient à la boulangerie Bougard, chez le dentiste de Sabris, par une porte et ressortaient par une autre donnant sur une autre rue, tandis que le gardien allemand attendait dans la rue, ou dans la salle d'attente, et devait rentrer seul au camp ! Ensuite, il fallait que l'évadé du jour aille se camoufler en attendant la nuit et après avoir revêtu autant que faire se peut des effets civils. Je pense qu'il faut rendre justice à celles et ceux qui ont permis aux prisonniers de s'évader. Elles avaient 20 ans et un peu plus, elles étaient laïques ou religieuses.*

Ainsi, madame Béranger, la garde-barrière de Saint-Martin-le-Beau, dont le frère était lui-même prisonnier et qui venait au camp porter du pain dans lequel elle avait mis un tube d'aspirine contenant l'itinéraire à suivre pour arriver au bord du Cher. Comment ne pas citer Madeleine Maupoint, la fille du garde de la Pagode. Dans un premier temps, elle accompagnait sœur Bertille. Madeleine Guillot se joignit à elles pour porter des paniers dans lesquels étaient déposées des tranches de pain. Sous sa robe de religieuse, sœur Bertille mettait des vêtements civils qu'elle

257. *Ibidem*. p. 81.

remettait aux prisonniers, candidats à l'évasion. Parfois, Madeleine Maupoint travaillait sur commande. Un jour, à la demande d'une famille, elle avait décidé de faire évader monsieur B. de Montrésor. Elles ont dû attendre trois soirées de suite car leur "prisonnier" était réticent. Enfin, un soir, il est arrivé chez Augustin Poupeau qui habitait à la lisière du camp. »[258]

Ainsi, spontanément, grâce à un noyau de personnes remarquables qui ont formé des chaînes d'amitié et de solidarité, ont commencé à se former des filières d'évasion dont le but ultime était la traversée de la ligne de démarcation et l'arrivée des évadés en zone libre. D'autres détenus ont eu la chance de pouvoir s'évader lors de leur participation aux travaux effectués dans les kommandos de prisonniers envoyés dans les fermes. Tel est le cas, par exemple, de Gustave Hoppeneau qui profite, avec certains de ses camarades, de son envoi au château de la Dorée à Esvres pour fausser compagnie à ses gardiens et franchir la ligne de démarcation à Reignac, tout en devant se faufiler pour ne pas être aperçu par les douaniers allemands[259].

1941 : transfert du camp et départ des prisonniers

Pour ceux qui restent en activité, le temps s'écoule, l'espérance s'amenuise au camp. Le 6 janvier 1941, c'est le départ pour l'Allemagne ou l'Autriche pour la plus grande partie des prisonniers, qui sont pour la plupart d'origine métropolitaine. Le camp d'Amboise sert encore de lieu d'incarcération pour les Français originaires des colonies : Marocains, Tunisiens, Sénégalais, Antillais, Tunisiens, Malgaches et Indochinois. Ils sont environ 6 000 à y transiter jusqu'en juin 1941, puis ils sont envoyés ultérieurement aux Frontstalags de Saumur et de Rennes. Parallèlement subsistent en Touraine des kommandos de prisonniers affectés dans les fermes tourangelles, dépendant désormais du Frontstalag 181 de Saumur. Dès lors, comme le rapporte Emile Gounin, les Allemands exigent que le camp soit entretenu et en bon état. En juillet 1943, le camp désaffecté est réactivé par le service d'hébergement de la Wehrmacht, qui s'en sert comme dépôt de ravitaillement, où sont concentrées essentiellement des denrées. A la Libération, c'est-à-dire au début du mois de septembre 1944, les vivres stockés dans le camp seront distribués, sur l'initiative du maire, à la population amboisienne manquant cruellement de tout. Pour les prisonniers qui avaient cru pouvoir être libérés dès l'été 1940 au lendemain de l'armistice, la désillusion est grande et le 6 janvier 1941 est pour eux une journée noire. En ce moment douloureux et poignant, les prisonniers en partance pour l'Allemagne sont rassemblés place du Commerce (place Richelieu

258. *Ibidem* p. 65-66.
259. *Ibidem* p. 39-40.

aujourd'hui) et encadrés par des sentinelles en armes et dotées d'automitrailleuses. La population amboisienne, repoussée avec violence, ne peut approcher les détenus sur le point de quitter la ville : « *Dans l'après-midi, le rassemblement a lieu place du Commerce. Une longue colonne de prisonniers se forme et prend la route de La Croix-Bléré, encadrée par des automitrailleuses et de nombreuses sentinelles. De nombreuses personnes, familles, amis, essaient de s'approcher des prisonniers, mais elles sont violemment repoussées par les sentinelles, qui, de plus, tirent des coups de fusil dans les fenêtres des habitants de La Croix qui jettent du pain par les fenêtres.* »[260]

La population de la région d'Amboise, jusqu'au bout, se préoccupe du sort des prisonniers et se montre solidaire, avant leur départ. Ceux-ci rejoignent à pied la gare de La Croix-Bléré. A cette occasion, quelques évasions se produisent : les évadés bénéficient de l'aide de la population pour franchir clandestinement la ligne de démarcation. Le récit de monsieur Berthias de Bléré corrobore cet engagement moral d'une bonne partie de la population locale, qui se refusait, malgré l'inégal rapport de force, à l'indifférence et à l'inaction. Au moment de monter dans le train, plusieurs prisonniers prennent discrètement la poudre d'escampette grâce à la complicité de Blérois : « *Quand la colonne est arrivée, il y avait Alfred Pinon, Kléber Berthias le jeune, Robert Deniau chauffeur chez Pinon, marchand de vin. Il y avait des wagons sur les deux voies. Pinon est allé voir les Allemands pour qu'ils lui donnent l'autorisation de donner du vin aux prisonniers, mais les Allemands ont refusé. Nous avons invité les prisonniers à s'évader. Trente d'entre eux se sont cachés dans la gare de marchandises, sous le foin qui y était entreposé. Le train s'est formé et les prisonniers ont pris le chemin de l'Autriche (parmi eux, il y avait notre compatriote Joseph Badier de Saint-Martin-le-Beau. Clothaire Joulin, lui, avait réussi à s'échapper dans les vignes). Je suis parti avec Deniau à Francueil pour trouver monsieur Vaslin, tonnelier (prisonnier évadé, puis marchand de poissons, rue Nationale à Amboise). On a défoncé une tonne, et on est revenu à la gare de La Croix qui avait retrouvé son calme. On a mis les trois gars dans le tonneau et on les a débarqués chez Veneau, maréchal-ferrant à Thoré, qui tenait une buvette.* »[261]

Au total, selon Emile Gounin, 1 700 prisonniers ont pu s'évader de la région d'Amboise, ce qui n'est pas du tout négligeable et qui a pu se faire grâce à la complicité bienveillante de la population locale, laquelle est ainsi entrée en résistance.

260. *Ibid.* p. 87.
261. *Ibid.* p. 87-88.

Collaboration et collaborateurs dans la région d'Amboise

Attentistes, résistants et collaborateurs

Au lendemain du désastre militaire de mai-juin 1940, la France se trouve à la croisée des chemins. Abasourdis par la gravité de l'événement, les Français doivent décider, comme tous les autres Européens subissant la déferlante allemande, de la voie à suivre. Trois choix s'offrent à eux : l'attente, la résistance ou la collaboration. La majeure partie d'entre eux, complètement désemparée, choisit la première solution, tandis que des minorités s'engagent pour la deuxième ou la troisième option, car il s'agit bien d'un engagement : prendre parti contre ou pour « l'Ordre nouveau » imposé par l'Allemagne hitlérienne.

Résister : le choix d'une minorité

La Résistance amboisienne dans sa genèse, sa forme et son développement, suit l'évolution générale de la Résistance française, constituée en 1940 de petits noyaux de dissidents résolus puis progressivement d'organisations articulées et combattantes. La Résistance s'avère complexe et foisonnante dans ses structures qui revêtent plusieurs dimensions, se transforment et s'enchevêtrent au gré du flot tourbillonnant des événements tumultueux. Tel un arbre gigantesque aux multiples ramifications, elle se sépare en son sommet en deux branches maîtresses : d'une part, la France libre née dès le début de l'été 1940 à l'issue du célèbre discours du 18 juin prononcé alors par un général inconnu, une France résistante frémissante ne rassemblant que quelques centaines de volontaires ; et d'autre part, la Résistance intérieure, dont les rameaux naissants vont bourgeonner pour se déployer progressivement sur tout le territoire hexagonal. Cette croissance parallèle des deux branches maîtresses s'effectue lentement mais sûrement par deux phases majeures : la première s'échelonnant de 1940 à 1942 équivaut à la gestation du mouvement d'ensemble, la seconde se situant entre 1943 et 1945 correspond à une amplification de la dissidence résistante tant en effectifs qu'en intensité.

Plusieurs facteurs conjoncturels tendent à métamorphoser les premières lueurs de l'espoir en une véritable « flamme » de la Résistance, destinée selon les termes de Charles de Gaulle à ne *« s'éteindre jamais »*, véritable incendie de passion patriotique se propageant en crescendo : l'impopularité grandissante du régime de Vichy dont l'ambiguïté de l'attitude initiale ne peut plus dissimuler la compromission accrue avec le IIIe Reich, les exactions commises à répétition par les troupes d'occupation, l'invasion de la zone libre déclenchée par la Wehrmacht dès novembre 1942, l'instauration du STO en 1943 et l'annonce des succès alliés. Les bombardements de l'armada aérienne britannique et américaine, de plus en plus intensifs et destructeurs, font comprendre à l'opinion publique que la Luftwaffe ne détient plus la maîtrise des airs en dépit parfois de sa redoutable efficacité. Quoique manipulés par la propagande germanique et vichyste qui cherchent à susciter leur indignation vis-à-vis des opérations des aviations alliées qualifiées de « criminelles » et « terroristes », beaucoup de Français ne sont pas dupes. La Résistance, après maints tâtonnements, se construit au coup par coup, au départ par la volonté farouche de quelques personnalités admirables, puis par l'aspiration du plus grand nombre mais au prix d'une perte de spontanéité et d'authenticité au point d'aboutissement, car la génération spontanée de l'An 40, comprenant idéalistes et patriotes de la première heure, puis celle des vrais Résistants qui ont risqué leur vie ou leur liberté au cœur de la guerre, sont relayées en fin de parcours par *« une foule d'opportunistes et de résistants de la dernière heure »*. Ceux-ci sont prêts, par mauvaise conscience ou tout simplement par lâcheté cynique, à exhiber en 1944 leur certificat de bons résistants par une surenchère de violence physique ou verbale dans le cadre d'une épuration sauvage : le lynchage de supposés collabos et la tonte des femmes soupçonnées à tort ou à raison de « collaboration horizontale » avec l'occupant participent d'une palette de comportements peu glorieux. Les actes d'héroïsme et les authentiques engagements dans la Résistance se mêlent à un éventail d'attitudes décevantes et condamnables (lettres anonymes de délation, dénonciations, trahisons, règlements de compte…).

Complexité de la situation et des trajectoires individuelles

L'examen historique de cette période troublée, tout en devant exclure la position du censeur, doit être empreint d'une forte lucidité. Beaucoup de cas de figures dans les trajectoires individuelles sont envisageables : de faux résistants ont pu occuper les feux de la rampe à la Libération, des vrais résistants ont pu être accusés à tort de Collaboration, un certain nombre de réputations ont été usurpées et d'autres oubliées. Si le peintre paysagiste devait reconstituer l'image de cette période sombre, il aurait recours incontestablement au sfumato de Léonard de Vinci, où le noir se mélange au pâle pour produire une description en clair-obscur des attitudes individuelles. Nombre de Français dans l'attente du lendemain, après la commotion du désastre, ont pu trouver en Pétain un *« Père protecteur »* et se sont éloignés ensuite de son régime, étant déçus par la complicité de plus en plus manifeste du patriarche censé les sauver du drame. Renforcé par les innombrables incertitudes et la nécessité de survivre, l'attentisme a prévalu sans pour autant qu'il implique sympathie pour l'occupant, devenant d'ailleurs de plus en plus odieux par sa morgue et ses innombrables méfaits. Puis, rapidement, l'opinion publique, qui subissait l'ordre nazi avec une exaspération croissante, a basculé moralement et idéologiquement dans le camp de la Résistance, en attendant avec de plus en plus d'impatience l'arrivée des Alliés et l'heure de la délivrance. Même si le comportement des Français n'est pas dénué d'une certaine volatilité, tels ces Parisiens qui acclament Pétain en janvier 1944 puis De Gaulle en août de la même année, la tendance lourde observée pour toute la nation, la Touraine et en particulier la région d'Amboise est l'élargissement du fossé entre le « pays réel » et le « pays légal ». Le Maréchal perd de son capital de sympathie et de légitimité. Les Amboisiens n'échappent pas à cette règle. Les prisonniers accueillent avec liesse le vieux maréchal venu leur rendre visite au lendemain de la poignée de main de Montoire. Ils l'écoutent poliment mais sans conviction. En cette journée du 25 août, il a beau les exhorter à faire confiance aux Allemands et leur dire que leur libération ne saurait tarder, ils restent sceptiques.

Emile Gounin fait partie de ceux-ci : par devoir, il remplit son rôle officiel de maire en accueillant le chef de l'Etat français, l'accompagne au camp de prisonniers mais prête l'oreille avec peu d'enthousiasme au discours de celui-ci. C'est aussi à contrecœur qu'il vient écouter avec les enfants des écoles amboisiennes les discours radiodiffusés de Pétain. Le premier des édiles d'Amboise appartient à cette minorité d'Amboisiens qui, dès juin 1940, comme le docteur Mahoudeau, ont fait preuve d'une sincère abnégation envers leurs concitoyens. Puis la vie a continué et il a fallu s'adapter et survivre, et notamment manger, d'où cette obsession du ravitaillement à Amboise et dans les localités voisines. C'est le lot quotidien des habitants que l'on a pu discerner ci-dessus. Bien que très limitée, la vie associative (associations de jeunes, clubs sportifs, rencontres sportives et spectacles divers) a pu contribuer à soulager partiellement les Amboisiens des vicissitudes du moment. La majorité de la population, tout en demeurant dans l'expectative, ne s'est pas montrée indifférente à l'égard des prisonniers du camp et, au contraire, a fait preuve d'une grande solidarité en expédiant dans l'enceinte carcérale des vivres et en imaginant des stratagèmes pour faciliter les évasions.

Ceux qui fuyaient la persécution nazie ont pu compter aussi sur la générosité d'un certain nombre d'habitants de la région d'Amboise et de Bléré, qui ont mis sur pied des filières d'évasion et de passage pour franchir la ligne de démarcation suivant le Cher. Les Amboisiens se sont détournés de plus en plus du régime de Vichy et leurs sympathies se sont orientées vers les réseaux de résistants, au fur et à mesure que les mesures coercitives de l'occupant s'accumulaient et qu'en même temps les bonnes nouvelles s'annonçaient. Le comportement collectif des Amboisiens ne déroge pas à celui de l'ensemble des Français. Il s'inscrit dans la fadeur de la normalité ambiante de la France occupée : ni beaucoup de héros, ni beaucoup de « traîtres », mais une population qui vit au jour le jour, qui doit endurer d'innombrables souffrances physiques et morales et attend des lendemains meilleurs.

Le microcosme de la Collaboration à Amboise

Comme partout en France, il existe, à Amboise et dans sa région, deux minorités agissantes qui soutiennent ou combattent l'occupant : les « collabos » et les résistants.

Les collaborateurs, une minorité agissante à Amboise

Dans la petite cité ligérienne, l'ensemble des collaborateurs que l'on a pu répertorier représente une communauté restreinte comme à l'échelle du département d'Indre-et-Loire et de l'Hexagone. Il est encore difficile d'en parler aujourd'hui pour deux raisons essentielles : malgré le temps écoulé, les passions ne sont pas éteintes, les vieilles plaies ne sont toujours pas cicatrisées et restent vives, même si les acteurs et les témoins oculaires de cette époque tragique disparaissent jour après jour. Une étude pionnière a été faite dès les années soixante par Robert Vivier dans ses recherches sur la Touraine, puis par le journaliste de *La Nouvelle République* David Bohbot dans son mémoire de maîtrise sur les *Aspects de l'opinion publique en Touraine occupée (10 juillet 1940-11 novembre 1942)* soutenu en 1968[262]. Actuellement, Jacques Pirondeau entreprend une thèse sur la Collaboration en Touraine. Il m'a transmis fort aimablement un certain nombre de données de son travail de recherche. Sur Amboise, il n'a trouvé que peu d'indices. Les informations qu'il fournit suffisent cependant à déceler au sein de cité royale une microsociété de la Collaboration entretenant des relations étroites avec la Kommandantur locale et notamment avec son commandant nommé Martin[263].

262. David Boboht, *Les Aspects de l'opinion publique en Touraine occupée (10 juillet 1940 - 11 novembre 1942)*, mémoire de maîtrise dactylographié, Tours, 1968.
263. Toutes les informations qui suivent sur la Collaboration proviennent des recherches effectuées et des notes rédigées par mon collègue Jacques Pirondeau sur la Collaboration en Touraine. Jacques Pirondeau prépare une thèse de doctorat sur ce sujet.

La Collaboration à Amboise a d'abord été incarnée par le passage, le 25 octobre 1940, du maréchal Pétain de retour de Montoire où, la veille, il avait serré la main du Führer. Cette poignée de main symbolique marquant ce que les Allemands ont appelé *Zusammenarbeit* venait de se produire à quelques dizaines de kilomètres de Château-Renault et d'Amboise. La population amboisienne, en accueillant chaleureusement le Maréchal, a été prise inconsciemment pendant l'automne 1940 dans cet engrenage d'acceptation de la défaite, dans ce climat de résignation qu'impliquait la *« voie de la collaboration »*.

Dès 1940, les autorités vichystes se sont employées à organiser dans chaque région une propagande intensive destinée à contrecarrer les propagandes gaulliste et communiste et à diffuser au maximum le message de la Révolution nationale par plusieurs relais institutionnels : par le biais notamment, dans chaque département, d'un Comité de propagande sociale du maréchal (CPSM), créé dès juin 1941. Une délégation départementale est fondée au sein de la délégation régionale dirigée par monsieur Legrand, nommé délégué régional provisoire le 18 juin 1941 par le secrétariat à l'Information : le délégué régional provisoire a pour objectif de mettre sur pied des CPSM en Indre-et-Loire et dans plusieurs départements limitrophes. A la fin de 1941, un nouveau délégué régional est nommé ; il confie dès lors à des délégués départementaux le soin d'organiser ces organismes. Cette tâche incombe en Indre-et-Loire à Jean de H. de S., agent d'assurances à Tours, qui installe ses bureaux à la préfecture et crée à la fois un comité de patronage et un comité d'action départementale, composé de notabilités locales, ainsi qu'un certain nombre de comités locaux avec l'appui logistique du préfet de Tours. Le rôle qui leur revient est clair : valoriser la fidélité à la personne emblématique du Maréchal et le bien-fondé de l'application du programme de la Révolution nationale. Ces efforts s'avèrent infructueux puisque le CPSM reçoit très peu d'adhésions et finit par être supprimé, comme ses homologues départementaux, le 7 mars 1942 sur ordre du général von Stüpnagel. Toutefois, après la dissolution du CPSM, la fonction de Jean de H. de S. est maintenue : prenant en main le service de propagande, il est chargé de recruter des délégués cantonaux et communaux devant servir de propagandistes zélés pour répandre et défendre la doctrine du Maréchal.

D'autres associations mises en place par l'Etat français sont instrumentalisées pour entretenir la mystique maréchaliste. A cette fin, le réseau des anciens combattants, vouant un culte au « vainqueur de Verdun », est utilisé comme principal vecteur du prosélytisme vichyssois. Fondée le 29 août 1940, la Légion française des combattants, rassemblant toutes les associations d'anciens combattants, devient l'une des vitrines de prédilection de l'entretien de la flamme maréchaliste : toutefois, fondée localement par un médecin de Saint-Flovier, elle n'a d'assise territoriale que dans le Lochois et ne semble pas avoir d'incidence dans l'est tourangeau. Dans le prolongement de cet esprit ancien combattant, de fraternité guerrière, afin de véhiculer ses propres valeurs « nationales », le régime maréchaliste réserve une attention toute particulière à la Légion tricolore. Il en pose les premiers jalons avec les Allemands le 22 juin 1942, un an après l'invasion de l'URSS par la Werhmacht, dans la perspective de remplacer la LVF d'origine collaborationniste puisque créée le 8 août 1941 sur l'initiative de Marcel Déat, leader du RNP. Les Allemands autorisent dans un premier temps la Légion tricolore, puis s'en défient, la considérant sans doute trop vichyste et pas assez dévouée à la cause nationale-socialiste et à la croisade antibolchevique pour n'accepter que la Ligue des volontaires français[264].

Ces deux organisations, qui ont pour vocation de recruter des soldats volontaires pour mener la croisade contre le bolchevisme, ont successivement pignon sur rue à Amboise.

Une égérie de la Collaboration

Une antenne de la Légion tricolore est animée par madame E. M., épouse d'un commandant FFL : cette femme d'environ 35 ans, déléguée d'arrondissement de la Légion tricolore puis de la LVF pour le secteur d'Amboise, grâce à ses excellentes relations avec le commandant allemand de la place, réussit à *« recruter environ 60 adhérents au sein des Amis de la Légion, n'hésitant pas à utiliser le chantage pour obtenir le meilleur score du département ! »*[265]. Plus qu'une agence de recrutement, c'est une sorte d'amicale de la Légion tricolore, puis de la LVF, qu'elle anime à Amboise. Son efficacité de militante de la Collaboration ne doit pas étonner : n'est-elle pas doublement bien placée puisqu'elle est à la fois secrétaire à la Kommandantur et maîtresse du commandant en chef Martin ? Le parcours politique de cette figure charismatique de la Collaboration ne laisse cependant pas de surprendre : maîtresse du chef de la Kommandantur d'Amboise, elle est aussi l'épouse d'un commandant FFL qui a opté pour le camp adverse. L'absence de son mari, parti combattre dans les rangs des gaullistes, et la proximité d'officiers allemands, qui aurait pu signifier pour elle promiscuité, suffiraient-elles à comprendre qu'elle soit devenue un thuriféraire du nazisme ?

Le cynisme et l'opportunisme motivent assurément son adhésion à « l'Ordre nouveau » : on souligne dans un témoignage la concernant qu'elle n'hésite pas à user du *« chantage »* pour arriver à ses fins et se faire valoir. Les relations, fussent-elles passionnelles, avec un officier allemand, n'explicitent pas totalement sa conversion au national-socialisme. Peut-être doit-on

264. Fiches de travail de Jacques Pirondeau.
265. *Idem*.

attribuer à son passé d'avant guerre sa « *dérive fasciste* » : en tant que femme de militaire, elle a pu s'imprégner de l'atmosphère de morosité qui régnait avant 1939 au sein de la Grande Muette, dont bon nombre de cadres méprisaient le parlementarisme républicain pour son instabilité et sa fragilité et haïssaient en même temps le Front populaire, tout particulièrement le Parti communiste français réputé pour être une officine antinationale œuvrant pour le compte d'une puissance étrangère, l'URSS. La guerre d'Espagne de 1936 à 1939 a aussi contribué à renforcer l'animosité que le corps des officiers français pouvait avoir pour les « Rouges ». Sans doute son basculement dans la Collaboration a-t-il été conditionné par son imprégnation personnelle aux « *principes nationaux* » qui la conduisaient plus à se rapprocher d'un Franco, d'un Mussolini que d'un Daladier ou d'un Chamberlain. Les régimes franquiste, fasciste ou nazi donnaient la perspective apparemment rassurante d'un rempart contre le bolchevisme, tandis que les fragiles démocraties française et anglaise semblaient chanceler, notamment au lendemain de Munich. Pourtant, son époux, évoluant dans la même sphère, celle de l'armée, s'est assigné un autre impératif : son patriotisme l'a emporté sur son anticommunisme supposé et l'a entraîné à Londres. L'option politique de E. M. est loin d'un simple choix de circonstance : son engagement enfiévré va au-delà de la politique de collaboration de l'Etat français, elle s'inscrit dans le droit fil du « collaborationnisme ». Qu'une famille amboisienne soit déchirée ainsi par la guerre est hautement lourd de sens : la passion politique sépare des êtres qui étaient jusque-là unis mais il est loisible de supposer que les relations amoureuses puissent expliquer l'égarement politique de cette femme, même si sa compromission avec l'occupant allemand n'est pas dénuée d'arrière-pensées cyniques et opportunistes. A l'instar de l'intrigue du *Diable au corps* de Raymond Radiguet, la banalisation de l'absence du conjoint l'amène à la fois à la « collaboration horizontale » et à la fervente adhésion à la cause ennemie.

Les Amis de la LVF d'Amboise

A la lecture de « *la liste des adhérents et sympathisants de la LVF d'Amboise* », on peut discerner les motivations profondes de quelques personnages au caractère bien trempé. Ainsi, un certain J. G., chef du petit groupe franciste de la cité amboisienne, laisse transparaître sa virulence antisémite et antifranc-maçonne en inscrivant plusieurs *graffiti* rageurs tels que « *enjuivé et franc-maçon* », adressés au maire de la ville Emile Gounin. Son appartenance au groupuscule franciste de Marcel Bucard, qui érigeait déjà avant guerre en modèle le régime mussolinien, permet de saisir instantanément ses sympathies collaborationnistes. Un autre Amboisien, A. P., intègre aussi le groupe des Amis de la LVF d'Amboise par affinités idéologiques ; c'est un ancien du PSF du colonel de La Rocque : comme J. G., il est fortement positionné avant guerre dans le sillage de la mouvance « nationale », c'est-à-dire dans le droit fil d'une droite autoritaire qui ne dissimule pas son hostilité à une république galvaudée par la corruption et fragilisée par l'instabilité ministérielle et qui combat ouvertement le communisme[266]. Néanmoins, A. P. ne se comporte pas en collaborateur notoire et zélé si l'on accorde du crédit au témoignage d'après guerre qui décrit son attitude : A. P., entrepreneur, n'est, dit-on, que *« sympathisant »* pour avoir donné une cotisation de 20 francs *« sans être membre »* des Amis de la LVF d'Amboise ; *« ancien PSF mais pas collabo, il essaie de préserver ses ouvriers du STO, cache des réfractaires... mais chasse avec les Allemands »*[267]. A travers le profil complexe de ce personnage, l'on retrouve ce clair-obscur comportemental qui n'est ni tout à fait blanc, ni tout à fait noir, mais gris dans un halo nébuleux d'ambiguïté. Certes, il côtoie les Allemands en partageant les plaisirs de la chasse et de la venaison, moyen pratique de se tenir au courant des intentions de l'occupant et de s'attirer ses faveurs ; mais en même temps, A. P. n'hésite pas à cacher des réfractaires au STO, dont certains de ses ouvriers, infraction qui aurait pu lui coûter une arrestation.

L'ambivalence de son comportement ne se résume pas à de l'opportunisme : certes, ses relations « amicales » avec les Allemands peuvent éventuellement lui faciliter l'accès à des débouchés commerciaux, mais le témoin qui parle de lui à la Libération prend soin de préciser qu'il n'a pas été *« collabo »* malgré le versement d'une cotisation à la LVF... Il faut rappeler que A. P. a pu adhérer à la Légion tricolore, parce que celle-ci a été établie par Vichy et parce qu'il approuvait à l'origine, comme le chef du PSF, les orientations de la Révolution nationale. Toutefois, le colonel de La Rocque, s'il soutenait la révolution conservatrice du régime pétainiste, est resté anti-allemand comme au début des années trente, moment où il mettait en place les Croix-de-Feu. Sa germanophobie l'a conduit à mettre sur pied, au cours de la guerre, un réseau de Résistance, comme un certain nombre d'officiers restés vichystes ou devenus giraudistes, fondateurs entre autres de l'ORA, qui ont camouflé du matériel à l'insu de la Wehrmacht dans le cadre de l'armée de l'armistice afin de fourbir et d'utiliser le moment venu l'outil de la revanche. A. P. se situe dans la mouvance de ces nationaux patriotes qui, malgré de fortes inclinations anticommunistes et antidémocratiques, s'est refusée à aller jusqu'au bout au nom d'un certain réflexe patriotique et par refus aussi des vexations infligées à la population par les Allemands, en particulier du STO. On retrouve aussi, à travers les Amis de la LVF d'Amboise, des personnes influençables qui, sans nul doute par faiblesse de caractère, tel Lacombe Lucien du film de Louis Malle, se sont laissé embrigader dans ce cercle amboisien fortement marqué du sceau du « collaborationnisme »[268].

266. *Ibidem*.
267. *Ibidem*.
268. *Ibidem*.

Tel est le cas d'un certain J. T. qui participa à une réunion au Cheval Blanc consacrée au rapprochement franco-allemand et se laisse persuader de la nécessité de s'inscrire au groupe des Amis de la LVF ; on peut supposer, sachant que l'un de ses proches est membre du parti franciste, que son entourage familial l'a peut-être incité à franchir le pas décisif. C'est aussi le cas de mademoiselle R. d'Amboise qui, *« vieille fille catholique pratiquante a adhéré de bonne foi sans se rendre compte »*[269] des implications embarrassantes que cela pouvait générer. Elle s'est manifestement laissé entraîner dans la spirale pernicieuse de ce groupe collaborateur, un peu par hasard, un peu par naïveté, mais aussi avec des présupposés « national-catholiques » : sa vision du monde de pratiquante catholique se conformait aux orientations traditionalistes et anticommunistes de la Révolution nationale. En effet, à la Libération, le 23 octobre 1944, elle avoue que la LVF lui apparaissait personnellement comme un *« organe vraiment français travaillant contre le bolchevisme* [...] *et patronné par le maréchal Pétain et l'archevêque de Tours et de hautes personnalités de Tours »*[270]. Aussi n'a-t-elle pas eu l'impression de faire le jeu de l'occupant : la double image réconfortante du Maréchal et du haut clergé l'a convaincue d'être dans le droit chemin, puisque sa contribution financière à la LVF et son adhésion aux Amis de celle-ci la faisaient participer indirectement à une croisade contre le bolchevisme, assimilée à une guerre juste contre l'athéisme. L'aveuglement de la foi lui a enlevé tout discernement sur la véritable nature du nazisme et sur l'impasse à laquelle conduisait la politique de collaboration. Au même moment, des prêtres catholiques de Touraine, tels les abbés Péan ou Carlotti, paient de leur vie leur engagement dans la Résistance.

La fondation de l'Institut allemand (9 août 1942), vitrine du microcosme de la Collaboration amboisienne

Si l'on examine le profil sociologique des sympathisants de la LVF d'Amboise, on peut remarquer que la plupart exercent des professions libérales ou commerciales : expliquer leur trajectoire politique par leur appartenance à tel ou tel milieu professionnel reviendrait à une démarche intellectuelle hasardeuse et erronée. Les facteurs politiques et psychologiques entrent beaucoup plus en ligne de compte : l'attirance pour une idéologie totalitaire ; l'anticommunisme ou l'antisémitisme ne sont pas l'apanage d'une catégorie socioprofessionnelle. La LVF, qui a lancé une campagne de recrutement à Amboise, ne semble pas avoir suscité de nombreuses vocations parmi les Amboisiens en âge de porter des armes. Comme on a pu l'écrire précédemment, les milieux de la Collaboration amboisienne connaissent leur

269. *Ibidem.*
270. *Ibidem.*

jour de gloire le dimanche 9 août 1942, journée au cours de laquelle est fondé l'Institut allemand d'Amboise qui sera dirigé par madame Lukacs, d'origine hongroise, et comprendra 75 étudiants. Au cours de cette cérémonie d'inauguration, qui réunit les autorités allemandes et vichystes, on note la présence du secrétaire général du groupe Collaboration et du délégué départemental de la Légion tricolore aux côtés d'un représentant de l'ambassade d'Allemagne. Au centre de ce dispositif liturgique mêlant le sacré et le profane (célébration d'une messe à l'église Saint-Denis et organisation d'un banquet de 200 couverts dans le parc de la Noiraie), apparaît une femme de lettres, Jeanne d'Orliac, résidant à Chanteloup, qui assiste à de nombreuses cérémonies officielles franco-allemandes et qui apparaît comme une sorte d'égérie locale de la Collaboration. Ce jour-là, elle prononce une conférence sur les « Fastes d'Amboise ». S'est-elle vraiment compromise dans la voie d'une collaboration à outrance ? Sans faits tangibles parvenus à notre connaissance, ce serait se méprendre que de l'affirmer. Tout au plus sait-on que Jeanne d'Orliac était connue pour son anglophobie et son appartenance aux *« Amis de la LVF »*. Il faudrait explorer l'énigmatique profondeur du personnage pour donner une réponse précise. Au sein de cette fête s'entrecroisent les tenants de la collaboration vichyste (délégués de la Légion tricolore) et les ultras du « collaborationnisme » (représentants du groupe Collaboration). Cette distinction paraît quelque peu artificielle quand on sait que, progressivement, Vichy a subi à partir de 1942-1943 un processus de fascisation et qu'à partir de 1943 Pétain a dû admettre la présence au sein de son gouvernement d'ultras de la Collaboration parisienne comme Marcel Déat ainsi que la création de la Milice dès 1943 (dont il a désapprouvé par moments les exactions). La fin du conflit est hautement symbolique pour les dépositaires de la collaboration franco-allemande : Pétain et les chefs du régime de Vichy se retrouvent à Siegmaringen aux côtés des ténors du « collaborationnisme » parisien (Déat, Doriot, Céline...).

Le Secours national, subtil relais de l'influence de Vichy dans l'opinion

Vichy peut s'appuyer à Amboise comme en Touraine et en France sur un relais d'influence beaucoup plus subtil car d'apparence à vocation sociale mais en réalité à finalité politique : le Secours national, *« organisme privé mais étroitement surveillé par l'Etat. C'est le deuxième enfant chéri du Maréchal après la Légion tricolore »*[271]. A l'instar de la Croix-Rouge ou du Secours catholique, il se veut neutre et association charitable. Il est établi en Touraine le 28 novembre 1940 : ses dirigeants, monsieur Henissart, le délégué départe-

271. *Ibidem.*

mental, et son adjoint, monsieur Semen, sont des maréchalistes convaincus : parallèlement à la finalité humanitaire qu'ils se sont fixé, ils sont résolus à forger le Secours national en outil de propagande efficace qui soit capable de « *développer le culte du Maréchal et diffuser les thèmes de la Révolution nationale* » et de « *participer au redressement de la nation et préparer l'avènement d'un ordre nouveau* »[272]. La neutralité de l'organisme est fictive, même s'il joue un rôle essentiel dans le ravitaillement des populations démunies, l'aide à l'enfance et l'organisation de loisirs. Le fait de porter le qualificatif de « national » dénote l'illusion de l'impartialité : « national » suppose une adhésion pleine et entière à la Révolution nationale, renvoie aux groupes et ligues d'avant guerre qui trouvaient valeurs communes, à l'exemple de l'Action française, des Croix-de-Feu ou Francistes de Marcel Bucard, du PPF de Doriot sous la bannière du vocable « national ». Le terme national impliquait aussi une prise de position intransigeante contre les Fronts populaires français et espagnol et pour les nationalistes espagnols. Jacques Pirondeau, dans une fiche rédigée en vue de l'élaboration de sa thèse, montre parfaitement la double fonction, logistique mais aussi idéologique, remplie par le Secours national. L'association maréchaliste qui dispose de gros moyens met en place des aides importantes et les activités culturelles et ludiques qu'elle organise en faveur du plus grand nombre (fourniture de vêtements, de nourriture, cours du soir, garderies, plusieurs journées destinées à enraciner l'idéologie maréchaliste dans les esprits) mais aussi : « *De nombreuses manifestations à la gloire du Maréchal sont alors mises en place, ainsi les quelques exemples suivants. Du 9 au 26 janvier 1941 est organisée la semaine du Maréchal pendant laquelle on vend sous toutes les formes possibles (sous l'autorité du préfet). En quatre jours, plus de 165 000 cartes sont ainsi vendues (résultat incomplet), pour la somme globale, importante à l'époque, de 120 000 francs. Cette campagne vise aussi, outre la confiance que les Français ont dans le Maréchal, à faire passer un certain nombre d'idées telles : C'est à la fois accomplir un geste d'entraide et "affirmer sa foi dans les destinées de la patrie" ou "Achetez l'effigie du grand Français vers qui va la reconnaissance de tous ses compatriotes"... voire de foi païenne "Pétain avec son image protège nos demeures" !*

Quoi qu'il en soit, cette semaine fut un succès. En juin 1941, le Secours national crée une section de la "famille du prisonnier de guerre" et édite un nouveau portrait du Maréchal, gravé par Pierre Gandon, qui doit être vendu à cette intention. Malgré la propagande intense auprès des établissements scolaires, des mairies ou des autorités universitaires pour qu'elles collectent les fonds afin d'effectuer cette acquisition, les résultats sont décevants ; à tel point que le préfet, par une circulaire datée du 7 juillet 1941, tente de "ranimer" la flamme, rappelant que les maires peuvent compléter voire entièrement financer cet achat à l'aide du budget municipal.

272. *Ibidem*.

Une autre circulaire du 23 août 1941 se fait plus pressante : "[...] chaque commune [...] doit faire l'acquisition de cette effigie [...]"

Ce n'est pas un succès ; 66 communes sur les 255 que compte la zone occupée ont financé, ce qui est peu comparé à l'enthousiasme rencontré dans d'autres départements. Une nouvelle circulaire préfectorale datée du 25 novembre 1941 relance une nouvelle fois la campagne en évoquant le "devoir de solidarité" ; cette fois-ci, les résultats seront meilleurs.

Le stand du Secours national est ouvert le 30 avril 1942, rue Nationale à Tours. Le Secours national ouvre également un magasin de triage des vêtements, un magasin de stockage, puis un vestiaire... un centre social, 2, place des Halles à Tours, dispense des cours du soir, de ménage, fait office de garderie, offre une bibliothèque de 2 300 livres, organise des goûters des mères, un atelier de chômeurs...

De même, des actions contre la faim sont entreprises avec la mise en place de distributions de soupes populaires, d'un système de restaurants et de cuisine d'entraide... qui nourrissent 5 000 personnes par jour en juillet 1943... mais éprouvent les pires difficultés à cause du rationnement... et retombent à 1 100 en 1944. Ils serviront quand même 126 814 repas en 1941 et 1 550 000 en 1943 ! Ce fut tout au long de son existence son principal poste de dépense avec l'aide à l'enfance, 39,6 % en 1943.

L'aide à l'enfance est donc sa seconde activité, par des aides aux cantines scolaires publiques ou privées confessionnelles, des distributions de biscuits caséinés (une protéine issue du lait dont 40 tonnes seront distribuées en 1941... et jusqu'à 18 tonnes par mois en 1943). Le SN favorise également la création de garderies, de colonies de vacances, de goûters des mères dans 18 centres du département qui accueilleront 800 femmes enceintes ou allaitantes et leurs enfants.

Le Secours national essaie aussi d'aider à lutter contre le froid en organisant la distribution de vêtements chauds et de bois pendant l'hiver, il accorde aussi son aide aux familles de prisonniers en leur fournissant des bourses, des médicaments... et en créant même une Maison du Prisonnier de guerre en 1942, pour aider à la réinsertion des hommes rentrés de captivité. Elle a son siège au 54, boulevard Béranger à Tours.

Le Secours national se doit aussi de participer aux fêtes du régime, fête des Mères en 1941, Noëls, petits goûters... enfin il tente d'aider à la formation professionnelle des hommes et des femmes, utilisant des chômeurs et des femmes de prisonniers dans leurs entrepôts et ateliers, encourageant aussi le développement des jardins familiaux et ouvriers, qui voient ainsi leur superficie passer de 116 à 165 ha ! Enfin des cours d'enseignement ménager sont dispensés, visant à former de bonnes mères et de bonnes épouses, dans une pure ligne maréchaliste. Malgré cela, le Secours national apporte également une aide sanitaire et alimentaire, d'une façon moins visible car elle eût été impopulaire, aux juifs et aux détenus étrangers des camps d'internement.

Le SN se veut neutre, mais dépend des Allemands pour un grand nombre d'autorisations... d'où une neutralité plutôt bienveillante à leur égard. C'est avant tout une œuvre maréchaliste qui se veut éducatrice, charitable et doit répandre sa politique dans tout le pays... c'est sans doute pourquoi, malgré ses actions, il est souvent mal perçu de la population qui n'hésite pas à déchirer ses affiches de campagne. »[273]

Le Secours national, quoique fort utile socialement, est bien l'instrument de Vichy qui utilise les malheurs du temps pour mieux inculquer la doctrine maréchaliste en distillant dans les structures mentales, à travers le culte du Maréchal, l'image paternaliste du protecteur, en enjolivant le rôle du régime qui faciliterait la libération des prisonniers, en valorisant au maximum la maternité (fête des Mères) et la famille nombreuse. La multiplication des mesures de charité publique et des œuvres sociales (loisirs, cours de formation, colonies de vacances pour enfants, jardins ouvriers) entreprises par le Secours national, à l'image de ce que pouvaient faire dans l'Italie fasciste le *Dopolavoro* ou *l'Arbeitsfront* dans l'Allemagne nazie en faveur des travailleurs, est destinée à appâter l'opinion publique et à la convertir à la Révolution nationale. Même si l'aide sociale est sûrement appréciée des bénéficiaires en ces temps douloureux, l'opinion publique a compris qu'on cherchait à la manipuler de sorte que d'aucuns ont été tentés de lacérer les affiches de l'organisme maréchaliste. A Amboise, le Secours national joue un rôle très important dans la répartition des vêtements et des denrées alimentaires, « *ravitaille les cantines scolaires, distribue des gâteaux et des bonbons aux écoliers, offre des repas aux colonies de vacances, accueille des réfugiés, distribue des vêtements, dispense des cours du soir, ouvre des jardins familiaux* »[274], organise des soupes populaires comme par exemple en novembre 1942, mais en même temps s'emploie à délivrer des médailles aux familles nombreuses ou aux veuves de guerre[275], à célébrer une journée des prisonniers, de fête des Mères, journée pendant laquelle les mères de familles nombreuses sont mises à l'honneur... Cette dualité dans l'action (œuvres sociales mais aussi prosélytisme idéologique) montre que le régime pétainiste tentait à Amboise comme dans toutes les autres localités de Touraine et de France d'emporter l'adhésion de masses, ce qui revenait à une sorte de marchandage politique : nourriture et aide économique et sociale contre soutien au régime. En revanche, la recherche de bons rapports avec l'occupant est toujours de mise : cette complaisance a enlevé inévitablement le crédit que les Amboisiens pouvaient accorder au Secours national. Cependant, le maire Emile Gounin, quoique hostile au pétainisme, utilise cette organisation comme moyen d'action pour soulager le sort de ses administrés. Bien que paraissant plus modérée, la politique de collaboration de Vichy interfère avec l'action des partis collaborationnistes

273. *Ibidem*. Voir aussi Clément Janice, *Le Secours national en Indre-et-Loire occupée (1940-1944)*, mémoire de maîtrise, université de Tours, 1999.
274. Robert Uhart, *Amboise et sa région... op. cit.*, p. 159.
275. *Idem*.

parisiens qui ont des antennes locales en Touraine, en particulier le RNP de Déat et le PPF de Doriot.

Les collaborationnistes du groupe Collaboration, des Francistes, du PSF, du MSR et du PPF sont présents à Amboise mais ne sont qu'une infime poignée. A preuve l'exemple de G. M., archétype même du collaborationniste domicilié à Amboise : secrétaire du PSF avant la guerre, il s'inscrit en 1941 au Mouvement social révolutionnaire de Deloncle, résurgence de la Cagoule, puis au Parti populaire français de Doriot ; « *mais en octobre 1943, il ne renouvelle pas sa carte d'adhérent* »[276]. Il rencontre fréquemment les Allemands, « *reçoit régulièrement chez lui l'adjudant de Feldgendarmerie à la BBT, le chef de la Kommandantur d'Amboise, Grech Martin, avec lequel il chasse accompagné de ses fils. Il se déplace même avec lui sur sa moto. A la Libération, les FFI trouvent chez lui deux fusils, dont un Mauser, donné par Grech, et plusieurs centaines de cartouches, et une moto allemande* ». Son épouse, née comme lui à Pocé, fait preuve comme lui d'une germanophilie affichée : « *Elle héberge à sa table Grech Martin, qui chasse avec son mari et ses fils,* [ainsi que] *d'autres officiers, offre des friandises au passage des troupes allemandes et de la Légion bleue…* »[277] On précise dans les archives qu'elle entretient d'excellentes relations avec Grech Martin et on laisse sous-entendre ainsi qu'elle aurait été de ces « *collaboratrices galantes* », comme E. M., secrétaire à la Kommandantur. Il est précisé que « *l'un des fils est en Allemagne, STO, Classe 1942* » et qu'elle prétexte de « *ce fait pour expliquer ses relations avec Grech Martin qui, ainsi,* dit-elle, *favorisait les échanges avec lui* »[278].

Collaborationnistes et « indics » de la Gestapo

La Gestapo de Tours peut également compter, à Amboise, sur quelques « indics » chargés de débusquer communistes et résistants. Ainsi, un certain A. D. qui se voit investi de la mission de traquer à Bléré, Thoré et dans la forêt d'Amboise divers mouvements de Résistance et de glaner des renseignements sur André Delaunay, chef local des FTP. A Amboise, il se doit de « *retrouver des communistes et déterminer leurs lieux de réunion* » et y « *travaille en relation avec A. J., un autre indicateur appointé du SD* »[279]. A Francueil, on lui enjoint de « *retrouver des communistes dénoncés par un rentier d'origine niçoise* » et à Lussault de « *dépister des communistes et leurs lieux de réunion* »[280]. A. D. finit par se procurer la liste des militants communistes grâce à la complicité d'un garagiste marchand de cycles. Il est assisté dans ses enquêtes par un certain

276. Cf. fiches de travail de Jacques Pirondeau.
277. *Idem* : document cité par Jacques Pirondeau.
278. *Idem* : document cité par Jacques Pirondeau.
279. *Idem*.
280. *Idem*.

Pierre Wennert, qu'il surnomme « Monsieur Pierre » et avec lequel il contribue au démantèlement du réseau FTP de Lussault. A. J. résidant dans le village de Vau, sis au sein de la commune de Mosnes, joue comme son acolyte A. D. un sinistre rôle dans la région d'Amboise en tant que gestapiste : immatriculé sous le pseudonyme de « William 523 », cet agent gestapiste renseigne Michel Neugebauer, le responsable du SD de Tours, sur les maquis et les réfractaires d'Amboise. Il est par ses dénonciations à l'origine de nombreuses arrestations dans la région d'Amboise. Pendant quinze jours, il cache l'agent du SD « Johnny », ce qui aboutit au démantèlement du réseau formé par Nouveau (décédé à Dachau), Baudry, Pelaud et Mercier : il reçoit en guise de récompense pour services rendus de l'argent et des pneus. Il coopère activement avec A. D. dans la chasse aux résistants[281].

Si les indicateurs effectuent sans scrupules leur travail de sape contre la Résistance locale, autant pour des considérations politiques que financières, les dénonciateurs épistolaires complètent cette entreprise de destruction de toute velléité de dissidence. L'Indre-et-Loire connaît ce fléau : la Gestapo et la Feldgendarmerie reçoivent un flot de lettres de délation, où règlements de compte personnels, familiaux et politiques se juxtaposent. Ainsi cette lettre de dénonciation de La Croix-en-Touraine écrite contre un certain M. V. et expédiée au SD en juin 1943 :

« Je vous informe que dans le pays de La Croix-en-Touraine, il y a un nommé V. qui est né en Lorraine et cause parfaitement la langue allemande, il est en possession de faux papiers d'identité. C'est pour cela qu'il devrait être depuis longtemps soldat allemand. Vous pouvez faire une perquisition et le soumettre à un interrogatoire que vous jugerez utile. C'est un antinationalsocialiste. Un fervent du Grand Reich. »[282]

281. *Idem.*

282. Lettre de délation citée par Claude Morin dans son livre *Les Allemands en Touraine (1940-1944)*, Chambray-lès-Tours, 1996, p. 76.

Conclusion

En ces bords de Loire paisibles, l'occupation allemande devient interminable et insupportable. Survivre, se terrer dans ses caves pour se protéger des bombardements comme des taupes aveugles qui hibernent attendant des jours meilleurs, passer à travers les mailles de la nasse hitlérienne et échapper aux exactions de la Wehrmacht et de la Gestapo, tel est le morne quotidien de chaque Amboisien. Au même moment, la minorité collaborationniste se complaît dans la participation aux festivités artificielles de l'occupant et dans l'illusion de « l'Ordre nouveau ». En revanche, aucune lueur d'espoir ne semble se profiler : la désespérance s'empare des consciences comme une pieuvre étouffante. Pourtant, d'aucuns se ressaisissent : la brutalité et l'action meurtrière des nazis les choquent au plus profond d'eux-mêmes. L'esprit de résistance commence à germer dans les esprits : d'actes de dissidence individuelle, la Résistance amboisienne, qui sera l'objet d'une étude ultérieure, se structure peu à peu. L'heure de l'engagement et de la délivrance est en marche.

OUVELLE REPUBLIQUE - MERCREDI 18 JUIN 1952

AMBOISE

IL Y A DOUZE ANS

AMBOISE vivait des jours tragiques

Juin 1940 ! Une date dans l'histoire douloureuse de la France ; un souvenir pénible pour combien de Français. Avec le recul du temps, nous avons tendance à oublier ces heures tragiques qui ont illustré tristement notre ville d'Amboise. Aussi, avons-nous pensé faire revivre, par le récit, ces pages historiques qui nous apparaissent déjà comme un lointain passé.

16 juin 1940. C'est dimanche. On sait bien que la situation est grave. On ne compte plus les milliers d'autos, d'attelages, de piétons qui, depuis 1 mois, fuient vers le sud. Une alerte aérienne a eu lieu dans l'après-midi, mais la sirène retentit si souvent qu'on ne se dérange même plus.

Dans la soirée, des barricades s'élèvent sur le pont. Un 75 est mis en batterie face à l'hôtel Belle-Vue, derrière un rempart de sacs de sable. Le pont est miné sous 2 arches. Ce sera pour bientôt !

A 18 h. 40, très exactement — tous les Amboisiens qui étaient là s'en souviennent — la radio vient de donner un dernier communiqué. Trois avions survolent à basse altitude le quartier du Bout-des-Ponts. Pas d'alerte. On les regarde, pensant qu'il y a encore dans le ciel de France quelques vaillants défenseurs de la dernière heure. Une série de détonations ébranlent la ville entière. Les bombes de l'ennemi ont frôlé les usines du quartier de la rue de Blois. La gendarmerie est coupée en deux par une torpille (elle l'est toujours !!). La famille des gendarmes avait été évacuée vers midi. Le pont a été manqué de peu, les engins l'ont encadré et sont tombés dans la Loire. L'Entre pont est touché. Au total, une dizaine de victimes, principalement des réfugiés qui s'ét[illegible]nt abrités dans une petite construction près des établissements Sériés. La cabane a été pulvérisée. A l'Entrépont, 3 morts : M. Vassal, Mme Allouard, identifiée longtemps après parmi les inconnus inhumés au cimetière, et un inconnu ; quelques blessés. notamment Mme Durant et M. Schubnel.

La nouvelle de ce drame jette la panique et une partie de la population se décide à partir. Remontant les files de fuyards qui entassent quelques objets précieux sur des charrettes à bras, nous allons jeter un coup d'œil dans le quartier bombardé. Les ponts, qui ont connu, pendant un mois, une animation impossible à décrire, sont maintenant déserts. Pas un véhicule, pas un cycliste. On a nettement l'impression que le flot des réfugiés a fini de passer et que bientôt les Panzers défileront dans nos rues.

La nuit est calme. Le lundi matin 17 juin, les tirailleurs marocains, habillés de neuf, prennent position sur les quais, côté ville. Ils pratiquent des brèches dans le parapet et installent leurs mitrailleuses. La Levée est maintenant en état de siège. Une sérieuse défense s'installe au château, ce qui vaudra à cette cible gigantesque, un intense et meurtrier bombardement. Les habitants restés au pays gagnent les caves du rocher. Les services de la Croix-Rouge sont partis. Le ministère de l'Air déménage et s'en va à Bordeaux. Le mardi 18 juin, des pillards — peut-être des civils — commencent à visiter les maisons et les magasins abandonnés. Ils amorcent une œuvre que les Allemands continueront peu après.

Ce mardi à 18 h., le pont miné, côté ville, saute et s'écroule en entier dans les eaux. Les premiers obus allemands, tirés du plateau de Saint-Ouen-les-Vignes, tombent sur la ville. La vie de la localité est concentrée dans les caves du coteau : les silos de M. Foltz, les caves du quai des Violettes, de la rue Victor-Hugo, de la rue de Bléré, sont au grand complet. Le jeudi matin, 20 juin, calme complet. Au réveil, les feldgrau défilent en ville. Ils ont bien passé malgré le pont écroulé. Leurs troupes en longues files motorisées, descendent vers le sud.

Les Amboisiens réintègrent leurs appartements. Quel pénible spectacle. Partout, ce ne sont que débris jonchant le sol : fils brisés, façades écroulées, toitures effondrées, magasins pillés et saccagés.

Le bombardement a causé de gros dégâts. Au château, on estime en gros à 20 millions (en 1940) les frais de réparations. La plupart des immeubles du quartier des Violettes sont touchés. Place du Château, les trois-quarts des toitures ont souffert. Le théâtre-cinéma est a demi effondré. La manufacture de chaussures Gounin a brulé en partie. Il ne reste que des poutrelles tordues, des machines noircies. Rue de Bléré trois immeubles ont brûlé. Quartier de la Gare, la scierie Corpéchot et les machines agricoles Girard ont été incendiées. Le feu s'est déclaré à deux reprises après le bombardement Aujourd'hui des locaux modernes remplacent ces ateliers détruits.

Il convient de rappeler que M. Gounin, maire d'Amboise ; le Dr Mahoudeau et M. l'archiprêtre Sinson, restèrent en notre ville pendant la bataille de la Loire et apportèrent aux habitants réfugiés dans les caves, aux blessés soignés à l'hôpital, le réconfort moral et les secours nécessaires.

Juin 1940. Juin 1952. Douze ans déjà depuis ces dramatiques journées qui illustrent tristement notre petite cité.

Comme c'est loin cette page d'histoire, combien de jeunes qui ne la connaissent pas ; et combien d'entre-nous qui ne s'en souviennent déjà plus !

L. S.

Mémoire amboisienne et devoir de Mémoire. « Il y a douze ans, Amboise vivait des jours tragiques ». *(Extrait de* La Nouvelle République *du 18 juin 1952.)*

Bibliographie

Amboise et sa région pendant la seconde guerre mondiale Ouvrages et articles fournissant des informations sur la vie quotidienne, les relations occupés/occupant à Amboise et sa région pendant l'Occupation

Amboise sous la botte allemande

Uhart Robert, *Amboise et sa région (1939-1945)*, Nazelles-Négron, Imprimerie des Platanes, 1995.

Uhart Robert, *Amboise et la Touraine de 1940 à 1947*, Nazelles-Négron, Imprimerie des Platanes, 1997.

A propos de la bataille d'Amboise et de Chargé de juin 1940 sur la Loire

Mollans Henri de (colonel), *Combats sur la Loire. Juin 1950*, Chambray-lès-Tours, CLD, 1985, p. 66-71 : « Improvisation de la défense française sur la Loire, de Langeais à Amboise ».

Libération d'Amboise

Témoignage du receveur des postes d'Amboise René Géral : « Les PTT à Amboise durant l'été 1944 et la libération de la ville » in *Association des recherches historiques sur les postes et les télécommunications de la Région Centre, bulletin n° 4*, novembre 1983, p. 4-7.

Sur les communes situées dans l'aire d'attraction d'Amboise

Alary Eric, *Le Canton de Bléré pendant la seconde guerre mondiale. Vie, Occupation et Résistance au lieu d'une position unique*, mémoire de maîtrise, Tours, 1991.

Alary Eric, « Le canton de Bléré sur le coude de la ligne de démarcation », in *Bulletin de la Société archéologique de Touraine*, 1991.

Alary Eric, *Le Canton de Bléré sous l'Occupation*, Paris, Office d'édition et de diffusion du livre d'histoire, 1994.

Changeaux Robert, *Château-Renault et le Castelnaudarais*, collection Mémoire en Images, Joué-lès-Tours, Alan Sutton, 1998.

Dazet Michelle, *Histoire de Francueil, village de Touraine*, Maulévrier, Hérault Editions, 1989.

Duchemin Pierre et Livernet Sylvain, *Bléré et son canton*, collection Mémoire en Images, Joué-lès-Tours, Alan Sutton, 1997.

Uhart Robert, *Saint-Martin-le-Beau, village de Touraine dans l'Histoire de France*, Truyes, Cadic Imprimerie, 1988.

Jack Vivier, *Montrichard, ville occupée, cité libérée*, Chambray-lès-Tours, 1984.

Sur la Collaboration et la Résistance à Amboise et sa région

Deux livres de base sur la question offrent une synthèse solide dans la région d'Amboise

Durand Yves et Vivier Robert, *Libération des pays de la Loire*, Paris, Hachette, 1974.

Vivier Robert, *Touraine 39-45*, Chambray-lès-Tours, 1990.

Sur la Collaboration à Amboise

Informations obtenues auprès de mon collègue Jacques Pirondeau, préparant une thèse sur la Collaboration en Indre-et-Loire.

Sur les réseaux Darius et Hercule

Archives du préfet de la Libération Robert Vivier sur le réseau Darius et le réseau Hercule Buckmaster : information sur les membres des réseaux et les parachutages.

Témoignage de Gaston Papin au docteur Jack Vivier : document sans date.

Témoignage de Jean Mangeant, fils du résistant Pierre Mangeant de Chargé, à Jack et Thierry Vivier, novembre 2004.

Vivier Jack et Thierry, « Pierre Archambault/Gaston Papin, résistants de la première heure », *Bulletin de la Société archéologique de Touraine*, tome XLV, année 1999, p. 1001-1013.

Vivier Jack et Thierry, « Jean-Roger-Dubois dit Hercule dans la Résistance tourangelle », *Bulletin de la Société archéologique de Touraine*, tome XLVI, année 2000, p. 369-380.

Sur le groupe FTPF d'Yvon Leblois à Lussault

Archives de Jack Vivier.

« 8 mai 1945, 40e anniversaire de la libération », *Bulletin municipal de Lussault, n° 4, juin 1985.*

Demangeot Pierre, *Les Francs-Tireurs et Partisans français du groupement du Cher et de la Nièvre dans la bataille de la Libération. Témoignages et histoire régionale*, édité par l'Amicale des anciens FTPF du groupement Cher et Nièvre et ancien volontaire du 3e régiment du Morvan, Nevers, Univers, 1973.

Sur les résistants de Souvigny-de-Touraine

Nouveau Claude, « Hommage aux résistants de Souvigny », *Info Souvigny, n° 98, 3e trimestre 2004*, p. 3-4.

Sur la Résistance des gendarmes à Amboise et dans les environs

Archives de Jack Vivier.

Etude sur la Résistance des gendarmes en Indre-et-Loire (informations sur le capitaine Henri d'Arlot ainsi que sur les gendarmes Ridel et Cavalier de la brigade d'Amboise).

Vivier Jack, « Sur la Résistance des gendarmes en Indre-et-Loire », in *Bulletin de la Société archéologique de Touraine*, XLV, 1998.

Vivier Jack, *Gendarmes de Touraine dans la Résistance*, Chambray-lès-Tours, CLD, 1998.

Sur René Mullo (auquel doit être associé le nom de mademoiselle Hélène Rigatte, institutrice à l'école d'Artigny à Chargé), figure de proue de la Résistance à Amboise et Chargé ayant offert ses services aux réseaux Hercule et Darius

Rigatte Hélène, « Aspects de la Résistance dans la région d'Amboise 1939-1944. Notes et souvenirs de résistant par René Mullo. Mis en ordre par Hélène Rigatte », *Ambacia*, 1985, n° 2, p. 4-23.

Sur le résistant Ernest Villeminot

Discours de Jean Millasseau et de Gilbert Buron prononcés en l'honneur d'Ernest Villeminot (le 29 mars 1996).

Texte rédigé par Jean Millasseau en mémoire d'Ernest Villeminot.

Lettre de Pierre Bourgeois résidant à Bléré adressée à Jean Millasseau, rappelant l'itinéraire personnel d'Ernest Villeminot pendant la guerre.

« Il y a cinquante ans, la ligne de démarcation » in *La Nouvelle République*, 12 novembre 1991.

« Une plaque commémorative pour Ernest Villeminot », *La Nouvelle République*, 22 mars 1996.

« Cérémonie commémorative », *La Nouvelle République*, 10 avril 1996.

Uhart Robert, « Honneur et Patrie », *Le Courrier français*, 30 mars 1996.

Sur les réfractaires au STO

« Des hors-la-loi dans la seconde guerre mondiale » in *Groupement national des réfractaires et maquisards (siège social : 7, rue Frochot 75009 Paris)*, Fresnay-sur-Sarthe, Imprimerie fresnoise, mai 1991.

Liste des réfractaires ayant adhéré au Groupement national des réfractaires et maquisards en 1947.

La Touraine pendant la seconde guerre mondiale

Témoignages

(Anonyme), *Tours ville martyre*, Sili-Saïgon, 1943.

Arrault Albert, La Dépêche du Centre *sous l'Occupation (21 juin 1940 - 31 août 1944)*, Tours, Arrault et Cie, 1945.

Chauve Pierre, *Les Martyrs de la Gestapo en Touraine (1940-1944)*, Tours, Arrault et Cie, 1946.

Chollet Louis, *Les Heures tragiques (Tours, juin 1940)*, Tours, Arrault et Cie, 1946.

Halin Edouard, *Otto Kriegsmann ou L'occupation allemande en Touraine*, Tours, La Nouvelle République, 1945.

Hamonet Charles, *Tours capitale 1940*, Tours, Arrault et Cie, 1942.

Hamonet Charles, *Les Journées historiques du 15 au 23 juin 1940 à Tours*, Tours, Arrault et Cie, 1940.

Hamonet Charles, *Les Journées historiques 6 juin - 31 août 1944. La Libération (1er septembre 1944)*, Tours, Arrault et Cie, 1948.

Jarrigeon André, *Les Journées historiques de juin 1940 à Blois*, Arrault et Cie, 1940.

Marnot René. G., *Dix-Huit mois de bagne à Buchenwald*, Tours, La Nouvelle République, 1945.

Maurice Jacques, *Cinquante mois sous la botte nazie. La Résistance dans la région d'Azay-le-Rideau*, Tours, Imprimerie coopérative, 1945.

Métadier Paul, *Que sera la rue Nationale en 1950 ?*, Arrault et Cie, 1942.

Meunier Jean, *La Municipalité de la Libération*, Tours, édité par le Réveil, sans date (opuscule publié au lendemain de la seconde guerre mondiale).

Payon André (Abbé), *Maillé martyr*, Tours, Arrault et Cie, 1945.

Pontoizeau Andrès, *Dora la mort. De la Résistance à la Libération par Buchenwald et Dora*, Tours, Arrault et Cie, 1947.

Perret Joseph (Abbé), *Le Curé de Draché, un pur de la Résistance*, Tours, Imprimerie Marioton, 1948.

La Touraine pendant l'Occupation

Audouin-Le Marec Michelle, *Hommes et combats en Touraine (1939-1945)*, Amiens, Matrelle Editions, 1991.

Bailleul Raymond et Croubois Claude, « Le temps des déchirements », in *L'Indre-et-Loire des origines à nos jours*, sous la direction de Claude Croubois, Saint-Jean-d'Angély, Bordessoules, 1982.

Bonnet Guy, *Bataille sur les ponts de la Loire*, *La Nouvelle République*, 1990.

Bonnet Guy, *1940-1944 : Vichy et l'occupant. Le Val de Loire, le Berry et le Poitou des années noires*, Editions de La Nouvelle République, 1993.

Bonnet Guy, *Presse tourangelle sous l'Occupation*, Mémoires XVI, Académie des sciences, arts et belles-lettres de Touraine, 2003.

Briais Bernard, *Le Lochois pendant la guerre*, Chambray-lès-Tours, CLD, 1986.

Chevereau Sébastien, *Destruction et reconstruction du tissu urbain de la ville de juin 1942 à 1951*, Mémoire de maîtrise, Tours, 1995.

Chevereau Sébastien, *Tours reconstruit. Des bombardements à la renaissance*, Saint-Cyr-sur-Loire, Alan Sutton, 2003.

Froger Jean-Pierre et Watiez Jacques, *Les Tourangeaux sous l'Occupation. La Vie quotidienne*, Chambray-lès-Tours, CLD, 1997.

Guérineau Robert et Guillon Jean-Claude, *La Touraine sous le règne des Feldkommandants*, Tours, Imprimerie du Centre Loire, sans date (1980 ?).

Leveel Pierre, *Histoire de Touraine et d'Indre-et-Loire*, Chambray-lès-Tours, CLD, 1988.

Leveel Pierre, *Petite Histoire de Touraine*, Chambray-lès-Tours, CLD, 2001.

Mollans Henri de (colonel), *Combats pour la Loire. Juin 1940*, Chambray-lès-Tours, CLD, 1985.

Morin Claude *Les Allemands en Touraine (1940-1944)*, Chambray-lès-Tours, CLD, 1996.

Morin Claude, *La Touraine sous les bombes*, Chambray-lès-Tours, CLD, 2000.

Paisot-Béal Sophie et Prévost Robert, *Histoire des camps d'internement en Indre-et-Loire (1940-1944)*, Joué-lès-Tours, Presses de la Simarre, 1993.

Robert Gildea, *Marianne in Chains. In Search of the German Occupation (1940-1945)*, Londres, MacMillan, 2002.

Vidalenc Jean, *L'Exode de mai à juin 1940*, Paris, PUF, 1957.

Vivier Robert, *Touraine 39-45, Histoire de l'Indre-et-Loire pendant la seconde guerre mondiale*, Chambray-lès-Tours, CLD, 1990.

Vivier Robert, *L'Indre-et-Loire sous l'occupation allemande (1940-1944). Déportations. Internement. Fusillades*, Tours, Comité de la seconde guerre mondiale, Imprimerie centrale de Touraine, 1965.

La Résistance et la Collaboration en Touraine

Boboht David, *Aspects de l'opinion publique en Touraine occupée (20 juillet - 11 novembre 1942)*, mémoire de maîtrise, 1968.

Boboht David, *Vichysme et la Collaboration en Touraine sous l'occupation allemande*, Thèse, Tours, 1975.

Boboht David, « L'Occupation. De l'illusion pétainiste à l'illusion républicaine » in *Histoire de Tours*, sous la direction de Bernard Chevalier, Toulouse, Privat, 1985.

Bretegnier Edouard, *Le Maquis Césario de l'ORA en Touraine*, Bordeaux, Bergeret, 1989.

Briais Bernard, *Un dossier noir de la Résistance. Le maquis Lecoz*, Joué-lès-Tours, Alan Sutton, 2002.

Collectif, *1920-2000 : Communistes en Touraine. 50 ans de témoignages et de récits*, Tours, Imprimerie du Centre Loire, Editions de *La Nouvelle République*, 2000.

Creyssel Nicolas, *Le Parti communiste à Tours (1936-1947)*, mémoire de maîtrise, 1998.

Durand Yves et Vivier Robert, « La Collaboration dans les pays de la Loire moyenne : étude historique et sociopolitique du RNP en Indre-et-Loire et dans le Loiret », in *Revue d'histoire de la deuxième guerre mondiale*, n° 91, juillet 1973.

Hangouet Alfred, *L'Affaire Lecoze*, Chambray-lès-Tours, CLD, 1978.

Pireaudeau Benoît, *La Gestapo et ses collaborateurs politiques en Touraine (1942-1944)*, mémoire de maîtrise, 1998.

Pireaudeau Benoît, *Rumeurs et silences dans les milieux résistants*, DEA, Paris II, 2000.

Rosso Michel, Yves Durand et Robert Vivier, *Libération des pays de la Loire (Blésois, Orléanais, Touraine)*, Paris, Hachette, collection « Libération de la France » (sous la direction d'Henri Michel), 1974.

Ruby Marcel, *Les Réseaux Buckmaster*, Paris, France-Empire, 1975.

Tauzin François, *Le STO en Touraine occupée (1942-1944)*, mémoire de maîtrise, Paris, Bonneton, 1989.

Verity Hugh, *Nous atterrissions de nuit*, Paris, France-Empire, 1982.

Vivier Jack, *Pyrénées hostiles. Jeunes de Touraine sur le chemin de la liberté (1940-1944)*, Chambray-lès-Tours, CLD 1987.

Vivier Jack, *Prêtres de Touraine dans la Résistance*, Chambray-lès-Tours, CLD, 1993.

Vivier Jack, *Les Instituteurs de Touraine dans la Résistance*, Chambray-lès-Tours, CLD, 1997.

Vivier Jack, *Gendarmes de Touraine dans la Résistance*, Chambray-lès-Tours, CLD, 1998.

Vivier Jack, *Médecins de Touraine dans la Résistance*, Alan Sutton, 2002.

Vivier Jack et Thierry « Jean-Roger Dubois dit Hercule dans la Résistance de Touraine » in *Bulletin de la Société archéologique de Touraine*, tome XLVI, année 2000, p. 369-380.

Vivier Thierry, « Résistance et résistants en Touraine (1940-1945) », *La Lettre de la Fondation de la Résistance*, article en deux parties, juin 2000 (p. 10-11) et septembre 2000 (p. 7-9 et 12).

La résistance en Indre-et-Loire, cédérom produit par l'ERIL (Etude la Résistance en Indre-et-Loire), le CDDP (Centre de documentation pédagogique) d'Indre-et-Loire et l'AERI (Association pour des Etudes sur la Résistance Intérieure), mai 2005.